From RMB to CNY:
Some Theoretical Thinking and Practical
Exploration on Currency Internationalization

人民币国际化：
理论思考及实践探索

施琍娅 ◎ 著

中国金融出版社

责任编辑：任　娟
责任校对：李俊英
责任印制：赵燕红

图书在版编目（CIP）数据

人民币国际化：理论思考及实践探索（Renminbi Guojihua：Lilun Sikao ji Shijian Tansuo）/施琍娅著.—北京：中国金融出版社，2018.1
ISBN 978-7-5049-9385-4

Ⅰ.①人… Ⅱ.①施… Ⅲ.①人民币—金融国际化—研究 Ⅳ.①F822

中国版本图书馆 CIP 数据核字（2018）第 016887 号

出版
发行　**中国金融出版社**
社址　北京市丰台区益泽路 2 号
市场开发部　（010）63266347，63805472，63439533（传真）
网上书店　http://www.chinafph.com
　　　　　（010）63286832，63365686（传真）
读者服务部　（010）66070833，62568380
邮编　100071
经销　新华书店
印刷　北京市松源印刷有限公司
尺寸　169 毫米 × 239 毫米
印张　21.75
插页　1
字数　300 千
版次　2018 年 1 月第 1 版
印次　2018 年 1 月第 1 次印刷
定价　60.00 元
ISBN 978-7-5049-9385-4
如出现印装错误本社负责调换　联系电话（010）63263947

人民币国际化：
理论思考及实践探索

From RMB to CNY: Some Theoretical
Thinking & Practical Exploration on
Currency Internationalization

前　言

2008年9月7日，国务院在《关于进一步推进长江三角洲地区改革开放和经济社会发展的指导意见》中，首次明确地提出了"选择有条件的企业开展国际贸易人民币结算试点"。这一政策举动可被视为人民币用于国际贸易结算并以此为契机走向国际的正式启动。RMB是人民币中文名称汉语拼音的首字符缩写。CNY则是人民币的国际货币代码。本书英文名称用了从RMB到CNY的表述，意指人民币从国内货币走向国际货币的进程。

之前，中国人民银行通过双边协议的方式与我国周边八个国家的货币当局签订了边境贸易采用本币结算的协议，也有部分商业银行采用了双边对开账户的方式提供有限的银行结算服务，但由于当时的边境贸易大多规模小，属于边民互市的性质，在实际操作中绝大多数采用现金当场交收的方式结算。这一结算特点除

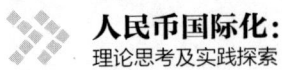

了导致大量人民币现钞在边境地区的使用外，真正反映人民币因结算国际贸易而启动国际化的境外持有人民币银行存款的形态的规模甚小。在制度安排上，边境贸易人民币结算被纳入了外汇核销管理。这意味着用于边境贸易结算的人民币被视作"外汇"进行管理。因此，边境贸易人民币结算并非人民币国际化的真正启动。

自2003年开始，中国人民银行为香港地区（包括后来的澳门地区）银行开办个人人民币业务而做的一系列清算安排以及自2007年起境内金融机构赴香港发行人民币金融债券等，为境外人民币金融业务的发展奠定了一定的基础，可以视作人民币国际化的前序。但是，由于当时政策的初衷是将之前由个人出境游携带出去并在境外使用后形成的当地人民币回流境内，因此没有持久的、规模实体经济部门的跨境经济交易为基础，其反映出来的效果仅为个人存、兑、汇（回境内）、卡服务以及以"次"为单位计算的境外发债个别事件而已。

2009年4月8日，国务院批准上海、广州、深圳、珠海、东莞五个城市开展跨境贸易人民币结算试点。7月1日，中国人民银行等六部委联合发布《跨境贸易人民币结算试点管理办法》。7月6日，跨境贸易人民币结算在上海正式启动。这是一项真正意义上的人民币国际化制度性安排，因其遵循了国家主权信用货币走向国际的通行规则以及境内外人民币"同种同质同价"的原则，具体表现在人民币作为国际贸易结算货币和国际可清算货币所做的一系列便利化的政策安排上：一是实现了本币用于国际贸易结算的便利化安排，取消了外汇核销环节，意味着用于跨境贸易结算的人民币与用于国内贸易结算的人民币是一样的，不再因其用于跨境结算而作为外汇处理。二是为人民币作为国际贸易结算货币做了资金便利化安排，取消了贸易出口收结汇待核查环节，意味着跨境收入的人民币与国内收入的人民币一样，可以直接进出企业的银行结算账户，也不用通过设立专用账户来进行区分和特殊化管理。三是实现了国际贸易结算货币应有的结算便利化安排，明确银行可以依照国际通行的结算惯例和规则，向企业提供各种贸易结算相关服务，包括银行间代理结算和清算服务、配套的人民币跨境贸易融资服务、人民币跨境同业账户融资服务以及人民币跨境购售服务等。四是明确了发行主体，指出中国人民银行是人民币跨境业务的监管部门，从而确立了用于国际贸易结算的人民币与用于国内结算的人民币一样，都是我国法币的理念。在具体的监管设计上也遵循了国际惯例，表现为以反洗钱和反恐怖融资为核心内容，要求银行从了解业务、了解客户以及展业尽调的角度做好结算中的贸易真实性审核工作；对人民币跨境流动进行信息采集和监测，以满足货币政策的宏观调控需要。

在上述各项制度安排中，有关人民币代理结算以及跨境同业往来账户的安排是人民币国际化的基础。通过这一制度安排，境外主体持有的人民币将以同业存款的方式出现在我国境内银行的资产负债平衡表中，从而使作为国际贸易结算货币的人民币与其他国际货币一样在"所有货币在其发行国完成最终清算"以及"所有货币都最终存放在其发行国"的规律下进入国际货币体系。在此规律的作用下，中央银行可以在其货币政策的作用范围内发挥宏观调控作用。与此同时，因为境外主体通过持有人民币存款而持有了人民币资产，人民币进入境外主体的资产组合中，从而实现了从结算货币到资产货币的演进，随之而来的资产管理活动

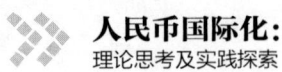

将促进境内金融市场的开放和发展,提高金融市场的深度和广度,推动国内金融业立足本币发展和金融资源配置效率的提高,实现本土本币金融市场服务全球人民币需求的功能。作为国际贸易结算货币以及境外主体持有的资产组合货币,人民币需要参与全球货币竞争,接受国际主体的选择,因此贸易结算启动的货币国际化进程就此开始。

在随后的发展过程中,因应实体经济的需求,人民币用于我国跨境经贸活动以及国际经贸活动的领域不断拓展,相关政策配套也逐步跟进,体现了政策与实务互动的良性发展格局。跨境贸易人民币结算量快速增长,境外人民币存量大幅上升,包括直接投资、证券投资以及债务融资和跨境债券业务等在内的跨境投融资业务相继开展,我国金融市场也在本币主导下稳步开放,人民币跨境清算网络建设不断扩大。所有这些都表明人民币国际化正以坚实的步伐向前迈进。2015年10月,国际货币基金组织宣布接纳人民币为其特别提款权篮子货币,人民币自2016年10月起正式启动"入篮",权重为10.8%。

从整体来看,我国作为一个"新兴 + 转轨"的发展中大国,在人民币尚未实现全面可兑换之际启动本币的国际化进程,是前所未有的。正因为如此,许多教科书和理论中出现了无法解释的现象,学术界也一直争议不断,但这些丝毫影响不了实务界对人民币跨境业务的热忱。我们看到的是越来越多的经济主体加入人民币跨境使用的行列,境外人民币存量持续增加,境外参与人民币跨境使用的地域范围和规模不断扩大,越来越多的境外货币当局和中央银行接受人民币作为国际储备资产货币。实践是检验真理的唯一标准。人民币国际化路径或许可以成为实践挑战既有理论并引导理论创新的一场变革。

本书以人民币货币职能的跨境发展为出发点，结合人民币国际化进程的演绎，重点讨论若干相关的理论与实务问题，这些问题有些已经得到实践的检验，有些则还在探索中。毫无疑问，依托中国人民币国际化的实践，货币金融领域的一些理论创新或许可以有所借鉴，希望这些问题能起到抛砖引玉的效果，激发读者对货币国际化相关重要议题的讨论和思考。

本书第一章从货币职能角度出发，重点讨论货币职能的相关理论研究、货币跨境流动的本质和外汇管制的关系，尤其是对货币国际清算规律的研究，为我们打开了理解货币国际化本质的新视野。第二章从对几大成功晋级为国际货币的支撑角度梳理货币国际化与实体经济之间的互动关系，为人民币国际化依托我国实体经济的涉外贸易投资活动发展提供路径借鉴。第三章讨论货币国际化与货币可兑换问题，以实践的视角来分析解读理论研究中存在的短板。第四章就货币国际化与国际金融中心建设展开讨论，通过分析发展中国家金融开放的风险找出当前路径下我国金融开放面临的问题，同时指出一国货币国际化能够支撑一个立足本币的、风险可控的金融开放和国际金融中心的形成，在岸国际金融中心与离岸金融市场的互动演绎发展等现实。第五章对美元及日元的货币国际化、金融国际化以及经济金融化的传导进行了实证分析。人民币国际化虽然尚处于初期阶段，国内的许多政策制度也未调整到位，但"他山之石，可以攻玉"，借鉴其他国际货币的发展演绎路径，警示人民币国际化过程中可能产生的经济金融化问题是有必要的。第六章从金融服务国际贸易角度来看货币国际化过程中的金融国际化和经济金融化问题。第七章讨论人

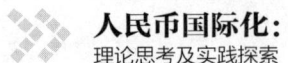

民币国际化与货币政策宏观调控的关系，分析了货币政策在国际化背景下的跨境传导以及跨境资金流动和风险宏观审慎管理政策框架的构建问题。第八章以上海自贸试验区金融改革为实例讨论人民币国际化、可兑换以及金融开放环境下的风险管理模式创新实践。第九章讨论"一带一路"建设背景下人民币国际化过程中的区域货币金融合作问题。附录部分收录了作者在实务工作中形成的部分思考性观点，以备读者对全书有一个全面的了解。

人民币国际化：
理论思考及实践探索

From RMB to CNY: Some Theoretical
Thinking & Practical Exploration on
Currency Internationalization

目 录

>> **第一章 货币国际化：一些概念及问题的讨论 / 1**
　第一节　关于货币职能与货币国际化的相关理论研究 / 2
　第二节　货币国际清算规律与货币国际化 / 12
　第三节　货币国际化与汇兑及资本管制 / 20
　第四节　货币国际化与跨境收支管理 / 30

>> **第二章 货币国际化与实体经济跨境经济活动 / 41**
　第一节　国际贸易对本国货币成为国际结算货币的影响 / 42
　第二节　国际投资对本国货币成为国际交易货币的影响 / 54
　第三节　人民币国际化与我国实体部门跨境经济活动的关系 / 60

>> **第三章 货币国际化与资本账户可兑换 / 68**
　第一节　国内外关于货币可兑换的研究观点 / 69
　第二节　金融全球化路径与资本账户可兑换 / 79

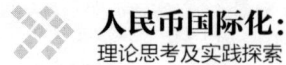

第三节　货币境内可兑换与境外可兑换 / 87
第四节　货币跨境使用与兑换管制效力 / 96

第四章　货币国际化与国际金融中心建设 / 102
第一节　国际货币的消长与竞争理论 / 103
第二节　货币的国际化路径与离岸金融市场的发展 / 108
第三节　发展中国家金融开放的谶语 / 120
第四节　立足本币的金融开放是安全度较高的开放 / 125
第五节　人民币国际化与上海国际金融中心建设 / 136

第五章　货币国际化对经济金融化的影响——实证分析 / 139
第一节　关于数据指标及内涵的讨论 / 140
第二节　计量模型理论 / 145
第三节　数据说明 / 147
第四节　对美元的实证研究 / 150
第五节　对日元的实证结果 / 158
第六节　初步结论 / 160

第六章　人民币国际化与金融服务国际贸易 / 165
第一节　我国金融服务业的国际贸易现状 / 166
第二节　货币国际化过程中跨境金融服务的需求分析 / 167
第三节　货币国际化过程中跨境金融服务的供给分析 / 176
第四节　货币国际化过程中制度供给的动态博弈分析 / 183

第七章　人民币国际化与货币政策宏观调控 / 198
第一节　人民币跨境流动带来的新挑战 / 199
第二节　人民币国际化与外汇储备、汇率的关系 / 203
第三节　货币国际化与汇率形成机制的关系 / 206

第四节 人民币国际化与跨境资金流动宏观审慎管理 / 214

>> **第八章 人民币国际化与上海自贸试验区金融改革开放 / 219**
　　第一节 上海自贸试验区金融改革与国际高阶贸易投资规则 / 220
　　第二节 上海自贸试验区金融改革与服务实体经济 / 223
　　第三节 上海自贸试验区金融改革与金融风险管理模式创新 / 225
　　第四节 上海自贸试验区建设与金融改革的实施情况 / 228
　　第五节 上海自贸试验区金融改革路径的辨析 / 234

>> **第九章 人民币国际化与"一带一路"建设 / 256**
　　第一节 亚洲区域货币金融合作框架 / 257
　　第二节 "一带一路"为区域货币金融合作带来新机遇 / 261
　　第三节 构建"一带一路"的人民币跨境金融服务链 / 263
　　第四节 用好上海自贸试验区金融改革开放"试验田" / 269

>> **附录 / 272**
　　析人民币跨境问题上的五大认识误区 / 272
　　关于本币金融开放的思考 / 280
　　关于人民币外债管理的思考 / 286
　　当前资本账户可兑换讨论中的三大误区 / 293
　　可兑换对人民币汇率形成机制的影响 / 299
　　构建跨境资金流动宏观审慎管理政策框架 / 312
　　创新有利于风险管理的账户服务体系为试验区
　　　金融改革打好基础设施 / 319

>> **参考文献 / 326**

>> **后记 / 331**

人民币国际化：
理论思考及实践探索

From RMB to CNY: Some Theoretical Thinking & Practical Exploration on Currency Internationalization

第一章

货币国际化：
一些概念及问题的讨论

根据货币金融相关理论，货币除了作为一般等价物以外，还有交换媒介、支付手段、价值贮藏等多种职能。通常，我们以两类货币学说来代表性地说明货币的职能：一类是马克思主义经济学的货币理论中关于货币职能的论述，另一类则是西方经济金融理论中关于货币职能的论述。在全球化视野和开放经济条件下，货币职能的跨界发展又延伸出了资本跨境流动的相关问题。本章重点介绍关于货币职能的主要理论，并以此为基础对货币职能、资本跨境流动以及国际货币清算规律等基础性问题进行讨论，为

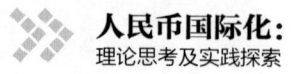

From RMB to CNY: Some Theoretical Thinking & Practical Exploration on Currency Internationalization

读者理解人民币国际化展开的路径和后面章节的内容做一个知识背景铺垫。

第一节 关于货币职能与货币国际化的相关理论研究

当前，我国学者在讨论货币职能时，普遍引述的理论研究主要有两大学术派别：一是马克思的货币理论，二是西方经济学的货币理论。事实上，除了背后的政治经济学考量，这两大学术派别在货币职能的论述方面差异有限、共性颇多。

一、马克思关于货币职能的论述

马克思货币理论中关于货币职能的阐述在其《资本论》的第一卷第三章中。关于货币，马克思是如此定义的：作为价值尺度并因而以自身或通过代表作为流通手段来执行职能的商品，是货币。因此，价值尺度和流通手段是货币的两项基本职能。

首先，我们来看货币的价值尺度职能。马克思认为这是货币的第一个基本职能。"因为一切商品作为价值都是物化的人类劳动，它们本身就可以通约，所以它们能共同用一个特殊的商品来计量自己的价值，这样，这个特殊的商品就成为它们共同的价值尺度或货币。货币作为价值尺度，是商品内在的价值尺度即劳动时间的必然表现形式。"[①] 换言之，也就是货币被用来表现和计量其他商品的价值时，便执行着价值尺度的职能。

其次，我们来看货币的流动手段职能。根据"商品—货币—商品"的交换过程，"作为商品流通的媒介，货币取得了流通手段的职能"，"在（由商品交换导致的）货币不断转手的过程中，单有货币的象征存在就够

---

① 摘自马克思《资本论》第一卷第 112 页。如无特殊说明，本节中所引马克思的观点均出自《资本论》第一卷第三章。

第一章 货币国际化：一些概念及问题的讨论

了。货币的职能存在可以说吞掉了它的物质存在。货物作为商品价格的转瞬即逝的客观反映，只是当作它自己的符号来执行职能，因此也能够由符号来代替。但是，货币符号本身需要得到客观的社会公认，而纸做的象征是靠强制流通得到这种公认的。国家的这种强制行动，只有在一国范围内或国内的流通领域内才有效，也只有在这个领域内，货币才完全执行它的流通手段或铸币的职能，因而才能在纸币形式上取得一种同它的金属实体在外部相脱离的并纯粹是职能的存在形式"。在这里，马克思阐述了纸币的流通职能是靠国家强制的手段来保障的。

  由上述两项基本职能而起，货币还具有贮藏、支付的职能。关于货币的贮藏职能，《资本论》中的经典阐述是"随着商品流通的扩张，货币——财富的随时可用的绝对社会形式——的权力也日益增大"。这里，我们看到"货币＝财富的随时可用的绝对社会形式"的表述。同样的表述还有"在质的方面，或按形式来说，货币是无限的，也就是说，是物质财富的一般代表，因为它能直接转化为任何商品。但是在量的方面，每一个显示的货币额又是有限的，因而只是作用有限的购买手段。货币的这种量的有限性和质的无限性之间的矛盾，迫使货币贮藏者不断地从事息息法斯式的积累流动"。因此，货币的贮藏职能还可以被理解为对财富的积累。货币的支付手段，则是从流通手段中延伸出来，或者直接就是流通手段的另一种表述，唯一的区别在于时间。"随着商品流通的发展，使商品的让渡同商品价格的实现在时间上分离开来的关系也发展起来……买者只是在期满时才真正取得商品的使用价值。因而他先购买商品，后对商品支付……卖者成为债权人，买者成为债务人。由于商品的形态变化或商品的价值形式的发展在这里起了变化，货币也就取得了另一种职能。货币成为了支付手段。"在这里引入的债权和债务概念可以帮助我们更好地理解货币作为支付手段的金融属性——交易货币。"信用货币是直接从货币作为支付手段的职能中产生的，而由出售商品得到的债券本身又因债权的转移而流通。另一方面，随着信用事业的扩大，货币作为支付手段的职能也在

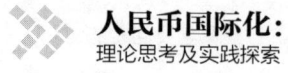

扩大。作为支付手段的货币取得了它特有的各种存在形式,并以这些形式占据了大规模交易的领域。"马克思关于货币的第五种职能——世界货币,实质上是货币的支付职能、价值尺度、贮藏职能等的跨境和国际延伸。这一观点可以从《资本论》第一卷第三章关于世界货币的表述中得出:"世界货币执行一般支付手段的职能、一般购买手段的职能和一般财富的绝对社会化身的职能。它的最主要的职能,是作为支付手段平衡国际贸易差额。"从马克思的货币职能论述中,可以看出货币国际化的形态即世界货币,它是货币越出国内流通领域后的一种金融状态——作为支付手段平衡国际贸易差额。这一点对于我们理解货币的国际化是很有帮助的。当今国家信用货币主导国际货币金融领域、金银等贵金属褪去货币属性的时代与《资本论》写作时马克思所处的时代相比已经发生了很大的变化,世界货币的承担者已经不再是金银等贵金属,而是世界强国的国家信用货币,但其执行一般支付(购买)职能和一般财富的绝对社会化身的职能还是一样的。人民币作为我国发行的国家信用货币,在国内是依靠"国家强制"的手段来实现其流通(支付)职能的;走向国际后,在执行一般支付(购买)职能和一般财富贮藏职能时,是需要接受国际社会广泛选择的。

二、西方经济学关于货币职能的研究

西方经济学货币职能研究中作出奠基性贡献的学者当属亚当·斯密这位经济学鼻祖。亚当·斯密在《国富论》中关于货币职能的讨论主要在第四章"论货币的起源及其效用"①中,但并没有给出直接的关于货币职能的解释。但通过有关讨论,我们可以发现,亚当·斯密关于货币职能的考虑主要有以下方面:首先,货币的第一职能是交换媒介。在描述了各个不同国家商品交换情况的基础上,指出"货币却就在这情况下,成为一切文明国商业上的通用媒介。通过这媒介,一切货物都能进行买卖,都能相互

---

① 除非另有说明,本段中所引内容均出自《国富论》第四章和第五章。

交换"。其次，在此基础上引出货币作为价值尺度的概念："随着产业进步，商业国发现了同时使用数种金属铸币的便利……往往特别选定一种作为主要的价值尺度。"在金属铸币年代，"任何一个国家的货币，在某一特定时间和特定地方，是怎样准确的价值尺度，那要看通用的铸币是怎样准确地符合于它的标准"。虽然对于货币的其他职能，亚当·斯密并没有直接表述，但《国富论》中有多处讨论涉及货币的价值贮藏职能。

后来，西方经济学从实用角度对货币职能进行研究，认为货币有三种主要的职能：一是计价职能（a unit of account），二是交换媒介（a medium of exchange），三是价值贮藏（a store of value）。所谓的计价职能，就是价值尺度的概念，体现在实体经济层面就是微观经济主体采用何种货币来记账核算、定价、报价并结算其经济活动或产品。所谓交换媒介，也就是交易货币的概念，在微观经济主体的商品和劳务中用于支付的货币。所谓价值贮藏，就是各类经济主体资产的持有货币，主要体现在货币资产的收益性方面。西方经济学者对货币职能的研究还有从货币需求角度来展开的货币需求理论，但大多属于实用主义的研究，如凯恩斯的货币需求理论讲到了交易性需求、预防性需求、投资（机）性需求等。

三、与货币国际化相关的货币选择决定研究

从货币国际化的角度来看，西方经济学在货币职能研究方面大多与实体经济的跨境商务和金融活动相关，下文将介绍相关的研究观点。

实体经济对国际交易结算货币的选择理论主要研究微观层面对国际交易的结算货币选择问题，这些研究显示一种货币如何在微观层面的决策中胜出而被采用为国际交易货币，进而揭示一国实体经济对货币国际化的决定程度。从相关文献来看，关于国际交易（包括货物贸易和金融交易）中结算货币选择的研究主要以微观经济学中的厂商理论为基础并采用局部均衡以及实证分析的方法来开展。

国际上，从事国际交易结算货币选择研究的学者主要有格拉斯曼

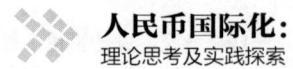

(Grassman)、吉奥瓦尼尼（Giovannini）、堂伦费尔德（Donnenfeld）、孜尔查（Zilcha）、哈特曼（Hartmann）、斯瓦伯达（Swoboda）、菲利普·巴切塔（Philippe Bacchetta）、埃立克冯·温库帕（Eric van Wincoop）、恩其尔（Engel）、雷（Rey）、琳达·S. 戈德伯格（Linda S Goldberg）以及塞德里克·铁勒（Cedric Tille）等。

（一）国际贸易结算货币的选择和决定

国际贸易结算货币是指交易双方用于结算所达成的国际贸易（货物和服务等）而采用的货币，包括贸易的计价（invoicing）以及结算（settlement）两个层面。一般情况下，计价货币与结算货币为同一货币，但也存在计价货币与结算货币不为同一货币的现象。

关于国际贸易结算货币的决定的相关研究有三条主线。一是由斯瓦伯达（Swoboda；1968，1969）推出的低交易成本论，认为外汇市场上的低交易成本是选择贸易结算货币的重要考虑因素。二是行业特性论，认为贸易计价货币的选择与行业特性有关。麦金农（McKinnon，1979）认为在产品同质性强并在专业市场上交易的行业更可能采用一个低成本货币作为计价货币。克鲁格曼（Krugman，1980）指出计价货币选择存在惯性并讨论了偏离行业做法的负向激励因素。三是宏观因素论，认为宏观经济政策及其波动性将影响媒介货币的产生。吉奥瓦尼尼（Giovannini，1988）和维兰德（Wilander，2006）认为企业有动机选择那些宏观冲击（如货币总量）波动性较小的国家的货币来计价国际贸易，以将汇率波动性最小化。此外，格拉斯曼（Grassman，1973）通过实证研究发现国际贸易计价货币的选择中存在着"格拉斯曼定律"（Grassman's Law），即从国家角度来看，相对于进口计价货币而言，人们更倾向于在出口中广泛地采用本国货币计价。

近年来这方面较具代表的研究有菲利普·巴切塔和埃立克·冯·温库帕构造的两个国家和多个国家研究国际贸易中计价货币（invoicing currency）决定问题的模型，以及戈德伯格和铁勒的三国三货币国际贸易媒介货

第一章 货币国际化：一些概念及问题的讨论

币决定模型。

菲利普·巴切塔和埃立克·冯·温库帕认为企业在选择计价货币时有两个重要的决定因素：一是出口国在国际市场上的市场份额，二是国内企业产品对国外竞争企业产品的替代性。① 出口国市场份额在行业中的占比越高，产品差异性越大，企业以出口国货币计价的可能性越高。出口国在国际市场中份额越低，且产品与外国竞争者的替代度越高，则国际竞争越激烈，出口企业就越可能采用外国竞争者采用的货币计价。

基于传统的厂商理论模型，他们从分析出口厂商的利润函数出发，考察了出口厂商对计价货币的选择行为。当需求增加引起的成本增加幅度超过需求减少引起的成本减少幅度时（假定资本为常数，成本只取决于劳动），以出口商货币定价导致的需求的变动会降低厂商的预期利润，从而使得以进口商货币定价更有吸引力。市场份额较低且需求的价格弹性很充分时，企业当以进口商货币定价。市场份额达到并超过某个程度时，则存在多种博弈均衡，其中最佳结果就是所有企业都以出口商货币计价。当需求价格弹性小于1时，不管别的企业采取何种货币定价，采用出口商货币定价是企业预期利润效用函数最高的。当需求价格弹性大于1且其他出口商都以进口商货币计价时，也采用进口商货币计价则是上策。在越来越多的其他企业采用出口商货币计价时，对边际企业来说，如法炮制的吸引力就越大。当出口国完全控制整个市场且所有企业都采用出口商货币计价时，需求的不确定性就完全不存在了。此时，若企业以进口商货币计价，反而存在价格不确定性。在多国出口模型下，价格需求弹性越大，企业对需求风险越关注，而通过采用与竞争者相同的"平均"计价货币可以将这一需求风险降至最低。如果一组国家形成一个货币区，那么它会以自己货币区的货币计价，货币区的进口也会更倾向于用货币区货币。在三部门（两个为贸易部门，一个为非贸易部门）模型中，在考虑了需求与成本后，

---

① PHILPPE BACCHETTA, ERIC VAN WINCOOP. A Theory of the Currency Denomination of International Trade. [J]. Journal of International Economics, 2005, 67 (2): 295–319.

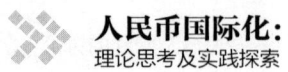

From RMB to CNY: Some Theoretical Thinking & Practical Exploration on Currency Internationalization

刚性名义工资下,当企业以出口商货币计价时贬值将提高需求,但贬值也会引起外国货币供应的下降从而降低需求。这种抵消效应降低了需求风险,使得以出口商货币计价更具吸引力;刚性实际工资下,对大国而言,消费价格水平是既定的,因为市场由以本币定价的国内企业所主导,而小国则不然,当大国中主导部门的出口企业以出口商货币定价时,小国的消费价格指数会随货币贬值而上升,由此带动名义工资上升。这会增加企业以出口商货币定价的预期成本,因为贬值会同时提高工资率和需求。理论上,国家大小在模型中确实很起作用,但现实中的情形却并非如此,尤其是日本作为世界第二大经济体,在其出口中以本国货币计价结算的份额相对较小。

琳达·S. 戈德伯格和塞德里克·铁勒在斯瓦伯达等早期研究的基础上丰富了国际贸易中媒介货币的选择理论。[①] 他们在 2005 年创设了一个新的国际贸易计价货币选择模型。该模型在原来两个国家两种货币的基础上扩展到三个国家三种货币,允许出口商在本国货币、对方货币以及第三方货币(媒介货币,vehicle currency)这三种货币中进行计价货币的选择;同时,将产业特征(如竞争者间商品的替代性)与宏观经济因素(如商业周期)以及汇率波动性等情况纳入模型进行对比分析。这项研究有着较好的数据背景基础(24 个国家的国际贸易数据)。这些数据显示美元是最主要的、用于美国为一方的国际贸易的计价货币,欧元取代了原欧元区各国的法定货币并在欧盟成员国内的某些交易上超越了美元,亚洲国家、澳大利亚、英国等仍将美元作为重要的计价货币。

这项研究的一个亮点是关于最优定价货币的研究。它将企业的定价策略考虑为基于三种货币权重的选择(篮子货币因素法)。在考察了出口目的地市场竞争产品的价格指数对汇率波动的敏感性后,研究发现,要维持市场上相对价格的完全稳定,需要出口商在选择不同货币的权重时,要与

[①] LINDA S GOLDBERG, CEDRIC TILLE. Vehicle Currency Use in International Trade [J]. Federal Reserve Bank of New York, 2005, Staff Report, No. 2000.

这些货币在全行业的价格指数中的份额完全一致。这为计价货币选择上的从众（herding）行为和风险对冲目的提供了解释。出口商以本国货币计价具有全面稳定出口商边际收益的好处，因为其收到的货款为固定的本国货币，但这种全面稳定不一定是个优选，理由有二：一是出口商通过选择与其竞争对手相近的计价策略可以最好地锁定其相应价格的波动，二是出口商需要选择计价策略来锁定边际成本波动对其利润的影响。选择目的地国家货币，本币贬值时会增加出口商以本币计价的收入，如果汇率贬值导致边际成本增加，以目的地货币计价能够提供对冲效用，因为边际收益与边际成本会同步变化。计算显示商品越具替代性，计价货币选择中的从众现象越明显，因为相关价格变化导致的销售量变化会很大；规模收益递减越强，这一效应也越明显，因为产量波动会导致边际成本的大幅变化。

研究表明，具有高度差异性的行业出口计价时对宏观经济变量如工资、需求等应有更多的考虑，而产品同质性高的行业中，企业会采用与其他竞争对手相近的篮子货币因素法来确定计价策略。

上文关于国际贸易货币选择和决定的研究显示贸易（厂）商是货币选择的主体，且选择因素取决于贸易商所处的谈判地位、贸易品的属性和货币本身的属性等。

(二) 金融交易的货币选择和决定理论

关于资本市场上资产组合货币的选择研究主要有德肯（Detken）和哈特曼。他们的研究（2000）主要通过市场规模、流动性以及交易成本和风险分散等因素来考察资产组合的货币选择情况。吉斯（Geis）、梅尔（Mehl）以及雷敦伯格（Wredenborg）2004年分析了以欧元计价的国际债券发行，认为欧元的国际使用存在很强的区域特点，伦敦在供求以及中介方面的作用很大，欧元区本身是欧元国际化的主要推动力量，因为欧元区投资者是非欧元区居民发行的欧元债券的主要购买者。

人民币国际化：理论思考及实践探索

From RMB to CNY: Some Theoretical Thinking & Practical Exploration on Currency Internationalization

尼古拉斯·塞格弗雷德（Nikolaus Siegfried）等对国际资本市场中非金融企业在发行外币债券时的货币选择进行了研究[①]，发现非金融企业选择发行债券的币种时有以下方面的考虑：一是对冲管理外汇波动风险，二是监管差别，三是市场特性。特别是与国外监管框架有关的信息不对称使得发行外币债券成本较高，从而降低了小规模外币债券的发行数量。不同货币区的市场特性是影响企业债券发行人货币选择决策的重要因素，尤其是不同货币区主权债收益率曲线的长度不同对发行企业债的货币选择影响很大，期限长的企业债倾向于用英镑发行，因为英国的主权债比美国、日本以及欧元区的主权债有更长的久期（duration）。

通过对1999—2003年全球以美元、欧元、日元和英镑四种货币发行的8022只债券的研究，塞格弗雷德等发现以下特点：一是债券发行人具有强烈的本币倾向，约有86%的债券是以本币发行的；二是美国公司的区域倾向很显著，占总发行量的50%多；三是美元币种倾向更大，8022只新发债券中有5127只以美元发行；四是企业发行外币债券主要用于对冲管理外币风险。不管是以国外子公司的比例还是国外并购活动的比例来衡量，外汇敞口均增加了发行外币债券的可能性。因此，地区分布越广泛的公司越可能出于对冲目的发行外币债券。战略考虑在决定是否发行外币债券方面也有一定作用，尤其是大公司在国际债券市场上更活跃，原因有三：一是大公司倾向于在不同货币区分散其投资者群体；二是大公司在其本土市场也面临一定的融资约束；三是大公司海外知名度高，在外国债券市场的进入门槛以及成本较低。监管差别的影响主要表现在海外发行债券的固定交易成本很大，因此只有较大规模的发行才符合经济原则，而小规模的发行主要以本币进行。大规模债券发行倾向于以欧元、英镑以及日元发行而非美元。掉期以及主权债市场的特性对发债货币选择的影响主要表

---

① NIKOLAUS SIEGFRIED, EMILIA SIMEONAVA, CRISTINA VESPRO. Choice of Currency in Bond Issuance and the International Role of Currencies [J]. European Central Bank, Sept. 2007, Working Paper, No. 814.

第一章 货币国际化：一些概念及问题的讨论

现在较长的久期会降低以外币发债的可能性，因为长久期使得对手方风险加大，导致将发债所得的外币收入掉期成为本币的成本更高。公司债的久期与相应的国债市场的平均久期有着密切的联系。因此，市场特性在发债货币的选择上作用巨大。

研究还发现，监管差别会抑制债券发行。因此，协调各国监管有助于便利跨货币的小规模债券发行，有利于提高资金的配置效率。国债市场的作用非常重要，即使在高度发达的国家，公司债的发行也受到主权债收益率曲线跨度的影响。政府若想深化公司债收益率曲线的某个特定部分，可以通过构建一个相应久期框架上该特定部分的高流动性标杆（国债收益率）来实现。

研究认为，公司债券发行中货币的选择取决于成本最小化和战略考虑。对冲动机涉及成本，战略供求影响考虑主要涉及国内债券市场的有限容量。此外，货币选择还反映了对既定市场惯例下的路径依赖以及对管理的规避成本。

四、对人民币国际化的启示

综合上文马克思货币职能理论和西方经济学货币职能的相关研究，可以发现无论是马克思的理论研究还是西方经济学的相关研究，对于货币职能的共同观点是货币具有计价结算、交易和价值贮藏三项基本职能，并且货币职能存在一个递进发展的规律，即先是计价结算，再到交易（交换）并进而发展到价值贮藏；同时，货币国际化的过程也是一个货币职能从国内向国际发展的过程，马克思的货币职能说中将其列为"世界货币"，西方经济学则对三项职能的国际化发展均有阐述。在这个过程中，实体经济和金融的跨界活动是货币国际化的主要推动力。国际贸易货币以及国际债券货币选择的相关理论研究发现，货币的计价结算职能的跨境发展构成了货币国际化的核心内容，而推动这一职能从国内向国际发展的微观基础在于经济主体规避汇率风险的动机，微观条件则在于企业在国际市场中所占

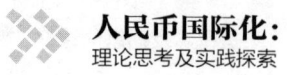

的份额以及贸易定价能力。贸易大国通常拥有更多的结算货币选择权，金融强国（其金融市场有足够的深度和广度）则拥有更多的金融交易货币选择优势。这说明一个国家的信用货币要走向国际，既要有实体经济层面的微观基础，也要有金融层面的市场基础。其中，微观基础包括企业贸易品的属性、市场份额等因素；而金融市场基础则决定着该货币的货币属性，即是否拥有一个支撑该货币参与国际货币竞争的市场基础。这对理解我国正在推进的人民币国际化进程设计是有帮助的，也为我们进入下面章节的讨论做了一个铺垫。

第二节　货币国际清算规律与货币国际化

货币银行学的相关理论显示，国家信用货币替代金属货币后形成的现代银行体系，是一个以银行间账户体系为基础的货币流通循环机制。在这个流通循环机制中，中央银行作为货币的发行者，通过商业银行开立在中央银行的银行账户来实现货币的投放与回笼，并借助于这些账户来实施货币政策。商业银行则通过这些开立在中央银行的账户向社会提供各类金融服务，包括信贷融资服务、支付结算服务等。以此来观察货币的国际清算，也不外乎如此。

一、货币国际清算的三大规律

国际社会进入信用货币本位制以来，国家发行的信用货币充当国际交易结算媒介就成为事实。由于是国家信用货币，因此必然是从其发行国流向国际并充当国际交易结算媒介的。这个从发行国流向国际的过程依托的是其银行体系的账户，货币经历了一个从发行国中央银行到其商业银行再到境外商业银行的过程，而这整个过程是依托层层倒开账户的模式来实现的，也就是境外商业银行在发行国商业银行开立货币国际同业往来账户，发行国商业银行在发行国中央银行开立货币储备账户。这个过程与国内银行体系围绕中央银行账户形成的货币投放体系是一脉相承的,只是国际元素的加入拉长了链条而已。因此,货币的国际清算规则可以总结为三条:一是所有货币都最终存放在其发行国银行体系内,除了流出境外并被窖藏的现钞。一般情况下,由于窖藏现钞除了备用便利外没有收益,只有成本(保管成本、防盗成本、机会成本等),因此窖藏现钞量较少,大量的境外持有都表现为银行存款,即存放在当地银行,而当地银行又转存到该货币的发行国商业银行。二是所有货币的清算都以中央银行的清算为终极清算。这是因为商业银行之间互相发送的支付指令都要通过开立在中央银行的货币储备账户上的资金的最终拨转才算完成。如果开立在中央银行的货币储备账户中没有足够的资金实现最终的拨转,那么之前该商业银行发出的所有支付指令只是一纸空文,即无法兑现。三是货币国际清算是通过银行间国际同业往来账户中的借贷记过程来实现的。尽管国与国之间存在时空差距,但由于货币都存放在其发行国银行体系内,因此国际结算和清算就是银行间发送借贷记指令并通过借贷记国际同业往来账户来实现的。在现代电子技术的帮助下,这种借贷记过程可以瞬间完成。

根据以上货币国际清算三大规律,可以发现,所有美元都存放在美国,所有欧元都存放在欧洲,所有日元都存放在日本。尽管常规上我们身边的银行会向我们提供美元存款、欧元存款、日元存款或这些货币的跨境结算服务,但支撑这些银行提供这些外币存款账户和结算服务的必要条件是,这些银行必须选择在这些货币的发行国银行开立这些货币的国际同业往来账户。

二、货币境外流通与发行国存放

从图 1-1 可以看出,货币境外流通的前提是境外银行在发行国的银行体系内建立货币的同业往来账户。在一系列的同业往来账户安排下,货币的境外流通可以以下几个层面发生:

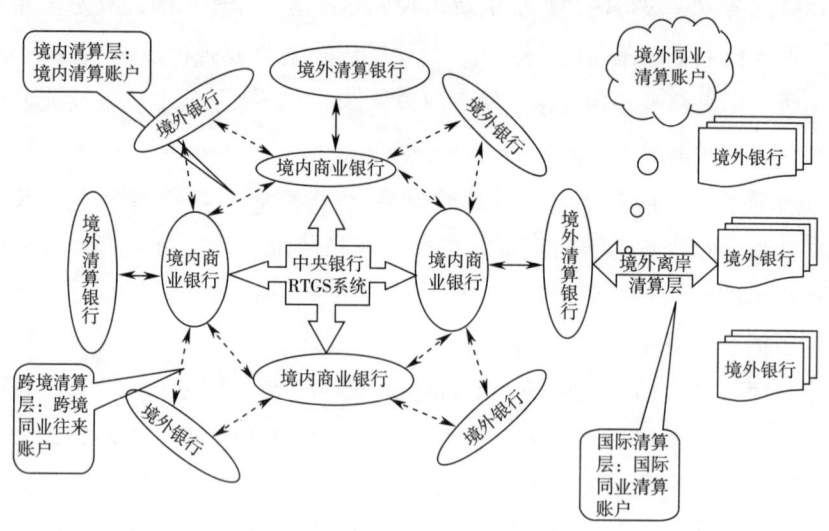

图1-1 货币国际清算拓扑图

一是跨境清算层。这是货币职能跨境发展后的第一个层级，由境外银行在境内银行直接开立同业往来账户构成。在这一层级实现的是发行国货币以发行国边境为界限的跨境流通，体现为实体经济领域跨境商务活动以及发行国金融体系跨境金融活动所引发的直接的本币跨境收付。从资金层面来看，这一层级的清算直接作用于发行国的在岸资金。跨境贸易的结算通常采用这一层级的货币清算服务。如一国的进口对外支付将直接导致该国货币境外持有量的增加，在银行层面会发生相应规模本币资金的跨境借贷记行为并出现结算科目间的此消彼长（境内企业存款减少，跨境同业往来账户存款增加）。

二是国际清算层。其运作原理与跨境清算层基本相同，差异在于该类同业往来账户支撑的是离岸货币的三级清算，即境外离岸清算层。也就是说，在货币发行国以外的地区存在离岸货币清算时，也需要依托开立在发行国境内的同业往来账户。这一层级完成的清算大多与发行国的经济活动无关，且体现为轧差清算模式。从资金层面上来看，这一清算层需要部分地动用发行国的在岸资金。如新加坡的银行为其企业办理美元收付给马来西亚的银行

第一章 货币国际化：一些概念及问题的讨论

时，新加坡的银行可以对其企业的收付头寸进行轧差后，将需要收或付的净头寸通过其在美国纽约的同业往来账户支付给马来西亚的银行即可。

三是离岸清算层。这是一个与在岸清算相对应的名称。当一个货币的国际需求达到一定程度后，就会产生离岸交易以该国货币结算和交易的需求，此时境外部分有实力的银行将依托开立在发行国的国际同业清算账户向当地的银行和机构提供离岸货币清算。这部分清算可以相对独立于发行国的在岸货币清算体系。这里的"相对独立"是指在境外沉淀的资金量达到一定规模后可以在不动用在岸资金的前提下完成该种货币的境外清算。因此，从资金层面上看，这一清算层可以不动用发行国的在岸资金。如我国香港地区组织的人民币清算服务，在香港的银行可以动用其在中银香港（人民币清算行）的账户内资金来实现香港本地的人民币清算，而无须影响到中国内地的人民币资金运行。

人民币跨境金融服务详见图1-2和图1-3。

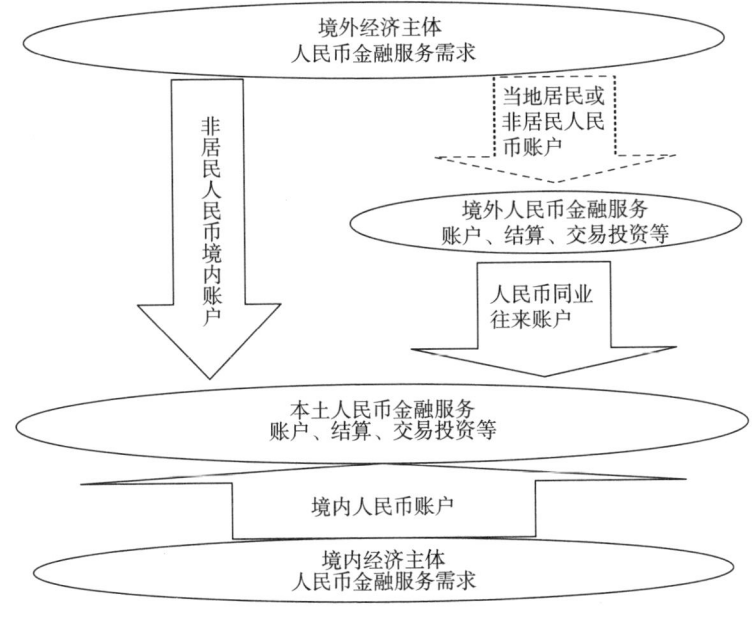

图1-2 人民币跨境金融服务——账户关系

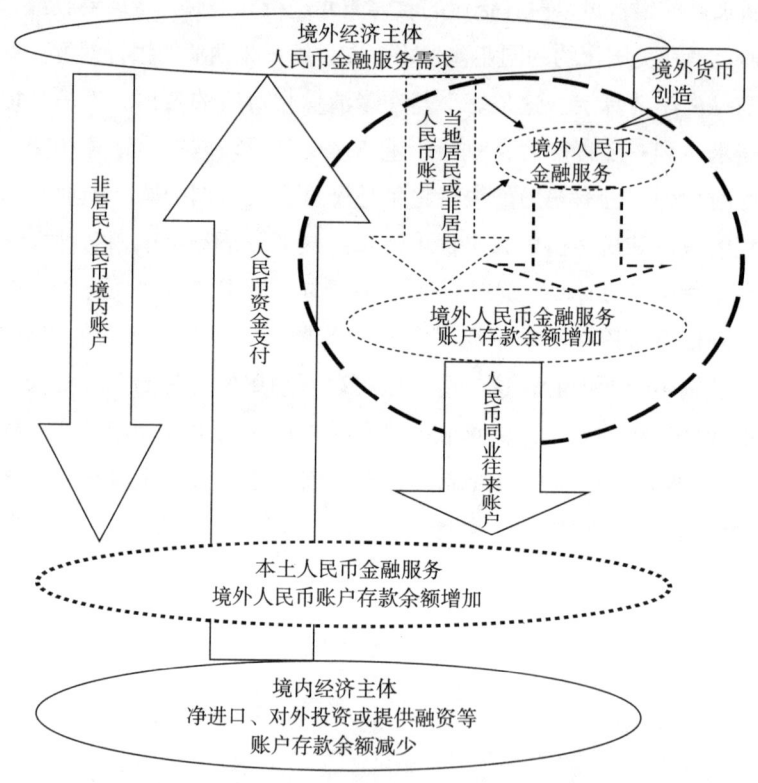

图1-3 人民币跨境金融服务——跨境交易的影响

三、货币境外创造与境内创造

一国信用货币走向国际后,人们普遍关心的是其货币的创造问题。梳理这方面的研究文献,可以发现迄今尚未明确的一些结论。

从国际货币发展史来看,一国货币在走向国际的过程中必然会产生境外货币创造的现象。这种境外货币创造与国内货币创造大致相同,但在影响因素方面稍有差异。这种差异主要表现在国内货币创造受存款准备金要求等货币政策工具的影响,而境外货币创造虽然也受发行国货币政策调控的影响,但更多地受当地二级清算能力的影响。

第一章 货币国际化：一些概念及问题的讨论

（一）境外货币创造的现象分析

在国际货币清算规律的作用下，所有货币都直接或间接地存放在发行国的金融体系内。这些货币的存在形态主要有以下两种：一是存款（活期存款、定期存款等）。发行国银行体系吸收的境外本币存款是一国货币走向国际后最初的也是常见的境外货币形态。这些存款可以直接地以境外主体（银行或非银行主体）名义在发行国银行体系开立本币存款账户（直接存放方式），如现在的人民币同业往来账户以及 NRA 账户；也可以在那些已经在发行国开立同业往来账户的境外银行开立该货币存款账户（间接存放方式），如在港澳人民币清算行开立的人民币同业往来账户或当地居民主体的人民币存款账户。存款是境外货币创造的基础。存款种类的变化能够影响境外银行对该种货币的金融服务能力，包括货币创造能力。活期存款的增多将主要增强境外银行对该种货币的结算能力（非本国发行货币的流动性管理以及期限匹配等风险管理要求下，活期存款用于放贷等期限锁定的资产创造具有较大的风险，所以对应活期存款类负债的主要资产形态应该是结算周转性资金存款），定期存款的增多将主要增强境外银行对该种货币资产（如贷款等）的创造能力。二是可变现资产。可变现资产主要取决于境外本币资产的提供状况。境外本币资产的提供可以由两方面组成：货币发行国和境外。由于货币发行国是本币资产的天然提供者，因此境外本币市场上会有部分资产来自发行国；当境外本币存款达到一定量时，境外也会产生本币资产的自我创造能力。这一货币的境外自我创造能力如果得到当地二级清算的支持，就会快速增长。境外可变现资产的种类主要是各类以该币种发行的金融市场可转让、可交易有价证券，按货币供应量指标定义，可归类为 M_3 或零期限货币（MZM）。

在现代金融运作模式下，由于资产与资金之间并非一一对应关系，而是"多（资产）对少（资金）"的关系（倍数创造功能），因此境外货币创造的概念类似于国内货币创造，可以出现货币资产大于货币资金的现

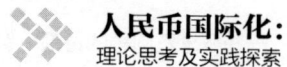

象,但影响境外货币创造的因素与境内不同。

(二)境外货币创造与境内货币创造的差异

1. 对本币与外币的不同定位是影响境内外货币创造差异的主要因素。货币金融经营中的风险管理原则要求所有货币经营者和持有者必须从本币和外币角度建立不同的风险管理规则。这些来自监管当局或经营者自身的风险管理要求使得境外货币创造与境内货币创造出现差异。对境内经营者和持有者来说,本币是法定货币,经营中的所有成本和收益都以本币计值,因此以本币负债和创造本币资产是天经地义的事;对境外经营者和持有者来说,境外货币是一种备选,只有在利益最大化、风险最小化原则下才会选择外币负债或资产。因此,境外金融体系在进行外币的货币创造时需要考虑的因素与境内金融体系是不同的。这种不同主要取决于对外币的流动性管理关注。

2. 境外货币的二级或多级清算是影响境外货币创造的关键因素。建立在跨境同业往来账户基础上的境外二级或多级清算是一国货币走向国际的伴生物。一方面有利于推动货币的国际化进程,另一方面也会构成对发行国金融服务和货币定价权的竞争。一般来说,货币的清算需要借助发行国的银行体系来完成,即境外主体之间发生以某种货币计价结算的需求时,将对自己的开户行发出清算支付指令,而该境外银行又将依据客户的要求指令自己在该货币发行国的开户银行(同业往来账户行)进行相应的资金清算。当境外产生一种货币的二级或多级清算时,境外银行可以利用沉淀在自身账户中的该货币资金,帮助客户实现该外币的本地清算。这种货币的境外二级或多级清算的存在将催生一个个的本币离岸金融市场,从而形成相对独立于发行国的货币金融服务及交易中心,既与发行国自身的金融市场形成互补,又对发行国金融市场形成竞争,且这种竞争在"离岸无管制、在岸有管制(调控)"的环境下会形成对发行国本国金融服务的离心力,吸引国际及发行国本身的金融服务需求外移,从而可能导致发行国本币金融服务的空心化现象。

第一章 货币国际化：一些概念及问题的讨论

境外人民币创造流程详见图1-4。

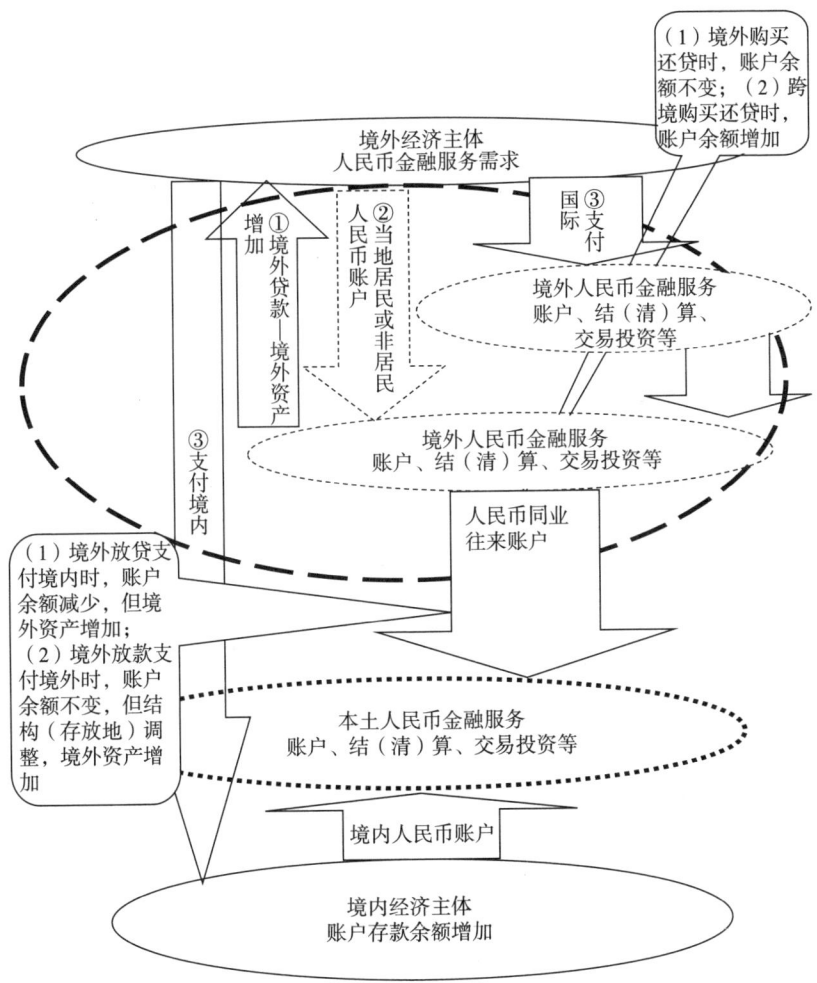

图1-4 境外人民币创造解析——以贷款为例

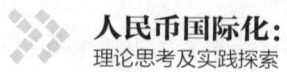

第三节 货币国际化与汇兑及资本管制

外汇,在英文中通常的表述为"foreign exchange"。因此,一国实施外汇管制通常是对外国货币的职能在本国境内的发挥实施制约的一种方法。外汇管制的一个典型特征就是在管制的实施国境内禁止外币的计价结算和流通。外汇管制的另一个特征是对本国货币与外国货币之间的兑换环节实施管制,即外国货币与本国货币之间不能自由地兑换,因此外汇管制的代名词通常是"兑换管制"(exchange control)。从货币国际化的角度来考察外汇管制,可以发现,外汇管制主要作用于外国货币的国际化发展(外国货币职能向本国境内的延伸发展)。

一、国际收支货币结构与资本跨境流动

国际收支平衡表记录了一个经济体的对外经济活动。对于国际收支的关注,大家普遍集中于国际收支的平衡机理、国际收支的子项分析以及国际收支作为国民经济核算四大账户与其他相关账户之间的作用关系等,鲜有关心国际收支币种结构的情况。这一方面是因为国际收支平衡表折算后大多以一种货币合并展示,很少公布一个国家的分币种国际收支平衡表情况;另一方面也是因为很多国家的国际收支平衡表编制信息来自抽样和估算,并不真正采集币种结构信息。事实上,一个经济体国际收支的发生通常是以不同货币的资金流动为载体的,如我国的国际收支大多数是以美元发生的。表1-1为根据国际货币基金组织编制的《国际收支手册》(第六版)列示的国际收支平衡表主要栏目。

表1-1清晰地将一个经济体的涉外经济活动进行了性质归类。通常,一个国家也可以依据上述性质归类来进行相关的管理制度设计和安排。

表 1-1　　　　　　　　国际收支平衡表主要项目

国际收支平衡表主要项目一览表（BPM6）	
经常账户	资本账户
1A. 货物及服务	21. 非生产的、非金融的资产的收买与放弃
1Aa. 货物	22. 资本转移
1Ab. 服务	金融账户
1Ab1. 制造业相关服务	31. 直接投资
1Ab2. 维护及修理服务	311. 股权及投资基金份额
1Ab3. 运输	312. 债务工具
1Ab4. 旅游	32. 证券投资
1Ab5. 建筑	321. 股权及投资基金份额
1Ab6. 保险与养老金服务	322. 债务工具
1Ab7. 金融服务	33. 金融衍生品和员工股票期权
1Ab8. 知识产权使用费	34. 其他投资
1Ab9. 通信、计算机及信息服务	341. 其他股权类
1Ab10. 其他商业服务	342. 货币与存款
1Ab11. 个人、文化及娱乐服务	343. 贷款
1Ab12. 政府间货物与服务	344. 保险、养老金和标准化担保计划
1B. 初次收益	345. 贸易信贷和预付款
1B1. 雇员报酬	346. 其他应收/应付
1B2. 投资收益	347. 特别提款权
1B3. 其他初次收益	35. 储备资产
1C. 二次收益	误差与遗漏

通过观察国际收支平衡表的分项情况，可以发现一个非常有趣的规律，就是由于"有借必有贷，借贷必相等"的平衡记录规则的作用，国际收支的各个分项之间客观上存在着性质转换的现象，如经常账户中"货物及贸易"的结果会体现到金融账户中的"货币与存款"项下。例如，一国进口他国货物后必将发生一笔对外支付，此时若以本币支付，则体现为境外持有本币的增加（货币与存款的负债栏内）；若以外币支付，则体现

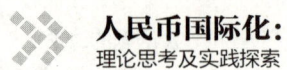

From RMB to CNY: Some Theoretical Thinking &
Practical Exploration on Currency Internationalization

为本国持有外币的减少（货币与存款的资产栏内）。因此，可以轻松地得出以下结论：货币行使计价结算职能、为实体经济提供货物贸易跨境结算时，同时也实现了其国际交换媒介的职能，完成结算后又转而履行了价值贮藏职能，即货币和存款形态，体现为一个对外金融资产或负债的变化。再结合币种结构的概念，我们可以得出"以何种货币实现跨境支付结算（国际收支）就有何种的货币资金跨境流动并形成何种货币的对外资产负债"的结论。

以此来观察我国的国际收支情况，可以发现，我国改革开放30多年来的国际收支大多以他国货币来实现且主要是美元，因此我国最终的对外资产负债（国际投资头寸表）中，以美元资产负债为主的现象也不足为怪。实体经济的涉外经济活动大多以美元计价结算，其结果必然是美元的大规模跨境流动，由此也主导了我国的国际收支平衡运动。

二、兑换管制与资本管制

兑换管制和资本管制通常是两个混合在一起的概念。这一方面是因为这两者被很多经济体同时使用，另一方面也是因为两者的作用对象具有某种程度上的一致性。但仔细分析，可以发现两者之间是有实质区别的。

（一）兑换管制

兑换管制的英文名称为"exchange control"，通常是指对两种货币之间的兑换环节实施的管制，也是一国实施外汇管制的核心内容，即对外国货币与本国货币之间发生兑换行为的管制。这种管制的典型特征为行政管制，管制的出发点是外汇短缺，本币缺乏国际清偿能力。

兑换管制通常会根据国际收支性质的不同来实施，其作用效果也不相同，如对进出口贸易中的外汇收付实行兑换管制会构成对一国货物贸易活动的约束。兑换管制的程度通常也决定了一国货币的兑换性（可兑换程度）。根据货币的兑换性，人们通常将货币分为不可兑换货币、可兑换货币以及自由兑换货币三类。不可兑换货币通常由严格的外汇管制造成，其

第一章 货币国际化：一些概念及问题的讨论

表现特征为本国货币不得对外发生收付，所有国际收支均以外国货币进行，居民主体收到的所有外币必须兑换为本国货币（外汇上缴给国家统一支配），居民对外支付需要国家根据实际情况来实行统一分配。可兑换货币则通常指接受国际货币基金组织第八条款，实现了经常账户交易下可兑换的货币。根据国际货币基金组织的定义，一国若对其经常账户交易实现了货币的自由兑换，则该货币可被视为可兑换货币。对此，《国际货币基金组织协定》的第八条款有明确的规定：一是避免对经常性支付或转移的限制。各成员国未经国际货币基金组织的同意，不得对国际经常往来的付款和资金转移实施汇兑限制。二是不得实行歧视性的货币措施或多重汇率措施。三是兑换外国持有的本国货币。任何一个成员国均有义务购回其他成员国所持有的本国货币结存，只需兑换的国家能证明这种结存是由最近的经常性交易所获得的，或者这种兑换是为了支付经常性交易所需要的。自由兑换货币则是一国货币在外汇市场上可以自由地发生双向兑换的情形，即实现了经常账户和资本、金融账户自由兑换的货币。

以此来考察我国人民币的可兑换安排情形，可以发现人民币属于基本可兑换货币。之所以有如此判断，是因为我国已于1996年底接受了《国际货币基金组织协定》的第八条款，承诺人民币用于经常账户的各项交易时可兑换。但在实际中，这种可兑换尚未完全实现，具体表现在两个方面：一是在2009年7月人民币用于跨境贸易结算试点前，这种可兑换仅限于境内可兑换。在我国人民币没有用于跨境支付前，国际上几乎没有人民币，所以基本上不存在上述第三项"兑换外国持有的本国货币"之说[1]。同时，兑换货币的主体基本为境内主体，也就是在所有与我国发生经贸往来的跨境收支业务中，我国境内主体已接受外币收付的结算条件并在境内完成兑换行为，而非境外主体接受人民币收付。这种格局导致了我国的国际收支仍然需要以他国货币来实现，因而也就谈不上境外持有我国

---

[1] 2004年中国人民银行为香港地区银行开展的个人人民币业务（存款、兑换、向境内汇款以及信用卡业务）安排了人民币清算渠道，但只是满足了旅游项下个人的人民币跨境支付，规模很小。

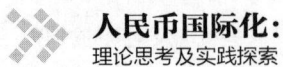 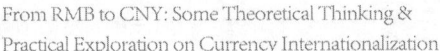

货币而需要我国兑换外国持有的人民币了。二是 2009 年 7 月跨境贸易人民币结算试点启动时，我国对于因跨境贸易而支付到境外并被境外持有的人民币实行了兑换额度管理，这固然是因为试点而需要采取的审慎措施，但这一兑换额度（人民币购售①额度）却与《国际货币基金组织协定》的第八条款不符，尤其是 2011 年在明确了人民币购售的性质为 3 个月内将发生实际货物贸易支付的前提下仍然实行额度管理，显然与《国际货币基金组织协定》第八条款中对经常支付可兑换的认定期限（6 个月内）不符了。当然，后续发布的相关政策进行了一定的补救，如 2015 年人民币购售的覆盖范围进一步拓宽到货物贸易、服务贸易和直接投资，交易品种包括即期、远期和掉期。除了真实、合规要求外，不再提兑换额度的事了。

（二）资本管制

资本管制的英文名称为"capital control"，是针对跨境资本流动环节设立的管制措施。顾名思义，资本管制不同于兑换管制。资本管制通常作用于资本的跨境流动，因此其管制方法一般为以利益调整为核心的市场化调节方法，也就是说，通过作用于发生资本跨境流动的主体的经济利益来影响资本跨境流动的驱动力，从而达到促进或抑制跨境资本流动规模及方向的目的。资本管制有时也采用行政手段来实施。考察世界各国的管制状况，可以发现有兑换管制的国家一般都有资本管制，因为兑换管制本身就作用于资本的跨境流动，无非是兑换管制与资本管制合二为一还是各自独立执行的区别。有资本管制的国家则未必有兑换管制，如大多数经合组织国家声称实现了货币的自由兑换，对资本及金融账户交易不设兑换限制，允许自由流动，但仍然以不同名目保留国家对外国并购境内项目或收购境内资源的审查核准权，或者通过对金融机构的审慎监管条件来抑制不利于自己国家的跨境资本流动。这些影响资本跨境自由流动的措施可以视为选择性资本管制措施（selective capital control measures），几乎存在于所有

---

① 为了区别于境内银行向境内主体提供本外币兑换服务称为结售汇的需要，将人民币购售定义为境内银行向境外主体提供的本外币兑换服务。

国家。

再从国际收支平衡表的角度来认识资本管制，我们有新的发现：资本管制的实质是对金融账户项下各项交易的管制。因此，资本管制的作用点在于是否允许金融账户项下的各个栏目之间自由转换，如货币与存款可否转换为直接投资、证券投资等项，货币与存款可否转换为信贷融资等项。这些转换的实质则是金融开放的问题。

目前，国际上对金融开放的通行观点是资本的大规模跨境流动带来的风险较大。所以，国际组织和各国政府对于资本的无序流动大多持审慎态度。最为典型的观点有以下几种：一是国际货币基金组织的观点，即支持对无序资本流动的监管，必要时可以采用临时性资本管制措施；二是 G30 专家小组的观点，即构建宏观审慎管理政策框架，以防止系统性风险；三是以美国双边投资协定为代表的国际多双边贸易投资协定，支持金融审慎例外方式的金融服务业开放负面清单管理。

（三）我国的情况

由于我国对外经贸活动的结算大多采用外币进行，因此，我国对资本跨境流动的监管与对外汇的管理是密不可分的，甚至可以说就是嵌入在外汇管理中进行的。一直以来，社会各界也将人民币资本账户可兑换问题与资本跨境流动监管问题合并讨论。我国的《外汇管理条例》中就有明确的对资本跨境流动管制的内容。

自 1996 年 12 月宣布接受《国际货币基金组织协定》第八条款实行人民币经常账户可兑换以来，我国对资本账户的兑换管制也一直处于改革中。根据相关权威部门的评估，在七大类 40 项资本账户交易项目中，我国已实现可兑换的占 18.6%，有较少限制的占 25.6%，有较多限制的占 41.9%，目前仍然保留着严格限制的占 13.9%。

通过分析我国对资本类跨境交易管理的具体情况（详见表 1 – 2）不难看出，目前在对资本跨境交易（流动）的管理上一般存在两个或两个以上的监管环节和主体：一是交易的准入环节和监管主体（政府相关部门），二是货币兑换的核准环节和监管主体（外汇管理部门）。

表1-2 人民币国际化之前对跨境资本监管的评估

项目	资本交易监管主体	兑换监管主体
一、资本和货币市场工具		
1. 资本市场证券交易		
A. 买卖股票或有参股性质的其他证券	证监会、商务部	外汇管理局
B. 债券和其他债务性证券	财政部、证监会、人民银行	外汇管理局
2. 货币市场工具	人民银行、银监会	外汇管理局
3. 集合投资类证券	证监会、银监会	外汇管理局
二、对衍生工具和其他工具的管制	人民银行、证监会、银监会	外汇管理局
三、对信贷业务的管制		
1. 商业信贷	发改委、商务部、外汇管理局（外债额度控制）	外汇管理局
2. 金融信贷	发改委、人民银行、外汇管理局（外债额度控制）	外汇管理局
3. 担保、保证和备用融资便利	银监会、人民银行、外汇管理局（规模控制）	外汇管理局
四、对直接投资的管制		
1. 对外直接投资	商务部、发改委	外汇管理局
2. 对内直接投资	商务部、发改委	外汇管理局（已授权银行）
五、对直接投资清盘的管制	商务部	外汇管理局
六、对不动产交易的管制	建设部、房产局	外汇管理局
七、对个人资本流动的管制	未明	外汇管理局

以上分析比较粗线条，可能不一定准确，但我国对资本跨境流动管理的大致格局可见一斑。具体来讲，跨境资本交易既存在对资本跨境流动环节的管制，也存在货币兑换环节上的管制，即几乎所有的资本类跨境交易都需要经过至少两个环节的政府部门审核。以直接投资为例，外国企业投

资我国时，需要先获得商务部门的批准或事前备案。这道环节可理解为合规性管理，即获得批准或事前备案的外国直接投资视为合规交易，也可理解为对外国资本进入我国的资本跨境流动的管制。外国企业投入的外汇资本金在兑换成人民币时，还需满足外汇管理部门的相关要求（如支付结汇原则等）后才能办理。这道环节通常被解释为真实性管理，即兑换需要有真实交易背景，也就是兑换管制。我国企业对外直接投资时，也需事先获得政府部门的批准（资本跨境流动管制），再依据规定到外汇管理部门办理本币兑换为外币后汇出的核准手续。在证券投资和债务交易上，也同样存在着资本流动和货币兑换两个环节的管制，由政府相关部门进行第一环节的准入性审批（如 QFII 的资格与额度），再由外汇管理部门进行兑换环节或资金来源的审批（核准或登记、备案）。

从上文的介绍可以看出，无论是什么性质的资本账户交易，由于其最终都将发生本外币之间的兑换，因此都必须通过外汇管理局的兑换审核和监管，尽管有些兑换审核和监管目前已由外汇管理局下放至外汇指定银行办理。因此，2008 年修订的《外汇管理条例》的相关规定明确外汇管理局负责对资本跨境流动的监测。

在评估我国对资本账户管理的情况时，还有一个因素需要纳入评估范围，即我国在加入世界贸易组织时所做的市场开放承诺。除了涉及货物贸易的调降关税承诺外，谈判中涉及了许多被列为服务贸易的行业开放问题，其中既有与资本跨境流动直接相关的金融服务业的行业准入，也有许多涉及国家战略关键的行业领域。对外资进入这些行业的准入实际上也扮演了我国对资本跨境流动的审慎性监管角色。

三、本币管制与外汇管制

从货币国际化的角度来看本币管制与外汇管制的问题，可以发现本币管制对货币国际化的影响较外汇管制来得大。在实践中，本币管制通常是限制本国货币出境，包括对现钞出境、非居民持有本国货币账户、非居民使用本

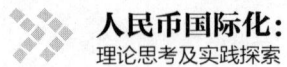

人民币国际化：理论思考及实践探索
From RMB to CNY: Some Theoretical Thinking & Practical Exploration on Currency Internationalization

国货币进行结算和融资以及境外存在本国货币的离岸金融市场等的限制，如联邦德国不鼓励本国银行在境外发行马克债券融资、亚洲金融危机后马来西亚规定非居民持有的林吉特账户必须开立在马来西亚境内银行等。

由于国家信用货币是一个国家的法币，因此，除了少数封闭运行的经济体外，大多数国家对于本国居民（包括机构和自然人）使用本币与境外主体达成跨境结算交易不会限制，与之相对应的是，不少国家对于本国居民使用外国货币尤其是非自由兑换货币结算跨境交易会采取或多或少的限制，即所谓的外汇管制，如巴基斯坦，即便接受《国际货币基金组织协定》第八条款实现经常账户可兑换，也明确规定本国居民使用外国货币的种类仅限于中央银行公布的货币（主要为可自由使用货币或中央银行认定的可兑换货币）。因此，考察一些国家货币的国际化进程，可以发现其货币在实现全面的自由可兑换前就已经成为国际储备货币的现象。如联邦德国的马克和日本的日元，均存在这一现象，后文将详细论述。

同样地，我们从国际收支平衡表的角度来认识本币管制和外币管制的问题，可以发现，本币管制的实质是对本国货币用于国际收支交易的程度和范围的管制，而外币管制则是对外国货币用于国际收支交易的程度和范围的管制。在我国，由于20世纪80年代及后来的外汇管理相关规定中都直接或间接含有"涉外经济交易应以可自由兑换货币结算"的安排，所以我国人民币的跨境职能一直处于人为关闭状态①。直到2009年启动跨境贸易人民币结算试点，我国才真正放开人民币支付职能的跨境发挥。

观察国际收支平衡表中资本及金融账户的各栏目子项，可以发现货币资金在资本及金融账户项下各子项间的交易转换事关金融开放的路径安排（详见表1-3）。资本管制的作用点在于是否允许资本及金融账户项下的各个栏目之间无兑换地自由转换，如同币种的货币与存款可否转换为直接投资、证券投资等项，同币种的货币与存款可否转换为信贷融资等项。如

---

① 如1985年发布的《违反外汇管理处罚施行细则》中包含对套汇、逃汇等行为的界定及处罚条款。

第一章 货币国际化：一些概念及问题的讨论

果纯以外币来发生这些转换，则可以理解为国内外币金融交易的存在或对境内参与境外外币金融交易的开放（允许境内主体以外币存款投资境内或境外金融交易）；如果纯以本币来发生这些转换，则可以理解为本国本币金融交易的对外开放（允许境外主体以其持有的人民币存款投资境内金融交易）；如果允许本外币自由兑换下的这些转换，则可以理解为本国金融交易的全面对外开放（外国投资者持有的人民币存款可以投资境内或境外金融交易，也可以兑换成外币投资境内或境外外币金融交易；或境内投资者持有的人民币存款可以兑换成外币投资境内或境外外币金融交易，或以外币存款兑换成人民币投资境内或境外人民币金融交易）。

表1-3　　货币与存款和金融账户各子项间的转换途径

金融账户	同币种间	跨币种间
31. 直接投资		
311. 股权及投资基金份额		
312. 债务工具		
32. 证券投资		
321. 股权及投资基金份额		
322. 债务工具		
33. 金融衍生品和员工股票期权		
34. 其他投资		
341. 其他股权类		
342. 货币与存款	经常账户交易结算结果的通常体现	经常账户交易结算结果的通常体现
343. 贷款		
344. 保险、养老金和标准化担保计划		
345. 贸易信贷和预付款		
346. 其他应收/应付		
347. 特别提款权	347. 特别提款权	347. 特别提款权
35. 储备资产	35. 储备资产	35. 储备资产

注：表中箭头覆盖栏目范围下子项即"货币与存款"可能与其发生金融交易的子项。

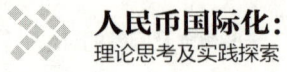

因此，本币管制与外币管制对于一个国家的金融开放程度以及开放路径而言是大不相同的。

第四节 货币国际化与跨境收支管理

在人民币跨境使用的推进过程中，关于本外币跨境收支的规范管理问题一直是一个很有争议的问题。有观点认为，本外币都是用于跨境结算的货币，在管理上理应一致，以免出现监管套利。也有观点认为，人民币就是人民币，是我国的法定货币，外币就是外币，二者不可等同管理。还有观点认为，人民币国际化之初，人民币跨境使用尚处在启动阶段，需要政策的呵护，所以可以营造更优的政策环境来鼓励、支持人民币的跨境使用。本节就人民币与外汇跨境收支的协调管理开展讨论，并提出本外币跨境金融服务遵循"共同而有区别"的协调管理理念。

一、人民币国际化过程中外汇管理负有特殊的、不可替代的使命

受国家法律及行政管辖效力的影响，外汇管理是对外国货币在我国跨境以及境内使用的管理，也自然包括从外汇的角度来管理外国货币在境内的兑换活动。外汇由于是他国发行的货币，所以对其实施以行政手段为特色的管理无可厚非，因为我国既不掌握这些外国货币的发行量，也不掌握调控这些外国货币的政策利率、公开市场操作、再贴现率等工具和手段。虽然也有部分学者或官员把汇率作为定价权之一来说事儿，但汇率既然是两种货币的比价，就不存在一个国家单方面拥有定价权之说。

那么，外汇管理的天然使命是什么呢？笔者以为，应该是从维护国家法定主权货币的角度来管理外国货币在我国涉外经济活动以及境内经济活动中的使用。根据我国《外汇管理条例》，外汇管理的管辖内容是清晰的，即外汇是指以外币表示的可以用作国际清偿的支付手段和资产。境内机

第一章 货币国际化：一些概念及问题的讨论

构、境内个人的外汇收支或者外汇经营活动，以及境外机构、境外个人在境内的外汇收支或者外汇经营活动受到我国《外汇管理条例》的管辖。同时，我国境内禁止外币流通，并不得以外币计价结算。因此，境内主体使用外币客观上存在一个"批准即合法，未批准即违规"的逻辑。

从国家利益角度来看，要推进人民币国际化，使人民币尽可能地满足SDR货币标准，外汇管理的使命就应当是"通过约束外汇在我国涉外经济活动和境内经济活动中的使用空间来为人民币扩大跨境和国际使用打开空间"。简而言之，就是外汇管理部门要与货币政策部门同向发力，扩大人民币在我国跨境收支中的份额比例，降低他国货币的份额比例。

二、具有国际清偿能力的人民币不是外汇，是我国的主权信用货币

经过多年的改革开放，人民币依托国家政治、经济等综合实力具备了国际清偿能力，被国际社会认可和接受。我国庞大的外汇储备是人民币国际清偿能力的实力支撑，但这不表明具有国际清偿能力的人民币就是外汇，就要等同于外汇来进行管理。作为国家法定货币，境内主体使用人民币客观上属于"法律规定必须"的概念，而不是"需要批准才能使用"的概念，人民币迈出国际化步伐并加入SDR后跨境使用也应如此。

需要说明的是，历史上，我国曾经有过"经互会"下具有外汇性质的记账人民币和中国银行发行的外汇人民币（人民币兑换券），但那些都是当时人民币不具备国际清偿能力、不被国际社会认同和接受情况下的替代做法。

放在当下来看，以我国综合国力为支撑的人民币，每一分钱都具有国际清偿力，是我国统一的法定货币，不能人为地割裂成"跨境人民币"和"境内人民币"。虽然人民币国际化初期，境外部分地区出于抢占市场先机、发展当地市场的目的人为制造了"CNH"这一符号来代表境外人民币，但SWIFT等国际组织最终没有接受这一符号，而是一以贯之地用

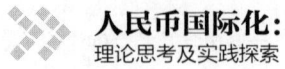

"CNY"作为人民币的统一货币符号。这表明,国际社会对人民币作为国际主流货币的定位是有期待的,是认同为统一货币的,而不是割裂为境内外两种人民币。

此外,《国际货币基金组织协定》第八条款是指对经常账户交易的跨境支付不限制、不拖延。但受我国1980年版《外汇管理暂行条例》影响而形成的约定俗成的外汇支付惯例影响,这一条款通常被简单地理解为字面上的经常账户可兑换,即当经济主体需要发生经常账户交易下的对外支付时,可以拿人民币兑换成外汇支付。放在人民币国际化已经启动、人民币已经被列为国际储备货币的当下,人民币的国际清偿能力已被认可,将经常账户可兑换理解为人民币无障碍、无兑换地直接支付也是可以的。

三、作为我国主权信用货币的人民币应该执行境内外使用基本一致的政策框架

人民币既然是我国的主权信用货币,又被接纳为国际储备货币,其背后的支撑是我国综合国力,那么人民银行在对代表国家信用发行的人民币的管理上就应当以主场货币发行者站位。这是因为,首先,人民币是我国法币,没有任何理由限制我国境内主体使用人民币,包括跨境使用;但外币是他国货币,境内主体使用外币要经特别许可(这也是外汇管理的法理性所在)。其次,人民币已经加入SDR,境外主体使用人民币应按准入前国民待遇接受相关金融服务,除非境外国家或地区限制使用人民币,即便境外某些地区限制人民币的使用,我国也应当据理力争,说服其按SDR规则认可和接受人民币。境外主体愿意向我国主体收取人民币,了结跨境经济活动产生的债权、债务时,我国不应也不必限制境内主体使用人民币收付;境外主体要以人民币向我国支付时,我国不得拒收人民币。人民币跨境使用之所以有此政策安排,是因为人民银行拥有人民币的发行权,以及货币供应量、政策利率、公开市场操作、再贴现、存款准备金率及准备金利率等各种货币政策工具,可以通过上述工具的使用来实现宏观审慎政

策目标，无须依靠行政手段或喊话来对每一笔跨境收付进行核实或干预。

需要说明的是，在人民币国际化前，M_0、M_1、M_2、MZM 只在境内持有，人民币国际化后上述指标中就有国际持有成分。尽管存在境外创造的因素，但人民币无论是境内持有还是国际持有，仍然在我国的银行体系内，人民银行代表国家统一发行负债（包括因境外持有而对外负债）的同时各项调控工具和手段也都同步作用于境内外持有的人民币（只不过境外传导的路径可能比较长，但这是可以通过对境内银行体系实行跨境流动性管理来解决的，详见后文论述）。因此，人民币在实体经济层面的境内和跨境使用中应遵循基本一致的政策框架，而不是将其归入或比照外汇进行管理。换言之，从实体经济层面来说，人民币在境内是怎么使用的，跨境也可以这么使用，在国际上也是。这也是全面国民待遇规则的要求。当然，如果谁在使用中拿人民币干了违法的事，自当由相应的职权部门去管理。人民银行依然是在货币政策和宏观审慎政策领域发力，做好跨境流动性的调控。

四、人民币国际化后，国际收支平衡需要也可以更多地通过货币政策工具来实现

国际收支是一个国家实体经济部门和金融部门各项涉外活动的总和，是由这些领域的涉外经济活动所决定的。

（一）国际收支引入币种因素后的效果是很不同的

作为国民经济核算四大账户之一的国际收支平衡表是人们判断一个国家涉外经济运行情况的重要依据，人们对于国际收支的理解往往也是从宏观角度来着手的。在分析国际收支平衡表时，对其栏目构成情况进行相关分析是一种主要的分析方法，如我们通常所说的经常账户差额占 GDP 的比重问题、经常账户是顺差还是逆差的问题、经常账户和资本账户"双顺差"的问题、外汇储备增长的问题、误差遗漏与"热钱"的关系问题等。但是，有一个基础性问题经常被忽视，那就是国际收支的币种结构问题。

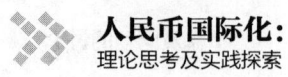

人民币国际化：
理论思考及实践探索

From RMB to CNY: Some Theoretical Thinking &
Practical Exploration on Currency Internationalization

这一方面是因为人们从国际货币基金组织等机构的网站上根本查不到分币种的国际收支平衡表，即便想做这方面的币种结构分析，也苦于无数据支持而无法开展；另一方面，绝大多数关于国际收支的理论没有涉及币种问题，人们从学历教育开始就没有这个领域的思考基础，也就约定俗成地坠入既有的思维定式中了。

从我国走过的路径来看，人民币国际收支和外汇国际收支的结果是大相径庭的。2009年启动跨境贸易人民币结算试点前，我国的国际收支都以外国货币（外汇）进行，反映在实体经济层面上就是所有的涉外经济领域活动都以外国货币来计价和结算，国际收支决定国际投资头寸，由此而形成的对外负债和债权也以外国货币来计价、结算和持有。在这种实践路径下，外国货币渗透到了我国涉外经济的每一个毛细血管，进出口贸易采用外国货币结算是顺理成章的事，直接投资以外国货币开展更是名正言顺的事，对外汇的管理也构成了我国国际收支调节的思维定式，造成的结果是：但凡讨论涉外经济问题，必定纳入外汇管理框架；但凡讨论国际收支平衡，必定从外汇管理着手。

2009年启动的跨境贸易人民币结算正是在这样的思维定式下艰难起步的。殊不知，人民币的跨境使用已经为我们思考涉外经济管理和国际收支调节打开了一扇新的门。那么，人民币跨境使用引起的本币国际收支与外币国际收支究竟有什么实质性差异呢？

在国际货币清算规律的作用下，人民币国际收支是依托我国的银行体系实现的，而外币国际收支则是依托外国的银行体系实现的。因此，人民币国际收支的结果是人民币无论支付到天涯海角，都存放在我国的银行体系内；而外币国际收支的结果却是无论我国持有多少外汇，都存放在外国的银行体系中。通过国际收支平衡表的结构分析，我们有经常账户交易的结果需要通过资本及金融账户的交易来进行平衡的理论模型，因此我们可以看到，以人民币结算经常账户的各类交易（货物贸易和服务贸易等）时，出现的经常账户逆差将体现为人民币对外的净支付。全球人民币又都

第一章 货币国际化：一些概念及问题的讨论

最终存放在我国境内的银行体系，因此这些净支付变成了我国银行体系吸收的境外人民币存款（资本及金融账户的负债方）。经常账户顺差则体现为人民币对外的净收入，体现为我国银行体系吸收的境外人民币存款（还是在资本及金融账户的负债方）的减少，这就是人民币国际化的过程。也就是说，人民币国际化的程度是以境外使用并最终持有多少人民币及人民币资产来体现的。以外币结算经常账户的各类交易时，出现的经常账户逆差将体现为外币的对外净支付，由于外国货币本来就存放在外国，因此这些外币净支付体现为我国持有的境外外币存款（资本及金融账户的资产方）的减少；经常账户顺差则体现为外币对外的净收入，体现为我国持有的境外外币存款（还是在资本及金融账户的资产方）的增加。这就是我国外汇储备形成的缘由和过程，也是我国要对外汇进行管理的法理依据。

（二）人民币跨境使用与外汇跨境使用对国际收支平衡的调节路径及影响大不同

国际收支平衡表的编制原理说明，国际收支是在一个国家的实体经济部门和金融部门的相互作用下实现平衡的。实体经济部门的活动通常集中反映在经常账户和金融账户的直接投资领域，也就是我们常说的进出口货物贸易、国际服务贸易以及实业投资等活动。从国际收支平衡的角度来看，国家通常不会从对实体经济活动直接干预的角度来对国家的国际收支进行出于平衡目的的管理，因为这会影响实体经济运行的基本框架，造成政府直接参与企业涉外经济活动的结果。因此，国际收支平衡调节的发力点通常会放在资本及金融账户领域，而这一领域本来就是经常账户国际收支结果的对应平衡项。由于人民币国际收支的结果最终反映在我国国际收支平衡表的负债方，外币国际收支的结果最终反映在资产方，因此对于国际收支平衡的调节路径也有本质的差异。试分析如下：

1. 本币国际收支下，利率调整的效用大于行政管制的效用。人民币是我国的法定货币。对于法定货币，我国掌握着更多的调控手段，货币供应量、存款准备金率、再贴现利率、公开市场操作、信贷规模调控等都是

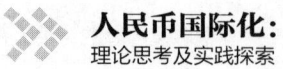

人民币国际化：
理论思考及实践探索

现成的手段，且这些工具都作用于人民币的资金成本和收益。在开放经济理论模型中，货币政策作用于外部平衡、财政政策作用于内部平衡的结论也是由此而来的。因此，对人民币跨境使用的管理，我国有条件采用市场化的手段来进行；但就外汇而言，由于是外国发行的货币，上述各项市场化调节工具都掌握在外国中央银行手中，因此我国处于被动地位，只能通过行政手段来对外汇的跨境使用进行管理。这也是我国实行外汇管理的法理依据。

2. 本币国际收支下，汇率调整对实体经济的影响非常有限。人民币经常账户差额会导致我国以人民币计价的对外负债的减少或增加。对实体经济而言，以人民币开展国际贸易（货物和服务贸易）可以降低我国主体的货币错配风险，免去货币汇率风险。此种情况下，若以汇率为工具调节国际收支平衡或因国际收支失衡导致汇率调整，则对我国各类主体资产、负债表的影响非常有限，因为在以人民币结算跨境交易的情况下，资产、负债大多以本币形式存在，汇率调整导致的升值（贬值）对实体经济资产负债表的影响不大。外币国际收支下，经常账户差额则会使我国以外币计价持有的对外资产发生变动。实体部门的资产、负债有相当部分以外币计价结算或持有，若以汇率为工具调节国际收支平衡或因国际收支失衡导致汇率被动调整，都会极大地影响经济主体的生产经营活动，导致它们的资产负债表出现非生产经营性质的调整，从而需要付出更高的成本进行风险对冲管理。

（三）人民币国际收支和外汇国际收支在调控上的着力点和路径可以大不同

对国际收支平衡的调节不外乎行政和经济两种手段。行政手段不用多说大家都会明白，且越来越被弃用。经济手段的着力点向来不是调整实体经济的成本就是调整其收益。国际收支是涉外经济活动的体现，因此以经济手段来调整涉外实体经济的成本或收益，进而影响其涉外经济活动的规模，最终达到国际收支平衡的目的，也将主要依靠利率、汇率等能够计入

第一章 货币国际化：一些概念及问题的讨论

实体经济成本收益的工具以及融资可获得程度方面的工具。从这一点就可以看出人民币国际收支调节和外币国际收支调节的差异之处了。试分析如下：

人民币是我国发行的货币，我国掌握着货币发行权，人民银行通过各种既有的调控手段和工具就能影响实体经济的资金获得程度和成本，这些工具包括运用得已经相当成熟的基础货币发行量、公开市场操作、存款准备金率、再贴现、再贷款以及各类新近开发的工具，调控的主导权和主动权都掌握在国家手中。外汇则是外国发行的货币，外币的发行国掌握着货币发行权并拥有各种调控手段和工具。外币到了我国各类主体的手中时，我国对它的管理只能依赖行政手段，即规定各种可以使用或不可以使用或如何使用的条件，虽然也可以通过向银行体系发布指令的方式来实现管理，但货币的调控主导权终究不在我国而在他国，我国只能被动地适应、消化吸收别国的货币政策管理所产生的效应。从国际收支调节角度来看，汇率工具的动用涉及双（多）边利益的调整和博弈，而利率工具及货币供应量等的调整则完全是货币主权内的事。再从着力点来看，汇率调整在外币主导国际收支的情况下对实体经济部门和金融部门资产负债表的影响远大于本币主导国际收支的情况，而利率调整则在外币主导国际收支的情况下更容易被对冲，在本币主导国际收支的情况下可以更直接地影响这些部门的成本收益。

五、人民币跨境使用需要也可以有新的迥异于外币跨境使用的管理模式

人民币作为我国的法定货币，一直以来只能用于境内而不能用于跨境领域，并不是实际经济运行的客观结果，而是我国早期相关政策以及后期管理政策造成的路径依赖导致的。我国早期对于涉外经济结算货币曾明确规定应为可自由兑换货币，若以人民币进行结算则被作为违法违规进行处罚。这也导致了我国近四万亿美元的进出口贸易高比例使用外币结算的格

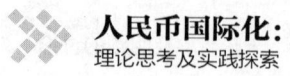
人民币国际化：
理论思考及实践探索

From RMB to CNY: Some Theoretical Thinking & Practical Exploration on Currency Internationalization

局和外汇储备高企的后果。放在新的时期来讨论人民币跨境使用的管理，笔者认为有必要厘清人民币跨境使用跟外币跨境使用的关系，并为人民币跨境使用提供一个更符合本国法定货币跨境使用的法理环境，而不是照套外币跨境使用的管理模式，因为毕竟我国对人民币的管理可以更多地依托现成的、创新的各种货币政策工具，而不需要依赖行政管制手段。现在有一种观点，认为我国对外汇的管理本身就在改革和放松管制，人民币既然也是一种跨境支付工具，直接纳入外汇管理框架，可以同样实现为实体经济服务便利化的目的，或者在现有外汇管理改革框架下为人民币适当做一些优先安排就可以体现"本币优先"的原则了。以笔者的观点来看，对实体经济的服务要从本币做起，发挥人民币应有的作用和地位，而不是通过放松外汇管制来为实体经济提供便利化的金融服务。这是因为，如前文所述，外汇是他国发行的货币，我国没有市场化调节手段和工具，即便现在有些文章表述中的市场化调节方法也是要从人民币着手来实施的，与其使我国的货币政策从属于外汇跨境流动，不如直接发挥人民币在跨境领域中的货币职能，继续严格管制外汇的跨境使用，为人民币腾出更大的市场空间。这样既可以改变我国涉外经济过度依赖外汇的格局，也可以切断外汇储备与实体经济的联系，还可以改善微观经济和宏观经济领域中的货币错配问题，使得国际收支的运行更加稳健。

毋庸置疑，货币作为一般等价物就是被人们在日常经济生活中使用的，其间肯定存在一定的非法或违法使用，就如人民币在国内使用中也存在贩毒、洗钱、贪污、贿赂、偷税、漏税等问题，不能因为人民币跨境使用中出现一些问题就要把适用于外汇跨境使用的政策加到人民币上，还冠以"遏制监管套利"的高调。外汇作为支付工具，一旦支付到境外，就彻底离开了我国的银行体系。人民币则不然，在整体运行上，人民币，包括境外人民币，需要依托我国的金融体系来运转，因此更有利于我国开展监测并发现问题。

六、对本外币跨境金融服务协调监管的考虑

综上所述，本外币跨境收付对国际收支平衡的影响不同，途径不同，风险不同。在人民币国际化启动后，国际收支平衡的政策框架应更多地转向人民币跨境流动性调控，但仍需保持对外汇跨境收支的行政监管。

从跨境金融服务的角度来看，金融机构向实体经济部门提供人民币或外币跨境金融服务应该遵循"共同而有区别"的规范。

"共同"体现在金融机构向各类主体提供跨境金融服务时应该在了解客户、了解业务以及展业尽调基础上切实履行反洗钱、反恐怖融资和反逃税义务，为真实、依法、合规开展的涉外经济活动提供跨境金融服务，避免自身因展业不慎或共谋不当获利而被监管部门处罚或卷入司法纠纷。

需要说明的是，银行针对其提供服务的对象和服务的内容履行相关的审核义务，不应理解为监管部门授权的代位监管性质，而是经济主体之间各自保护自身利益的商业行为性质。银行与其服务的对象之间是平等的交易双方，不能居高临下。银行可以因对方不配合导致审核无法开展而拒绝提供服务。

"区别"则体现在相比较人民币跨境金融服务而言，外币跨境金融服务会产生货币错配、存在汇率波动风险以及影响我国外汇储备等方面，因此外汇管理部门可以在本外币跨境金融服务共同规则的基础上对外汇叠加监管要求，这也是符合《外汇管理条例》的。这些叠加要求可以通过行政方式直接作用于实体经济的对外支付（经常账户除外），这是外汇管理的特色，因为我国无法调控外币的利率和外币的供应量等影响外汇流动的要素。银行也可以在本外币跨境金融服务共同规则的基础上对外汇叠加额外风险审慎展业要求，如除了遵守我国外汇管理相关规定外，银行应当额外揭示外币跨境金融服务中隐含的各类风险，提示服务的使用者关注风险并采取适当措施防范和管理风险等。

需要说明的是，在国际货币清算规律的作用下，人民币的跨境收付可

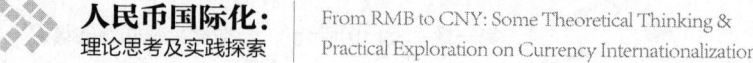

以通过我国的银行体系获得全貌,因此更有利于开展反洗钱、反恐怖融资以及反逃税("三反")相关工作;而外币的跨境收付因为主要借助该外币发行国的银行体系,在我国只是体现为其中一个环节上的业务,因此就"三反"审查而言,也是可以有区别的。

人民币国际化：
理论思考及实践探索

From RMB to CNY: Some Theoretical
Thinking & Practical Exploration on
Currency Internationalization

第二章

货币国际化
与实体经济跨境经济活动

货币是为了服务实体经济的交易而发行出来的，因此关于货币职能的研究都强调了其作为交换媒介的作用。我国自改革开放以来，一直执行严格的外汇管理，且曾经在我国《外汇管理暂行条例》中对于外汇在我国涉外经济中的地位和作用有过明确的规定，即所有涉外经济交易必须以自由可兑换货币来进行计价结算。尽管后来的政策进行了修订，但约定俗成地形成了我国任何跨境交易都应当以外汇结算的惯例。只有打破这种惯例和思维定式，才能发挥人民币作为我国本位币在涉外经济中的作用。本章从

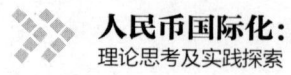 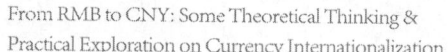

国际理论界对货币国际化与实体经济的关系分析入手,考察英镑、美元、德国马克以及日元等货币国际化与各自发行国实体经济的关系,阐述人民币国际化与实体经济跨境运作的相互影响,以揭示货币金融服务与实体经济发展的互动关系。

第一节 国际贸易对本国货币成为国际结算货币的影响

从第一章有关实体经济对国际贸易结算货币选择理论的研究结论可知,贸易结算货币的选择与出口国在国际市场的份额、产品属性以及货币的交易成本等因素有关。本节以历史上的英国、美国、德国和日本为例,分析国际贸易对英镑、美元、德国马克和日元国际化的影响。

一、英国国际贸易对英镑成为国际结算货币的影响

从国际化所处历史阶段来看,英镑国际化时期与国际上的殖民历史时期几乎同步,影响英镑国际化的许多因素与殖民制度有关,但也与英国曾经是世界上最大的贸易国有关。在当时的殖民体制下,英国在重商主义经济学理论的影响下大力推进宗主国与殖民地之间的贸易,并以出口贸易为主推方向,以便将殖民地财富更多地集中到英国。其间英国颁发了《航海条例》等一系列法令强化这一贸易关系,并成立了一批贸易特许公司来进行垄断经营。[①] 在英国的刻意经营下,英国与殖民地间的贸易可以通过这段文字描述:"各殖民地从英格兰获得如下供应:衣物、家具、丝、羊毛、亚麻布制品、铁、绳索和帆、大炮、短小的兵器、弹药、铅、黄铜及钢(成型的或未成型的)。总之,英格兰供应殖民地几乎全部的奢侈品和殖民地无法自给的生活日用品。"[②] 因此,根据贸易结算货币的决定理论,当时的英

---

① 蒋相泽. 世界通史资料选辑(近代部分·上册)[M]. 北京:商务印书馆,1983:27.
② CLIVE DAY. A History of Commerce. [M]. Longmans, Green, and Co., 1925:216.

第二章 货币国际化与实体经济跨境经济活动

国在与殖民地的贸易往来中更多地采用英镑作为结算货币。

根据有限的史料,本书将英镑国际化的考察期定为 1884—1934 年[①],采用的数据来自美国国家经济研究局[②](National Bureau of Economic Research,NBER),为经济学家 Jones Obstfeld 根据史料梳理后形成的统计数据,主要包括 1884—1934 年英国原材料的进出口数据、1901—1934 年英国原材料进口及原材料和主要非制成品出口数据、1882—1934 年英国食品和制成品的进出口数据。Jones Obstfeld 将原始的月度数据简单处理成为年度数据。由于是分项(仅包括原材料进出口、食品以及制成品等)数据,所以不能很好地反映英国当时的进出口全貌,但根据前述理论研究得出的"出口国更有选择本币倾向"的结论以及当时英国强势的殖民统治(在进口上也有货币主导权优势),上述数据应该能够反映英国在国际贸易中选择本币的意愿,因此将其作为国际贸易对英镑国际化的影响因素考察也算合理,参见图 2-1、图 2-2 和图 2-3。

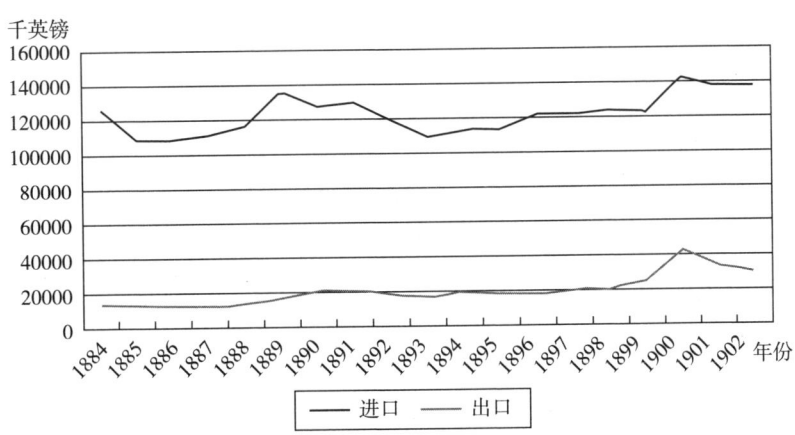

注:根据 NBER 数据整理。

图 2-1　1884—1902 年英国原材料进出口情况

---

① 1884 年以前没有统计数据。
② 网站地址为 www.nber.com,除非另有说明,本章中所引数据都来自该网站。

43

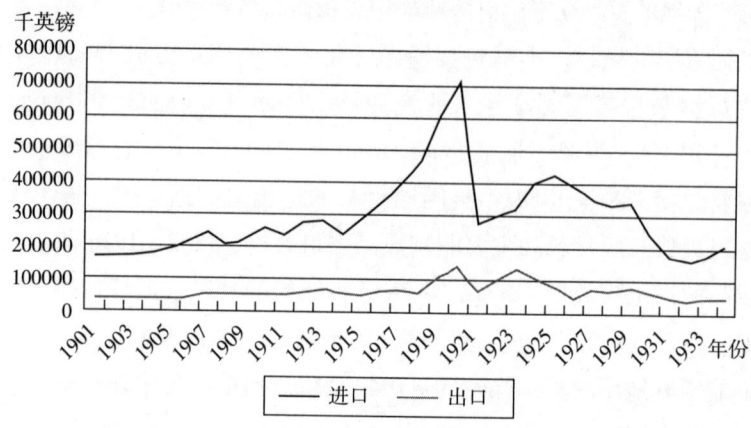

注：(1) 出口数据中包括非制成品部分；(2) 根据 NBER 数据整理。

图 2-2 1901—1934 年英国原材料进出口情况

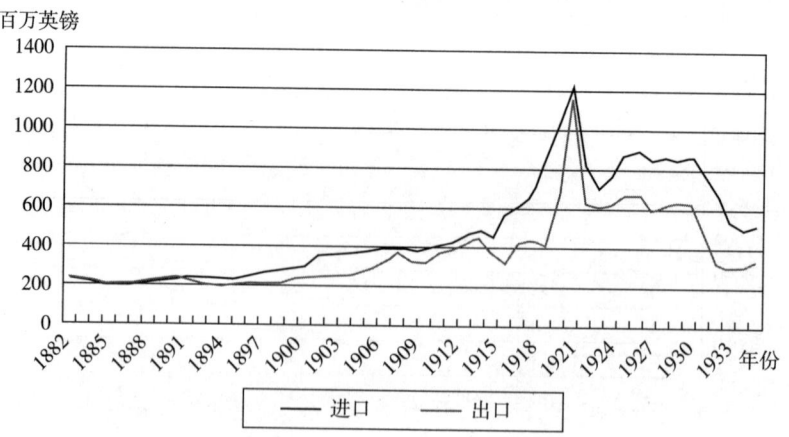

注：根据 NBER 相关统计资料整理。

图 2-3 1882—1934 年英国食品及制成品进出口情况

图 2-1 显示 1884—1902 年英国的原材料进出口大致处于上升阶段。图 2-2 显示的 1901—1934 年英国的原材料和主要非制成品出口相对平稳，进口则在 1920 年达到高峰后出现下降趋势。图 2-3 显示了 1882—

1934年英国的食品和制成品的进出口情况。这三个图均显示英国在该时间段内进口大于出口,尤其是图2-3,自1891年起,货物贸易项下一直处于逆差状态。

由于数据的局限性,有必要引入以下因素来进行更好的判断:首先是国际贸易占GDP比重。因缺乏反映当时英国国际贸易的持续的、有效的总量数据,此处只能借用经济学家Mitchell BHS(1988)根据Feinstein(1972)的数据处理后得到的当时英国经常账户余额数据。为便于比对说明,时间截取为1884—1920年。图2-4显示在该时间段内英国的经常账户长期保持顺差,只是在1915年、1918年和1919年出现了逆差,经常账户余额占GDP比重最高为8.53%。

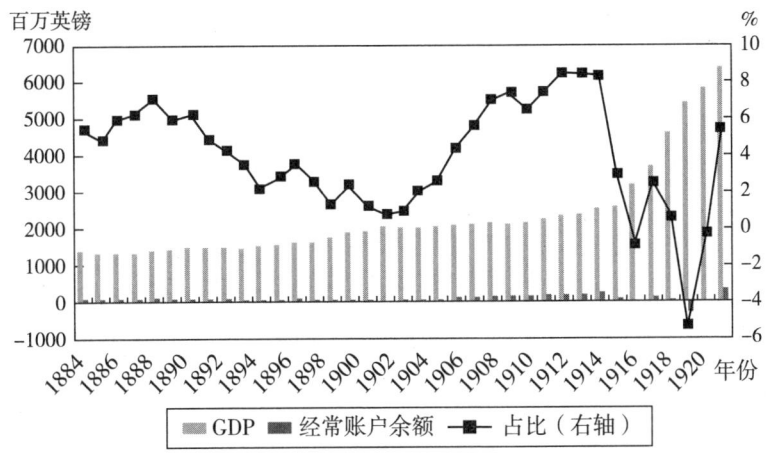

注:根据NBER数据整理。

图2-4 1884—1920年英国经常账户余额占GDP比重

需要说明的是,由于经常账户包括了货物贸易、服务贸易以及收益等项,因此上述数据也不能很好地诠释该时间段内货物贸易的实际情况。如1911年英国在商品进出口支付中有1.31亿英镑的逆差,但这个逆差却被银行、保险、海运利润、海外投资收益等隐性收益转化为总顺差,因为

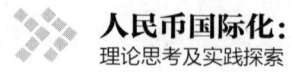

人民币国际化：理论思考及实践探索 | From RMB to CNY: Some Theoretical Thinking & Practical Exploration on Currency Internationalization

1911年英国服务业的收益为1.52亿英镑，外国投资的红利收益为1.88亿英镑。其次是其他方面因素。根据巴瑞·艾钦格林的观点①，19世纪到20世纪初，英镑之所以能在世界货币体系中担当国际储备货币，与其当时作为世界最大贸易国有关。1860年英国吸纳了全球30%的出口，1890年吸纳了20%。英国是当时制成品和服务的主要出口国，同时也是粮食和原材料的主要消费国。这一格局导致1860—1914年约60%的世界贸易以英镑计价成交。进口的增长以及这些商品的再出口带动了商品交易所的发展，而这些商品交易所又都以英镑进行报价（即期和远期）。同样地，在资本金融交易领域，由于英国是当时全球唯一也是最重要的长期海外投资国，因此也沿循了英镑为计价货币的路径。

由此可见，在国际贸易中处于强势地位的国家在本币国际化方面也占有优势，而英镑正是当时借英国在国际贸易中的强势地位实现了国际化。

二、美国国际贸易对美元成为国际结算货币的影响

根据巴瑞·艾钦格林的研究，美元是在一战和二战之间逐步崛起并替代英镑的。笔者认同这一判断，并将对美元作为国际贸易结算货币的考察期定为从1900年开始（一国国际贸易的发展是一个渐进过程，因此前溯若干年），重点考察美国贸易发展对美元作为国际贸易结算货币的贡献。

由于在国际货币的发展过程中，美元国际化的过程对英镑的国际货币地位形成替代关系，因此其国际化过程的前期隐含在英镑的国际货币作用阶段中。在当时英镑仍然维系世界霸主但殖民地独立运动风起云涌的年代，美国的国际贸易获得了很大的发展。独立后的美国不再只是与英国开

---

① BARRY EICHENGREEN. Sterling's Past, Dollar's Future: Historical Perspectives on Reserve Currency Competition [J]. Cambridge, National Bureau of Economic Research NBER Working Paper 11336, May 2005.

展贸易，而是成为许多国家的贸易对象。

由图 2-5 可知，在考察期 1900—1968 年，美国的对外贸易总体呈现增长态势，并一直保持顺差格局。由于在这期间美国基本保持了美元与黄金的稳定兑换关系，尤其是二战以后，在布雷顿森林体系的安排下，美元充当了主要的"货币锚"角色，美国可以凭借不断增长的国际贸易规模来扩充美元作为贸易结算货币的份额，并逐步替代英镑成为世界货币。

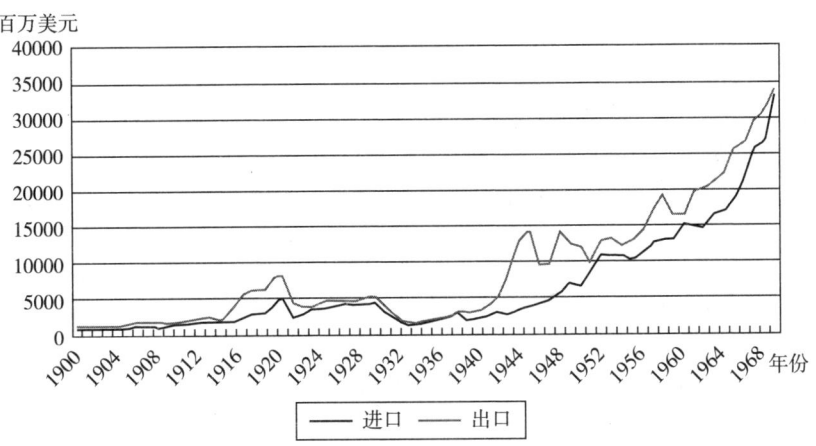

注：根据 NBER 数据整理。

图 2-5　1900—1968 年美国进出口情况

1900—1945 年美国经常账户余额占 GDP 比重详见图 2-6。

三、德国国际贸易对德国马克成为国际结算货币的影响

二战后，德国在国际社会的帮助下迅速恢复国民生产，并建立起了以制造业为基础的出口导向型经济体系。由图 2-7 可知，德国的出口占 GDP 比重一直在 15% 以上，最高时接近 30%。德国对外国际贸易的快速增长以及贸易顺差的持续扩大为德国马克在国际贸易中的使用创造了条件。

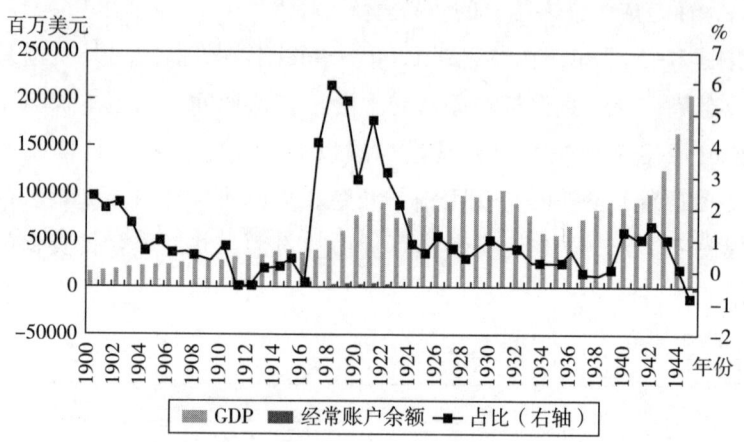

注：根据 NBER 数据整理。

图 2-6　1900—1945 年美国经常账户余额占 GDP 比重

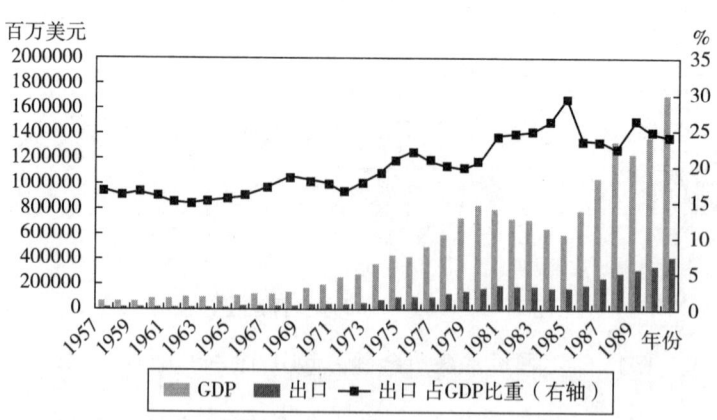

注：根据国际金融统计（IFS）数据整理。

图 2-7　1957—1990 年德国出口及占 GDP 比重

得益于数据可得性，图 2-8 描绘了联邦德国进出口占全球国际贸易比重情况。很显然，联邦德国是一个出口导向型经济体，其出口贸易占 GDP 比重最高时接近 30%，且进出口顺差一直保持高位运行。

第二章 货币国际化与实体经济跨境经济活动

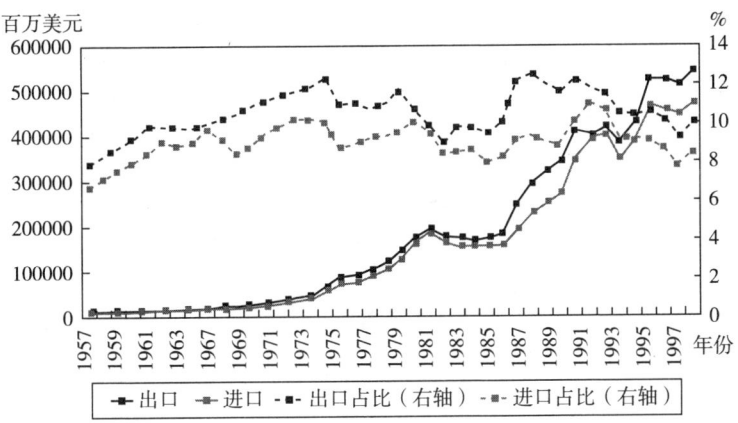

注：根据 IFS 数据整理。

图 2-8　1957—1998 年德国进出口及其全球占比情况

德国对外国际贸易在世界贸易中的占比自 20 世纪 70 年代开始一直相对稳定，尽管其进出口绝对值占比一直处于上升态势，尤其是联邦德国和民主德国合并后进出口绝对值都有所上升，但占比却有所下降。

1957—1990 年德国货物贸易差额占 GDP 比重详见图 2-9。

根据德意志联邦银行（Bundesbank，德国中央银行）的相关资料[1]，战后德国一直实行外汇管制和资本管制，1958 年起实现了德国马克经常账户下的可兑换，1984 年实现了资本账户可兑换。资料显示，尽管德意志联邦银行采取了马克非国际化的取向，但马克被用于德国的对外贸易结算以及马克国际化远早于其资本账户可兑换进程。自实现马克经常账户可兑换后，德国各类经济主体凭借其产品属性带来的强势定价能力在对外贸易中大量地采用马克计价结算，致使 1980 年，全球出口贸易中有 13.6%以马克计价结算，1992 年提高到 15.3%。在欧盟内部，马克通常被作为

---

[1] DEUTSCHE BUNDESBANK. The Monetary Policy of the Bundesbank [R]. Frankfurt am Main, Deutsche Bundesbank, Oct. 1995.

49

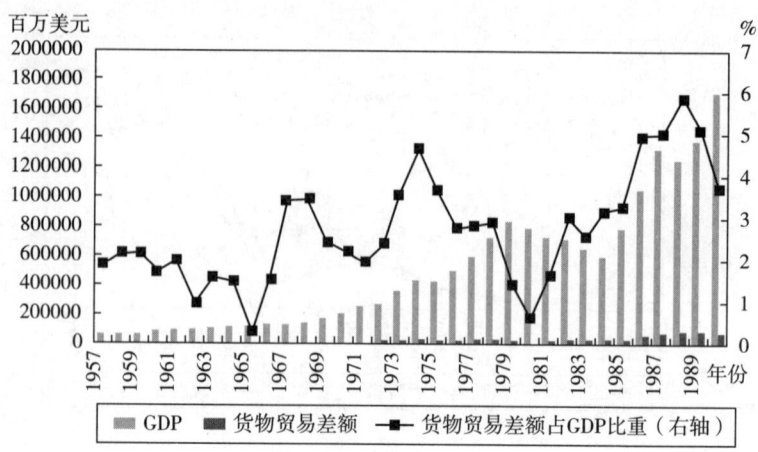

注：根据 IFS 数据整理。

图 2-9　1957—1990 年德国货物贸易差额占 GDP 比重

其他成员国的并行报价货币。与图 2-7 和图 2-8 显示的情况相比，不难发现，德国自身对外贸易的发展是马克成为国际贸易结算货币的主要推动力，同时马克币值的稳定也吸引了其他国家间的贸易采用马克作为贸易结算货币。以 1980 年为例，当年的全球出口贸易中有 13.6% 以马克计价结算，德国当年的出口占世界贸易的 9.92%，若以德国出口全部采用马克结算来推理的话，另有 3.68% 的其他国家间贸易采用马克结算。

四、日本国际贸易对日元成为国际结算货币的影响

二战后日本的重建进程与德国非常相似，也是基于制造业的发展，并采取了出口导向型的发展战略。自 1965 年开始，日本的对外贸易开始出现顺差，并于此后一直保持顺差；且顺差呈扩大态势。对外国际贸易的持续增长以及贸易顺差的扩大，为日元在其对外贸易中的使用奠定了基础。

图 2-10 列示了 1948—1998 年日本的进出口情况。

1948—1998 年，日本的进出口贸易经历了一个先慢后快的增长过程，尤其是 20 世纪 70 年代初期和中期后出现了快速增长之势，并自 80 年代

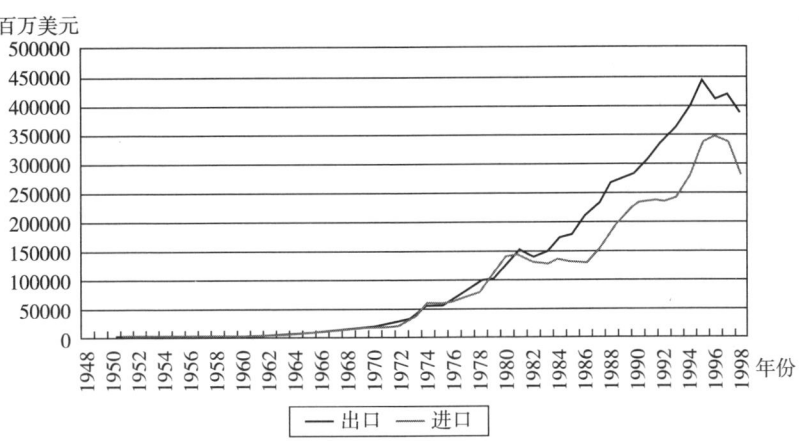

注：根据 IFS 数据整理。

图 2-10　1948—1998 年日本进出口情况

初起实现且保持了长期顺差格局。1985 年"广场协议"后在日元大幅度升值的背景下，日本依然实现了顺差且顺差呈扩大之势。

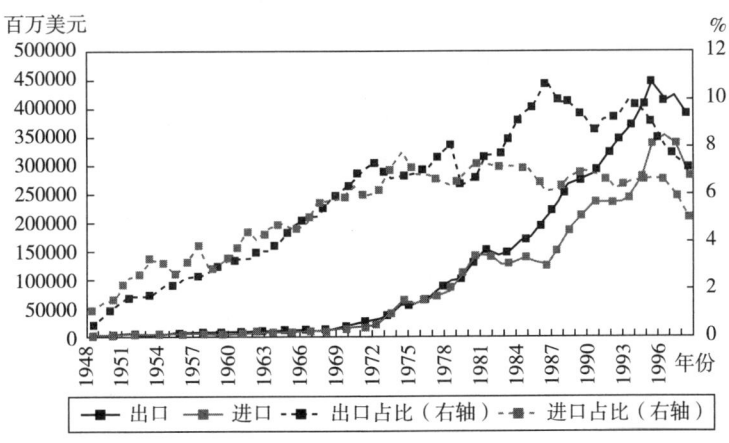

注：根据 IFS 数据整理。

图 2-11　1948—1998 年日本进出口及其全球占比情况

从日本进出口贸易全球占比（见图 2-11）可以看出，日本在 1985 年广场协议后的进出口一度出现了出口占比增长、进口占比下降的格局。可见，尽管日元币值处于升值通道中，日本还是通过相关措施促进了出口与进口的同步增长并实现了贸易顺差。这应当与日元大量通过官方渠道输出有关，详见后文分析。

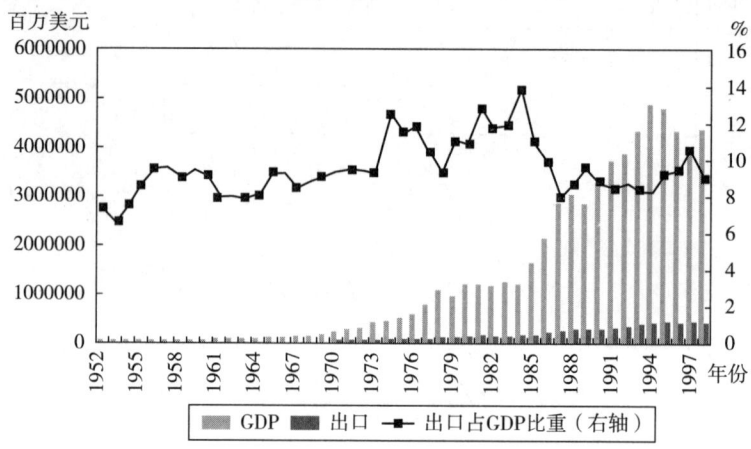

注：根据 IFS 数据整理。

图 2-12　1952—1998 年日本出口占 GDP 情况

从日本出口占 GDP 的情况（见图 2-12）来看，日本无疑靠外需拉动经济增长，该比例在 1985 年"广场协议"后上冲至历史最高点。

1952—1998 年日本货物贸易差额占 GDP 比重详见图 2-13。

日本是 1964 年 4 月接受《国际货币基金组织协定》第八条款实现日元的经常账户可兑换的，虽然从 1980 年起启动日元资本账户的可兑换进程，但终究因种种原因，直到 1998 年 4 月才实现资本账户交易的完全自由化。受日本对外贸易蓬勃发展以及日本政府推动日元国际化的一系列举措的影响，日元在日本的对外贸易中作为结算货币曾经取得了不俗的表现。1981 年日本出口中有近 30% 采用日元计价结算，到 1985 年时更是接近 40%。与德国马克不同的是，除了日本自身在对外贸易中采用日元结算

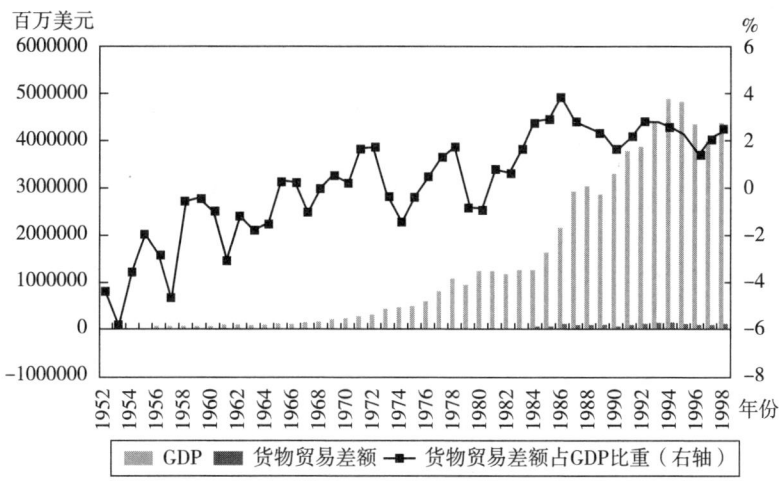

注：根据 IFS 数据整理。

图 2-13　1952—1998 年日本货物贸易差额占 GDP 比重

以外，几乎没有其他国家间的贸易采用日元结算的现象①。因此，日元作为贸易结算货币的推动力主要来自日本自身贸易发展份额的增加及其经济主体在贸易中的定价能力。

五、结论

英镑与美元的国际化程度存在着此消彼长的现象。这与两个货币的发行国的国际贸易情况相似。这说明一国货币的国际化确实与国际贸易的规模有关：一是贸易规模大的国家决定结算货币的能力比贸易规模小的国家强一些，二是贸易规模大的国家在选择结算货币上成功的概率要高一些。

德国马克和日元作为国家信用货币被采用为国际贸易结算货币发生在两国接受经常账户可兑换之后、实现资本账户可兑换之前。由于德国和日

---

① 国家发展改革委外事司．日元资本项目对外开放的历程及启示［J］．中国经贸导刊，2004（3）．

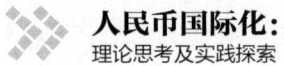

本均以"制造业+外向型"的模式重建经济,在考察期内,这两个国家的对外贸易出现快速增长,并一直保持顺差状态。根据菲利普·巴切塔和埃立克·冯·温库帕等关于"出口国市场份额在行业中的占比越高,产品差异性越大,企业以出口国货币计价的可能性越高"的国际贸易结算货币决定理论,马克和日元在国际贸易中担当结算货币的主要推动力可以理解为来自其国内的经济主体,其贸易份额在国际上的扩大对这两种货币充当贸易结算货币有重要影响力。

第二节 国际投资对本国货币成为国际交易货币的影响

国际投资活动是资本输出与输入的重要驱动力。以何种货币对国际投资计价结算构成何种货币的国际交易市场。考察英镑、美元、德国马克和日元的发展历程,不难看出,除了德国马克外,其余三种货币都伴随了发行国大规模的、以国际投资为载体的本币资本输出过程。

关于19世纪伦敦经济史的研究[①]显示,1850—1914年,英国是最大的资本输出国,其国民收入的4.3%用于海外投资,1913年的数据显示其32%的净国民财富来自海外资产收益,当年仅海外资产收益一项就达2亿英镑。英国净国外投资占国内储蓄比重详见表2-1。

表2-1　　　　英国净国外投资占国内储蓄比重　　　　单位:%

年份	占比
1850—1854	12.3
1855—1859	30.2
1860—1864	21.5

---

① MICHAEL BALL, DAVID SUNDERLAND. An Economic History of London: 1800 – 1914 [M]. Routledge, 2001: 354.

续表

年份	占比
1865—1869	32.2
1870—1874	38.0
1875—1879	16.2
1880—1884	33.2
1885—1889	46.5
1890—1894	35.3
1895—1899	20.7
1900—1904	11.2
1905—1909	42.7
1910—1913	53.3

资料来源：O'Rourke 和 Williamson（1999）。

1865—1914 年，在伦敦发行的外国证券达 41 亿英镑，所筹资金中的 1/3 投向了南美、澳大利亚及亚洲，1/3 投向了北美。

从美元的角度来看，其替代英镑成为国际主要货币的时间起端于一战和二战期间[1]，与战争期间和战后重建过程中的美国资本向欧洲输出有着至关重要的联系。由于缺乏二战前期的统计数据，这里采用库兹奈孜（Kuznets）研究得出的 1900—1944 年美国对外权益数据和美联储资金流量表中美国与世界其他经济体间的银行和支付对外贷款及对外直接投资数据（1946—1972）来阐明一国国际投资活动与货币国际化之间的关系。

尽管图 2-14 未能显示美国当时实际的资本输出情况，但从对外权益的增长可以推断出美国在该时间段内存在着相当的资本输出，所以艾钦格林关于美元是在一战和二战期间就开始替代英镑的判断是有依据的；从图

---

[1] BARRY EICHENGREEN, MARC FLANDREAU. The Rise and Fall of the Dollar, or When Did the Dollar Replace Sterling as the Leading International Currency? [J]. Cambridge, NBER Working Paper, No. 14154, Jul. 2008.

2-15中，我们也可以清晰地看出二战后，美国有一个明显的资本输出高潮期（也就是马歇尔计划下对欧洲重建的资本输出）。从数据的分项来看，资本输出的主要推动力来自政府和私人部门的对外直接投资。

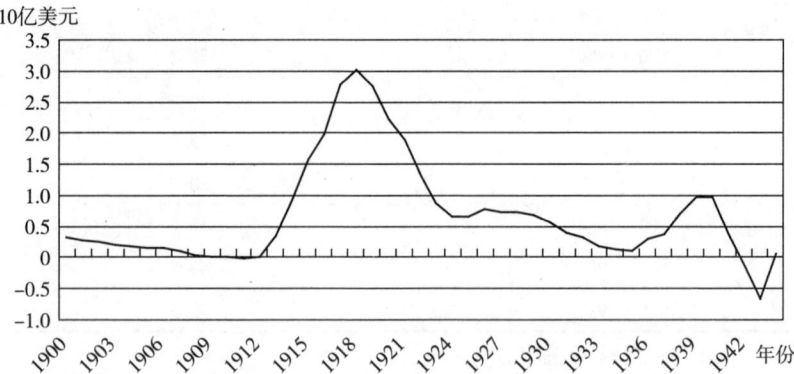

注：根据NBER数据整理。

图2-14 1900—1944年美国对外权益

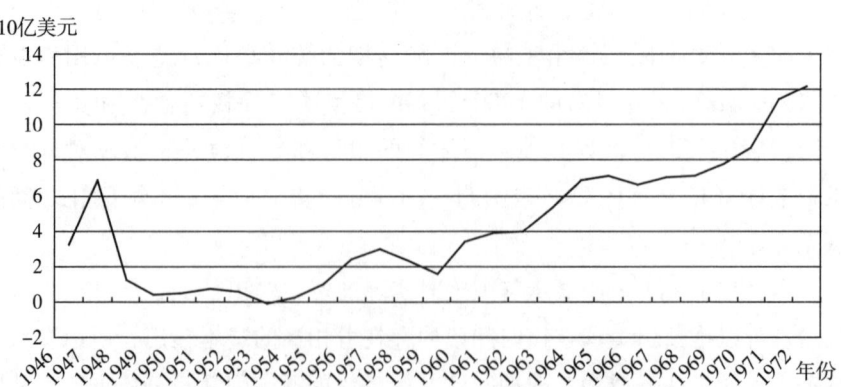

注：根据美联储资金流量表整理。

图2-15 1946—1972年美国对外贷款及直接投资情况

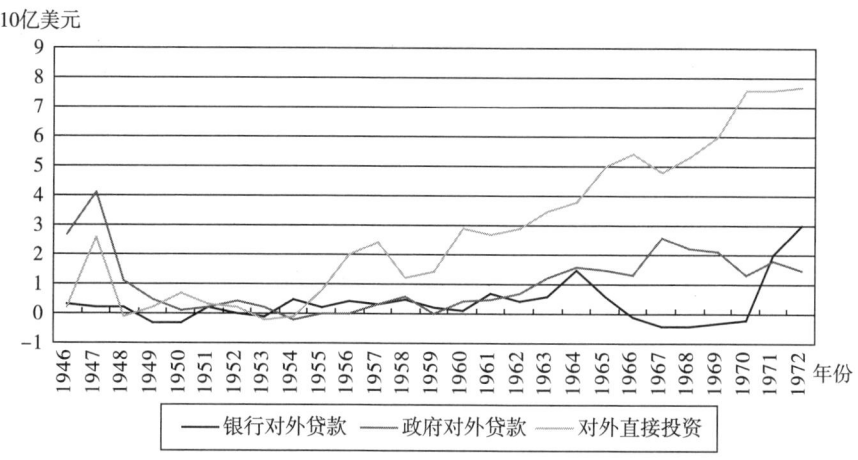

注：根据美联储资金流量表整理。

图2-16 1946—1972年美国对外资本输出主渠道

配合二战后布雷顿森林体系的制度性安排，美国的对外资本性输出极大地提升了美元的国际化程度。货币国际化促进了其发行国实体经济的国际发展。

德国马克和日元的国际化同样极大地借力了发行国的对外资本输出进程。德意志联邦银行的相关数据资料显示，在德国马克走向国际的过程中，德国的对外债权同样出现了大幅增长的现象（见图2-17）。

日元的国际化进程同样典型地显示了其与日本对外投资的关系。为了平衡国际收支，缓解日元升值带来的外部压力，布雷顿森林体系崩溃后，尤其是1985年"广场协议"签订前后，日本开始大力推动资本输出，特别是推动日元资本的输出，并为此设立了专门的日本国际协力银行（JBIC）等来从事以日元为主导的国际经济合作，其中的"黑字还流"贷款成为日本向亚洲国家提供日元贷款的重要项目。"黑字还流"贷款是日本为解决其长期货物贸易顺差导致的国际收支失衡问题而推出的海外日元输出举措。所谓"黑字还流"，就是用贸易顺差（顺差表现为黑字，逆差

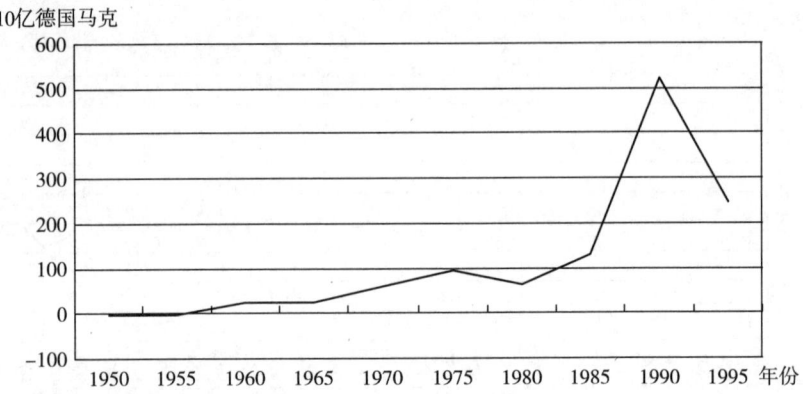

图 2-17　1950—1995 年德国海外净债权变动情况

表现为赤字）向国外提供日元贷款，并由此形成借款方以日元贷款向日本购买产品和向日本出口收取日元的货币循环格局。"黑字还流"贷款从 20 世纪 80 年代初开始，并由此带动了日元在进出口结算中的使用。

图 2-18 为日本 1960—2004 年向海外输出资本的情况，包括官方输出和私人部门输出。官方输出中以双边政府发展援助以及贷款为主要构成，私人部门输出中则以对外直接投资为主。图 2-18 与日本国际贸易中日元使用的比率相互对照可以发现，日本对外资本输出与日元在日本国际贸易中的使用占比变动间存在一定的关联性，可以较好地说明政府安排与日元国际化之间的关系。

在日本的对外资本输出中，私人资本与官方资本起到了互补的作用，尤其是在某些阶段，私人资本下降时官方资本上升，特别是官方资本通过日元对外本币贷款的方式为日元用于后续的受贷国与日本之间的贸易结算采用日元创造了条件。

由图 2-19 可知，日本的资本输出与日元用于日本出口贸易结算呈现正向关系，这表明本币资本输出有助于提升本币结算出口贸易的成功概率。

第二章　货币国际化与实体经济跨境经济活动

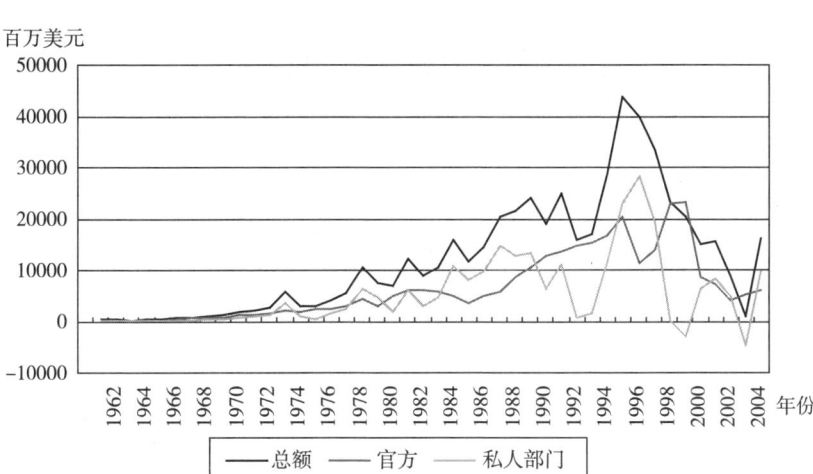

注：根据日本经济、贸易和工业部，外务省经济合作局资料整理。

图 2-18　日本对外资本输出情况

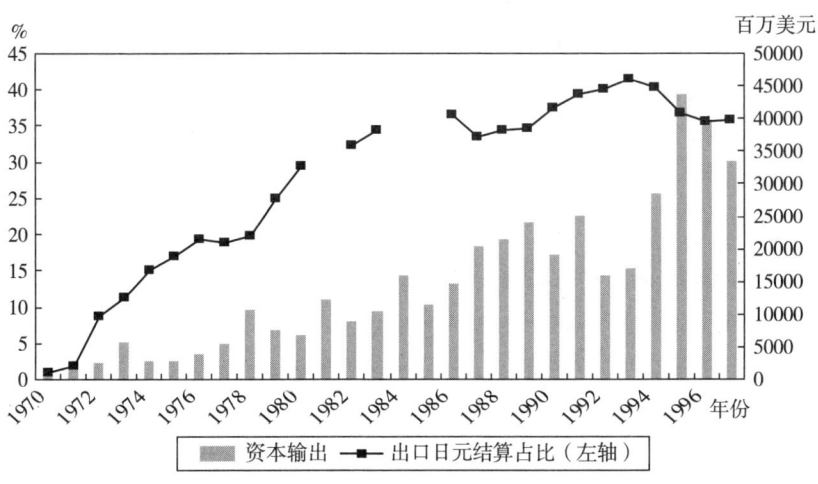

注：根据日本财务省，经济、贸易和工业部，外务省经济合作局资料整理。

图 2-19　日本出口本币结算与本币资本输出

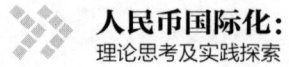

第三节 人民币国际化与我国实体部门跨境经济活动的关系

由于长期以来我国对人民币跨境和国际使用的管理限制，我国人民币的国际化进程并没有随着我国涉外实体经济的快速发展而得到同步发展。在我国《外汇管理条例》及《违反外汇管理处罚施行细则》等规定中均有约束人民币跨境使用的相关条款，如对套汇的定义及处罚规定。我国《外汇管理条例》及相关细则规定，套汇是指以人民币支付或者以实物偿付应当以外汇支付的进口或者其他类似支出的；以人民币为他人支付在境内的费用，由对方付给外汇的；未经外汇管理机关批准，境外投资者以人民币或者境内所购物资在境内进行投资的。《违反外汇管理处罚施行细则》中还有对套汇的处罚明细规定。因此，我国实体经济在开展跨境经贸与投资活动时大多采用外汇来结算相关的交易，而非本币。这使得我国的涉外实体经济发展与人民币及人民币金融服务的跨境发展支持脱离了相辅相成的关系，也使得我国的金融业在国际上只能采用他国货币参与金融服务的提供，无法发挥本币金融服务的独特优势来参与竞争。大规模采用外汇计价结算跨境交易的结果则是我国涉外经济领域中积累了越来越大的币种错配风险。这种币种错配风险既存在于宏观的国家层面，也存在于微观的实体经济层面和中观的金融业层面。要解决这一币种错配风险，唯有推动人民币国际化进程，让人民币发挥出其货币职能的作用，全方位进入涉外经济领域，全面服务我国的涉外经济发展。

一、边境贸易的本币计价结算

自20世纪90年代开始，我国边境地区的经济主体与周边国家的经济主体开始了一些初始状态的边境贸易。人民银行通过与周边国家签署双边贸易本币结算协定的方式，为人民币小规模的跨境使用建立了制度安排。

这里的双边贸易本币结算协定主要有两类：一是边境贸易本币结算协定，允许在特定边境地区的双边贸易中使用双方的货币进行结算；二是一般贸易本币结算协定，允许一般贸易中使用双方货币进行结算。2009年之前，我国和这些国家签署的本币结算协定均是边境贸易本币结算协定。

关于边境贸易的定义，虽然不同版本的词典中表述不同，但基本上是指毗邻国家边境地区的经济主体之间进行商品交换的一种经济贸易形式。我国对于边境贸易的定义可以从国务院1996年发布的《国务院关于边境贸易有关问题的通知》窥见一斑。边境贸易包括以下几种：（1）边民互市贸易，即边境地区边民在边境线20公里以内。经政府批准的开放点或指定的集市上，在不超过规定的金额和数量范围内进行的商品交换活动；（2）边境小额贸易，即沿陆地边境线经国家批准对外开放的边境县（旗）、边境城市辖区内，经批准有边境小额贸易经营权的企业，通过国家指定的陆地边境口岸，与毗邻国家边境地区的企业或其他贸易机构之间进行的贸易活动；（3）边境经济技术合作贸易，即我国边境地区经商务部（当时的外经贸部）批准有对外经济技术合作经营权的企业，与我国毗邻国家边境地区开展的承包工程和劳务合作项目，主要包括边境技术贸易、边境劳务合作和边境合资经营等；（4）边境旅游贸易，是指毗邻国家边境地区建立旅游设施和提供各种旅游服务，满足跨国边境旅游者的精神和购物等各种需要。

2002—2009年，人民银行先后与越南、蒙古国、老挝、尼泊尔、俄罗斯、吉尔吉斯斯坦、朝鲜、哈萨克斯坦八个国家的中央银行签订了双边贸易本币结算协定，允许在我国与周边国家的边境贸易结算中使用双方货币。在这些协定的支持下，人民币承担了边贸支付和结算货币的职能，但主要局限于现钞，两国的银行体系提供的本币结算服务量非常小，银行结算工具的使用也相当有限。客观地讲，人民币在边境贸易上的使用只是一个有益的尝试，大量的现钞跨境交易尚未构成人民币国际化的真正启端。

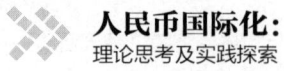

二、港澳地区的人民币非贸易结算

1997年和1999年香港与澳门地区的相继回归推动了内地与港澳地区的人员往来，在国家逐步提高个人携带出境人民币限额政策以及银联卡境外消费功能逐步完善的过程中，以旅游购物为典型特征的人民币非贸易结算逐步产生并日益扩大。内地游客到香港以人民币消费是香港人民币业务发展的起源。2003年底，经国务院批准，人民银行统一为香港银行试行办理个人人民币业务提供清算安排。香港银行试行办理个人人民币业务的种类为人民币存款、兑换、汇款以及银行卡业务。因此，也可称之为人民币非贸易结算业务。这是境外地区的银行以人民币服务当地居民个人的首次尝试。

人民银行提供的清算安排不同于常规的货币跨境清算安排。在具体处理上，人民银行选择了一家中资金融机构在港子行——中银香港，作为在香港地区组织集中清算的机构，由其就近在人民银行深圳市中支开立人民币清算账户，并以此为基础向香港的同业（银行业机构）提供人民币集中清算服务。中银香港通过在人民银行深圳市中支的清算账户安排直接进入内地的现代支付系统，从而带动参与香港地区集中清算的金融机构一起参与内地现代支付系统。同时，为了解决中银香港的币种头寸管理问题，允许中银香港直接进入中国外汇交易中心和银行间拆借市场。

随后，澳门地区提出类似需求，人民银行也为其做了相同的人民币境外集中清算安排。

港澳地区人民币非贸易结算可以说是人民币"走出去"的有益尝试，但并未构成真正意义上人民币国际化的起步，因为所有的安排都是出于应对内地个人旅游者赴港使用人民币消费后形成的人民币回流的需要。正如当时媒体所报道的："香港银行不能吸收人民币存款，使得大量的人民币无法从正当合法渠道回流内地，不可避免地衍生出洗钱等金融犯罪，威胁国家金融安全。基于这种种原因,香港开办个人人民币业务应运而生。"①

三、跨境贸易人民币结算试点及推广

经过多年的调查研究和论证,2008年9月长三角地区率先获得国家批准开展人民币结算国际贸易的试点②,这是我国首次从政府层面明确了人民币作为国际贸易结算货币的定位。2009年7月6日,经过充分的准备,上海及广东等四个地区启动了跨境贸易人民币结算试点。这次的试点可谓从真正意义上开启了人民币国际化的进程。

尽管之前,中国人民银行已通过双边协议的方式与我国周边八个国家签订了边境贸易采用本币结算的协议,并且也有部分商业银行采用了双边对开账户的方式提供有限的银行结算服务,但由于边境贸易大多规模小,属于边民互市的性质,在实际中绝大多数采用现金当场交收的方式结算。这一结算特点除了导致大量现钞在边境地区的使用外,真正反映人民币因结算国际贸易而启动国际化的标志,即境外持有人民币银行存款的形态的规模甚小;且在制度安排上,边贸人民币结算被纳入了外汇核销管理,这意味着用于边贸结算的人民币被视作"外汇"或具有外汇性质的货币。因此,边境贸易的人民币结算还算不上人民币国际化的真正启动。

2003年中国人民银行为香港(包括后来的澳门)银行开办个人人民币业务而做的一系列清算安排以及2007年起境内金融机构赴香港发行人民币金融债券等为境外人民币金融业务的发展奠定了一定的基础,可以视作人民币国际化的萌动,但因其没有持久的、大规模的跨境经济交易为基础,其反映出来的效果仅为个人兑换以及以次为单位计算的个别事件而已。

---

① 香港试办个人人民币业务详情[EB/OL].[2003-11-19]. http://www.people.com.cn.

② 2008年9月7日,国务院发布的《关于进一步推进长江三角洲地区改革开放和经济社会发展的指导意见》第四十条规定:"选择有条件的企业开展国际贸易人民币结算试点。"

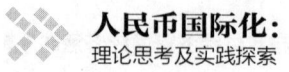

人民币国际化：
理论思考及实践探索

From RMB to CNY: Some Theoretical Thinking & Practical Exploration on Currency Internationalization

2009年4月8日，国务院批准上海、广州、深圳、珠海、东莞五个城市开展跨境贸易人民币结算试点。7月1日，中国人民银行等六部委联合发布《跨境贸易人民币结算试点管理办法》，2009年7月6日跨境贸易人民币结算正式启动。这是一项真正意义上的人民币国际化制度安排，因其遵循了国家主权货币走向国际的相关规则以及境内外人民币"同种同质同价"的原则，具体表现在为人民币作为国际贸易结算货币和国际可清算货币所做的一系列便利化的安排上：一是实现了本币用于国际贸易结算的便利化安排——取消了核销环节，意味着用于跨境贸易结算的人民币与用于国内贸易结算的人民币是一样的，不再因其用于跨境结算而作为外汇处理；二是为人民币作为国际贸易结算货币做了资金便利化安排——取消了贸易出口收结汇待核查环节，意味着跨境收入的人民币与国内收入的人民币一样，可以直接进出企业的结算账户，也不通过设立专用账户来进行区分；三是实现了国际贸易结算货币应有的结算便利化安排——明确银行可以依照国际通行的结算惯例和规则，向企业提供各种贸易结算服务，包括银行间代理结算和清算服务、配套的人民币跨境贸易融资服务、人民币跨境同业账户融资以及人民币跨境购售服务等；四是明确了发行主体——中国人民银行是人民币跨境业务的监管部门，从而确立了用于国际贸易结算的人民币与用于国内结算的人民币一样，都是我国法币的理念。在具体的监管设计上，也遵循了国际惯例，表现在以下方面：以反洗钱为核心内容要求银行从了解业务、了解客户以及展业尽调的角度做好结算中的贸易真实性审核工作；对人民币跨境流动进行信息采集和监测，以满足货币政策的宏观调控需要。

随着跨境贸易人民币结算试点在2012年扩大到全国和所有企业，并取消境外试点地区概念，人民币在经常项下的跨境使用得以全面铺开。境内企业主体均可以人民币结算跨境货物贸易、服务贸易和收益等经常项下业务，但个人经常项下业务的跨境人民币结算，尤其是收益项下的跨境人民币结算仍然没有全面实现。

图 2-20 反映的是我国跨境贸易中人民币结算占比情况。

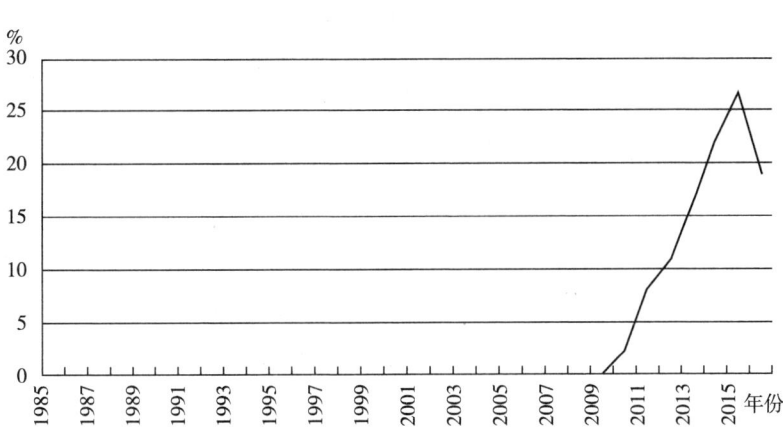

注：根据海关、国际收支以及人民币跨境结算数据整理。

图 2-20 我国跨境贸易中人民币结算占比

四、跨境直接投资人民币结算试点及扩大

自 2011 年起，在前期跨境贸易人民币结算逐步推广、覆盖到企业所有经常账户各类交易的同时，直接投资领域的跨境人民币结算试点也开始启动。首先启动的是境外直接投资人民币结算试点，主要是考虑到人民币国际化初期境外市场缺乏人民币，需要输出人民币。但在整体的政策框架设计上，境外直接投资人民币结算保留了很浓的外汇管理风格，具体体现为境外直接投资需要先向外汇管理部门办理外汇登记，以及在管理规则上与外汇等同处理。尽管外汇登记只是一个程序性环节，但"不办理即不合规"一定程度上将人民币与外汇等同起来，没有体现人民币作为我国法定货币应有的政策安排。此外，在管理规则上，如前期费用汇出的管理等在很大程度上参考了对外汇出境的管理模式，也增加了企业的管理成本和银行的操作成本。

外商来华直接投资人民币结算是以直接铺开而非试点方式启动的。在

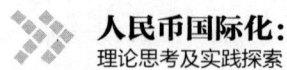

具体的政策安排上，也体现了人民币作为我国法定货币的特点，取消了外汇登记环节，但仍然借鉴了专用账户的管理理念，设置了一系列专用账户，如人民币资本金专用账户、并购专用账户、股权转让专用账户、再投资专用账户等，没有实现人民币作为我国法定货币在外商来华直接投资与我国境内企业实业投资金融服务领域的均等化国民待遇。

图 2-21 反映的是我国跨境直接投资（包括我国对外实业投资以及外商来华实业投资）中人民币结算的比例情况。

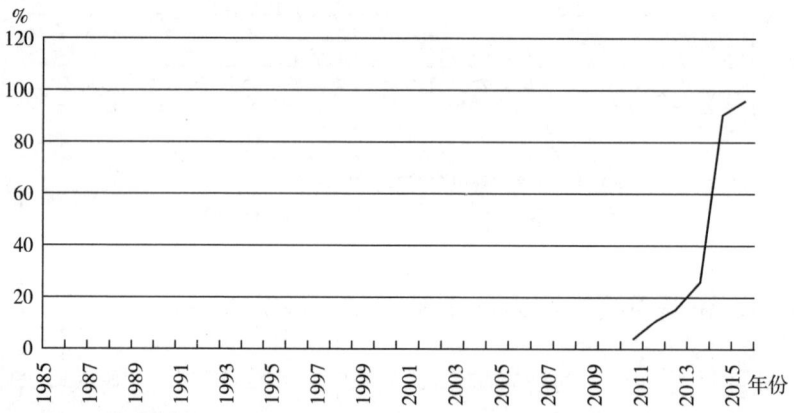

注：根据国际收支及人民币跨境结算数据整理。

图 2-21 我国跨境直接投资中人民币结算占比

在上述各项制度安排中，有关人民币代理结算以及跨境同业往来账户的安排是人民币国际化的基础。通过这一制度安排，境外主体持有的人民币将以同业存款的方式出现在我国境内银行的资产负债表中，从而使作为国际贸易结算货币的人民币与其他国际货币一样在"所有货币在其发行国完成最终清算"以及"所有货币都最终存放在其发行国"的规律下进入国际货币体系。在此规律的作用下，中央银行可以在其货币政策的作用范围内发挥宏观调控作用；与此同时，因为境外主体通过持有人民币存款而持有了人民币资产，人民币进入了境外主体的资产组合中，从而实现了从结算货币到资产货币的演进,随之而来的资产管理活动将促进境内金融市场的开放和发展,提高金融市场的深度和广度,推动国内金融业的发展和金融资源配置效率的提高,实现本土本币金融市场服务全球人民币需求的功能。作为国际贸易结算货币以及境外主体持有的资产组合货币,人民币需要参与全球货币竞争,接受国际主体的选择,因此贸易结算启动的货币国际化进程就此开始。

图2-22为笔者根据SWIFT公布的数据整理出来的人民币在国际货币支付结算市场中的份额变动情况。

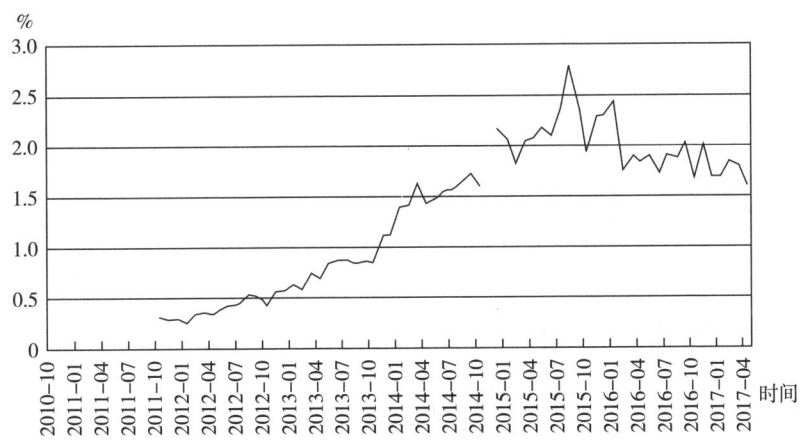

图 2-22 人民币在国际货币支付结算市场中的份额占比

由此可见,一个货币的国际化在很大程度上取决于其发行国的经济实力和内部政策的设计,尤其是实体经济的国际活动是一个货币借以走向国际的基础。但如果实体经济的国际活动被人为地限制使用本国货币计价结算的话,其货币是无法被国际社会接受的。仅凭实体经济的国际活动规模还不足以支撑一个货币的国际化,还需要相应的本币资本输出,尤其是金融性输出,并在本土建设强大的、开放的本币金融市场,才能真正支撑一个货币的国际化。本书后面的章节将有详细论证。

人民币国际化：
理论思考及实践探索

From RMB to CNY: Some Theoretical
Thinking & Practical Exploration on
Currency Internationalization

第三章

货币国际化与资本账户可兑换

1996年12月1日，我国正式接受《国际货币基金组织协定》第八条款，实行人民币经常账户可兑换，并逐步向资本账户可兑换、最终实现人民币自由兑换的方向迈进。2009年7月，我国启动人民币用于跨境贸易的结算试点，人民币国际化进程随之启动。一直以来，学术界关于人民币国际化与资本账户可兑换之间是否存在顺序问题以及二者之间的相关关系问题有着明显的分歧。部分学者认为人民币国际化应当在资本账户完全可兑换后再启动，因为一个没有实现全面可兑换的货币是无法实现国际化的，或者在货币没有全面可兑换前启动国际化将给国家带来巨大的风险;部分学者则认为人民币国际化可以和人民币资本账户可兑换同步进行,但可兑换程度将影响货币的国际化程度,因此可兑换速度要加快;还有观点认为可兑换的进一步推进应当在货币国际化达到一定程度后,以免在国际收支为外币主导的情况下过快推进可兑换给国家带来更大的宏观经济不稳定风险。笔者在此单列一章来讨论这一问题,是考虑到我国"新兴+转轨"的经济发展阶段,我国正处于前所未有的、理论尚未触及的实践阶段,通过对理论的梳理和实践的检讨,或许可以理清发展思路,对理论研究提出新的命题。

第一节 国内外关于货币可兑换的研究观点

货币可兑换是指一国货币在一定的交换机制下可以转换成他国货币的难易程度。货币可兑换一直是学术界的热门话题,各派学者立足自身研究发表观点,可谓林林总总。这里仅选取部分代表性强的观点进行概述。

一、国际组织的观点

根据国际货币基金组织的观点,货币可兑换一般分为两个部分:一是经常账户交易中的可兑换,这通常由《国际货币基金组织协定》第八条款定义并管辖;二是资本账户交易中的可兑换,目前尚无官方定义和管辖条款,但国际货币基金组织在其内部报告[①]中将资本账户可兑换分为以下四个方面:(1)居民不仅可通过经常账户的交易获得外汇,也可自由地通过资本账户的交易获得外汇;(2)所获外汇既可在外汇市场上出售给银行,也可在国内或国外持有;(3)经常账户和资本账户下交易所需的外汇可自由在外汇市场上购得;(4)国内外居民可自由将本币在国内外持有,以满

---

① P J QVIRK, O EVANS, P GAJDECZKA. Capital Account Convertibility: Review of Experience and Implications for IMF Policies [J]. IMF Occasional Papers, 1995.

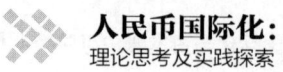

足资产需求。由此可见，货币可兑换存在一个程度的概念，它可以是一个渐进并逐步达成的状况。另外，从国际货币基金组织关于资本账户可兑换的内部评估报告所提的四个方面的最后一个方面角度来看，资本账户可兑换包含了本国货币的国际化的内容，即国内外居民可自由在国内外持有本币以满足资产需求。

另外，经济合作与发展组织制定的《资本流动自由化通则》从资本流动自由化的角度也在一定程度上印证了资本账户可兑换的概念：一是它既服务于外国对内投资，又服务于本国对外投资；二是它涉及几乎所有类型的资本交易；三是这些义务不仅适用于交易本身，还适用于与交易相关的支付和转移。虽然此处未提及这种资本流动自由化是以本币还是外币发生，但不对资本流动设限应该是该通则所要最终实现的目标。当然，"还适用于与交易相关的支付与转移"中也隐含着汇（支付）兑（兑换）上的相应安排。

关于货币实现自由兑换的条件，国际货币基金组织从宏观方面提出的基本条件包括：（1）合理的汇率机制及汇率水平；（2）充足的国际清偿手段，主要包括充足的外汇储备和获得国外融资的能力；（3）稳定的宏观经济环境及完善的宏观调控体系（包括消除供给过多的货币）；（4）公众的信心。一些研究经济转轨国家货币自由兑换实践的学者从微观角度增加了两个条件：一是合理的市场价格机制；二是国内市场主体对国内外市场价格变化作出灵敏反应的能力。国内部分学者认为稳健的金融机构和金融市场体系也是必要条件之一。从上述关于货币自由兑换的实现条件可以看出，国际货币基金组织所开的"方子"，主要是针对本币为非国际储备货币的发展中国家，因为这里的"充足的国际清偿手段"中突出强调"充足的外汇储备和获得国外融资的能力"。

二、学术界的观点

学术界在这方面的研究主要围绕货币可兑换的路径问题。关于货币实现自由兑换的路径选择有两种观点：一是渐进式，即先经常后资本，先流入后流出；二是激进式，即一步到位地实现货币的自由兑换。亚洲金融危机以后，实务界和理论界对于货币自由兑换步骤和路径的认识逐步趋同于渐进式。

美国斯坦福大学教授麦金农（McKinnon；1973，1993）认为，如同经济市场化存在着一个如何确定最优次序一样，一国实现本国货币的自由兑换也同样存在着一个如何确定先后次序的问题。他提出，对于发展中国家或由中央计划经济向市场经济转轨的国家来说，实现本国货币自由兑换的最优次序应当是：第一步，实现中央政府财政预算的平衡；第二步，开放国内资本市场；第三步，实现贸易的自由化及经常账户的自由兑换；第四步，实现资本账户的兑换，允许国际资本的自由流动。麦金农（1997）指出："实现资本账户的外汇可兑换应该是经济自由化最终次序中的最后一步。"国际货币基金组织也建议实行资本账户可兑换的国家首先调整国内的经济和金融结构，以承受资产价格多变带来的影响。这一渐进派的学术观点同样印证了"外汇可兑换＝资本自由流动"的观点，并指出资本自由流动的主要威胁来自资产价格的多变，而应对这一威胁的主要措施是财政稳健。

Guitian（1997）、Bhandari（1989）等人主张资本账户的自由兑换先于经常账户的自由兑换，理由主要是：资本账户自由兑换所带来的大量外资流入可以减少经济调整的成本，并通过利率、汇率的市场化解决国内的价格扭曲问题，从而可以改善一国的经济结构。依这种次序实现货币的可自由兑换尽管在短期内可能会给该国带来较大的痛苦，但从长期看则成本较低。Williamson（1997）则认为资本账户开放安排在改革的后期是正确的，因为在经济体其他部分自由化之前就开放资本账户，会有四种危险：（1）在贸易改革以前开放资本账户，会使资本流向错误的方向，如流入进口替代产业；（2）在改革本国金融体系以前就开放资本账户，会导致投资的无效率配置；（3）在确立财政纪律以前开放资本账户，只会对最终不可

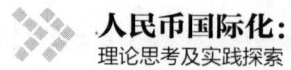 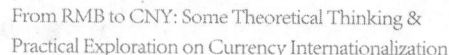

维持的财政赤字提供暂时的融资;(4)资本流入会使汇率升值,进而压抑出口,从而使出口导向战略无法执行。因此,他支持将资本流动自由化放在较为靠后的阶段进行。

从国际货币的发展史来看,货币的可兑换进程通常会伴随货币的国际化过程。货币国际化是指一国货币跨越国界,成为国际上普遍认可的计价、结算、储备及市场干预工具的过程,也就是由国内货币转变为国际货币的过程。一国货币国际化的过程通常也是一国资产的金融化过程和国际化过程,是一国金融在国际上崛起的过程[1]。

国内学术界也有相当的文献聚焦于我国资本账户的可兑换问题研究,在此不再赘述。

三、我国资本账户可兑换状态的基本评估

改革开放以来,我国的金融业得到了长足的发展,金融市场、金融监管以及外汇管理都向着市场化方向不断迈进。随着我国实力的提升以及外汇管理体制的放开,人民币自由可兑换已具备了一定的基础。

1994年我国对外汇体制进行了重大改革,经常账户实现了由"有条件可兑换"向"可兑换"(1996年12月1日)的转变,我国资本账户的开放也有所松动,并实现了部分项目的渐进式开放。在国际货币基金组织确定的七大类43项资本账户交易中,中国目前已实现完全可兑换的有8项,占资本账户交易项数的18.6%,有较少限制的有11项,占25.6%;有较多限制的有18项,占41.9%;严格限制的有6项,占13.9%,主要包括衍生工具交易、非居民从事境内货币市场工具交易及居民与非居民之间的贷款等(参见表3-1)。

---

[1] BARRY EICHENGREEN, MARC FLANDREAU. The Rise and Fall of the Dollar, or When Did the Dollar Replace Sterling as the Leading International Currency? [J]. Cambridge, NBER Working Paper, No. 14154, Jul. 2008.

表 3-1　　中国资本账户扩展式可兑换现状评估

项目	完全可兑换	有较少限制	有较多限制	严格限制
一、资本和货币市场工具				
1. 资本市场证券交易				
A. 买卖股票或有参股性质的其他证券				
非居民在境内购买			√	
非居民在境内出售或发行			√	
居民在境外购买			√	
居民在境外出售或发行			√	
B. 债券和其他债务性证券				
非居民境内购买			√	
非居民境内出售和发行			√	
居民境外购买			√	
居民境外出售和发行			√	
2. 货币市场工具				
非居民在境内购买				√
非居民在境内出售或发行				√
居民在境外购买		√		
居民在境外出售或发行		√		
3. 集体投资类证券				
非居民在境内购买			√	
非居民在境内出售和发行			√	
居民在境外购买			√	
居民在境外出售和发行			√	
二、对衍生工具和其他工具的管制				
非居民在境内购买				√
非居民在境内出售和发行				√
居民在境外购买			√	
居民在境外出售和发行			√	
三、对信贷业务的管制				

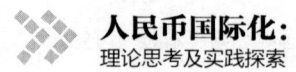

续表

项目	完全可兑换	有较少限制	有较多限制	严格限制
1. 商业信贷				
居民向非居民提供	✓			
非居民向居民提供	✓			
2. 金融信贷				
居民向非居民提供		✓		
非居民向居民提供		✓		
3. 担保、保证和备用融资便利				
居民向非居民提供		✓		
非居民向居民提供		✓		
四、对直接投资的管制				
1. 对外直接投资				
A. 创建或拓展完全由自己拥有的企业、子公司，或全额收购现有企业		✓		
B. 对新建或现有企业的入股		✓		
2. 对内直接投资				
A. 创建或拓展完全由自己拥有的企业、子公司，或全额收购现有企业	✓			
B. 对新建或现有企业的入股	✓			
五、对直接投资清盘的管制	✓			
六、对不动产交易的管制				
居民在境外购买			✓	
非居民在境内购买		✓		
非居民在境内出售		✓		
七、对个人资本流动的管制				
1. 贷款				
居民向非居民提供				✓
非居民向居民提供				✓
2. 礼品、捐赠、遗赠和遗产				

续表

项目	完全可兑换	有较少限制	有较多限制	严格限制
居民向非居民提供			✓	
非居民向居民提供	✓			
3. 外国移民在境外的债务结算			✓	
4. 资产的转移				
移民向国外的转移			✓	
移民向国内的转移	✓			
5. 博彩和中奖收入的转移		✓		
6. 非居民员工的储蓄	✓			
合计项数	8	11	18	6
比重（%）	18.6	25.6	41.9	13.9

注：上述内容为笔者根据观察自行独立评估的结果。

上述评估不完全依据项目数量而是依据项目的可兑换程度，可能偏保守。但从实体经济的反映来看，部分学者评估得出的90%已实现基本可兑换的结论没有得到实体经济的普遍认同，或者说按项目数量已经实现了90%的基本可兑换，但实际操作中这些基本可兑换项目的可兑换程度依然不是太高。归纳起来，以实体经济活动为基础的资本账户外汇资金流动和汇兑基本不受限制，但大多有政府部门审批、核准或备案环节；以金融性资本交易为背景的虚拟经济涉及的资本账户外汇资金流动和汇兑存在较多限制。

整体来看，我国对资本账户的管理是与我国经济发展水平总体相适应的。大部分资本账户中或多或少有一些子项已经开放，已有近50%的资本账户交易基本不受限制或有较少限制。

四、对我国人民币资本账户可兑换问题的再评估

一直以来，学术界、实务界对我国资本账户可兑换的认识存在一个重大的角度偏差，就是举凡讨论资本账户可兑换问题，都是站在传统的外汇

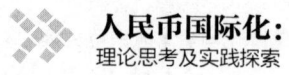

人民币国际化：
理论思考及实践探索

From RMB to CNY: Some Theoretical Thinking &
Practical Exploration on Currency Internationalization

管理角度来进行。站在这一角度讨论问题和设计政策，就必然得出以下结论：资本账户可兑换涉及的主要是外汇领域的问题，逐步实现资本账户可兑换就是逐步放松外汇跨境流动中的兑换管制。上文介绍的关于我国资本账户可兑换的基本评估就是基于这一思维定式进行的。然而，从前述英国、美国、德国、日本四国的情况来看，我们或许可以用一个崭新的视角来讨论我国资本账户可兑换问题，那就是资本账户可兑换涉及的首先是人民币领域的问题，是人民币跨境使用和国际化的问题，其次才应该是外汇领域的问题。人民币国际化和资本账户可兑换二者本来就是同一个问题。

中华人民共和国成立初期，我国外汇短缺，加上经济发展水平所限，人民币尚不为外部世界接受，我国在涉外经济交易的结算上必须采用可自由兑换货币，由此产生了"跨境经济活动的结算必须用外汇"的思维定式，并延续到改革开放初期。1980年版的《外汇管理暂行条例》[①] 中就有明确的类似表述。这种以国家法规明确下来的思维定式进一步强化了学术界和实务界对这一定式的认同并传承到了所有涉外经济管理和涉外经济核算中，具体表现为：一是我国涉外经济管理外币化。所有涉外经济管理均采用美元作为政府部门开展审核批准管理的基准货币，如对外商来华直接投资的审核批准文件一律用美元表示，对我国企业赴海外开展投资活动的审核批准文件也一律用美元表示，这导致企业即便想用人民币来开展这些活动也不方便，因为一旦出现汇率波动导致实际投资与审批文件不一致，就必须追加或退回外币款项。二是我国涉外经济核算外币化。虽然我国已然是国际贸易大国，我国的进出口量位居世界前列，我国的经济规模位居世界前列，但我国所有涉外的经济统计核算均以美元表述，如我国的国际收支平衡表是以美元作为基准货币编制的，我国进出口数据也是以美元作为基准货币公布的。

如果沿着"从微观主体活动到宏观经济体现"这一经济传导脉络来看

---

① 该法规已失效。

我国的人民币国际化和资本账户可兑换问题，可以得出"微观主体以何种货币结算其涉外经济交易决定了国家以何种货币发生国际收支"的结论。因此，当微观主体开始以人民币结算其跨境贸易等经济活动时，我国的国际收支币种结构就开始出现本币化趋势；再遵循国际收支必须遵循"有借必有贷，借贷必相等"的平衡原则，可以得出人民币跨境收支必须在经常账户和资本账户两大账户之间实现平衡的结论。换言之，微观经济主体以人民币结算的进口贸易产生的对外支付（经常账户），必然以相同的数额对应地体现在境外人民币存款的增加（资本账户）上，而这些存款又体现在我国银行业金融机构吸收的存款科目中。因此，从人民币角度来理解资本账户的可兑换问题，就是境外持有的人民币（存款为资本账户性质，但源于我国的对外进口支付）是否可以兑换成外币；而从外币角度来看资本账户的可兑换问题，则是是否允许我国的微观经济主体将其人民币存款（资本账户性质）兑换成为外币后对外支付（进口支付属于经常账户性质）。

角度不同，带来的政策安排便不同，对国家的宏观经济影响也就不同。在外币角度下，我国微观经济主体必须先将人民币兑换成外币，才能对外支付，体现在我国的国际收支领域就是外币的收支。因此，我国3万多亿美元的进出口总量就带动了3万亿美元左右的外币跨境流动，我国的货币政策必须应对这3万亿美元跨境流动的冲击，自然导致我国中央银行的资产负债表和外汇储备也与这庞大的外币资金跨境流动密切相关。换一个角度，从本币——人民币的角度来看，我国微观经济主体可以直接对外支付人民币，这些人民币将以境外持有的形式出现在我国银行业金融机构的负债方（存款），人民币的跨境收支只是在既有全社会人民币存量框架内的持有者结构的变动（境内存款转变为境外存款），央行资产负债表中量的变动与实际经济领域的跨境收支没有关系，外汇储备也与我国涉外经济活动脱钩。对于境外人民币持有者而言，可以选择继续持有人民币或投资存款以外的人民币资产（取决于我国金融资本市场是否对外开放），也

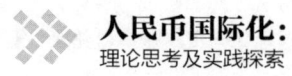

From RMB to CNY: Some Theoretical Thinking & Practical Exploration on Currency Internationalization

可以选择卖出人民币，买入其他货币。

此时，再来考虑人民币资本账户的可兑换政策安排，就需要有不同的思考和认识基础：一是对货币属性的认识。货币作为一种依托国家信用发行的一般等价物，其本质就是一张"欠条"（IOU），持有者可以将它作为购买商品、劳务、资产或偿还债务的结算工具，也可以拿它购买另一张"欠条"，即外币。人民币是我国发行的信用货币，在允许本国经济主体对外支付购买外国商品、劳务的情况下，境外持有"人民币欠条"后，我国是否履约偿还以及以何种方式偿还是必有的安排。在现有法律框架下，以商品、劳务对外偿还已没有任何障碍，以人民币计值的资产换"人民币欠条"不属于偿还，只是形态的转换而已，以"外币欠条"偿还"人民币欠条"则属于可兑换领域。二是对兑换行为主体的认识。人民币跨境收支后的兑换行为主体与外币跨境收支后的兑换行为主体是完全不同的。前者的兑换主体是境外人民币持有者或需求者，而后者的兑换主体则是境内各类从事涉外经济活动的主体。这一行为主体上的差异对我们政策安排的设计会产生很大影响。一般而言，一国的行政法律和管制手段只能作用于本国主体，因此我国现行制度框架下的外汇管理产生作用的对象只能是境内主体，产生的成本由境内主体承担。在我国融入经济全球化的情况下，这一成本随着越来越多境内主体参与涉外经济活动而日益扩大（成本与受众数量成正比）。对于境外主体而言，人民币是一种外币，不存在必须使用和持有的问题，是否使用和持有完全基于经济利益考量。因此，对于境外人民币持有者或需求者而言，对经济利益驱动因素的调节更为有效。本书后文还要详细阐述论证。三是对兑换行为发生地的认识。在人民币用于跨境收支的情况下，兑换行为的发生地可以是境外，也可以是境内。这与境外是否存在离岸市场（货币国际化的必然产物）有很大的关联。当境外存在离岸市场且离岸市场具有一定规模时，大量的本币与外币的兑换行为会发生在境外而不再是国内，因此本外币兑换对货币发行国而言，只影响其货币的汇率而不直接影响其货币供应量，从而也为对汇率实施基于经济调控的市场化管理提供了条件。

以上述基础来评估我国人民币资本账户的可兑换问题，可以看出在现行外币主导国际收支的框架下只是对外币跨境流动的开放而非对本币跨境流动的开放。也就是说，目前所推进的开放资本账户可兑换只是更加便利了外币的跨境流动，这固然会给实体经济带来一定的便利，但外币跨境流动的扩大无疑会使我国业已严重的币种错配问题更趋严重。换种思维方式，转而推动跨境领域更多地使用人民币，同时维持对外币跨境流动既有的兑换管制措施，不仅可以向实体经济提供比外币跨境流动更便利的货币金融服务，还货币服务实体经济的本来面貌，使其支付结算功能、交易媒介功能更全面地发挥，还可以降低国家宏观、微观经济运行中的货币错配问题，拓展我国货币政策对国际货币的独立运行空间，为国家赢得更为安全的货币金融环境。

第二节　金融全球化路径与资本账户可兑换

一、研究观点综述

关于金融全球化的研究，国际组织和学术界均有大量的文献可查。代表性研究当属弗雷德里克·米什金、考斯（M. Ayhan Kose）、帕拉萨德（Eswar Prasad）、魏尚进（Shang – Jin Wei）与哈佛大学罗格夫（Kenneth Rogoff）、戴维·德罗萨等。研究的方向主要与经济增长与金融危机有关，并将发展中国家列为研究对象。

弗雷德里克·米什金在其《下一轮伟大的全球化——金融体系与落后国家的发展》中提出下一轮全球化应该是金融全球化，通过参与金融全球化，落后国家可以拉近与发达国家之间的距离。该书通过对全球化过程的讨论以及新兴市场国家金融危机的分析，指出"全球化对穷国来说意味着机遇而非威胁。20世纪的贸易和信息全球化帮助大量的民众摆脱了赤贫。

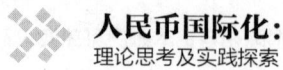 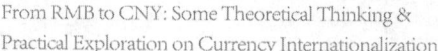

全球化的下一浪潮,意味着新兴市场国家的金融体系进一步融入国际金融体系……金融全球化,即一国金融体系对于国际资本和国外金融机构的开放。新兴市场国家要想取得更大的发展,必须在金融全球化方面作出比目前更大的举措。尤其重要的是,新兴市场国家的金融体系必须与发达国家更紧密地联系起来,这样才能从发达国家的金融投资中受益。"① 书中详细讨论了金融全球化与金融危机的关系。在对全球化的历史进行回顾的基础上,米什金认为关于金融全球化是否有益的问题,经济学家之间存在着很大的争议。他认为金融全球化已经为新兴市场国家带来了很多好处,包括新技术和降低资本成本,进而鼓励投资,促进经济增长,同时外国资本和外国金融机构的进入改善了资本配置,有助于推动产权保护和制度建设;但是,金融全球化有时也会产生负面影响,如灾难性的金融危机。因此,他认为,当政策得当时,金融全球化将带来切实的好处,但是,当政策导致金融体系急剧膨胀、金融全球化被扭曲时,金融全球化就会变成坏事。

米什金认为健全产权制度和金融体系能使贫穷国家在金融全球化过程中走向富裕,但是,"作为全球化进程的一部分,简单地将发达国家的制度强加给发展中国家可能行不通"② "金融体系是经济的大脑,它可以发挥不可或缺的协调功能,将资本从拥有剩余资金的家庭或企业转移到缺少资金但可进行高效投资的个人或企业。拥有一个运转顺畅的金融体系,将资本导向其最能发挥效用的领域,是一个国家创造财富的第二步,也是关键的一步"。③ 在讨论阻碍金融发展的因素时,米什金认为缺乏合格的抵

---

① 弗雷德里克·米什金.下一轮伟大的全球化——金融体系与落后国家的发展[M].姜世明,译.北京:中信出版社,2007.
② M AYHAN KOSE, ESWAR PRASAD, SHANG–JIN WEI, KENNETH ROGOFF. Financial Globalization: A Reappraisal [J]. USA National Bureau of Economic Research NBER Working Paper 12484, Aug. 2006.
③ 戴维·德罗萨.20世纪90年代金融危机真相[M].谢士强,译.北京:中信出版社,2008.

押物、低效的法律体系、薄弱的产权、政府干预以及落后的监管是主要因素，但全球化可以改变国内经济力量的分布，提高金融发展的激励，从而间接鼓励金融发展。在分析金融危机形成机理时，米什金认为有两个因素导致新兴市场国家陷入危机：一是金融自由化（全球化）安排不当，二是严重的财政赤字。国内金融管制的放松会导致银行加速贷款，从而承担过度风险；政府安全网的存在提高了银行的道德风险激励；而作为金融全球化内容之一的允许国内银行进行国外借款，可能会增加银行体系的脆弱性。固定汇率体制鼓励债务美元化，使得一个国家的金融体系在本币贬值时更加脆弱。

在考察金融危机成因及性质后，米什金指出，经济发达国家的金融危机形成机理与新兴市场国家具有很大差异。例如，发达国家很少发生货币危机和金融危机的双重危机，因为其债务结构与新兴市场国家非常不同。发达国家的债务通常以本币计值，而且期限较长。当发达国家货币贬值的时候，贬值对企业资产负债表的影响非常有限，因为债务以本币计值。因此，贬值并不会引发金融危机。在此，米什金虽然没有触及货币国际化问题，但显而易见，发达国家在金融发展上是沾了货币国际化之光的。新兴市场国家的许多金融危机与货币国际化问题有关并且更易受到发达国家货币国际化为纽带的传染效应的影响（债务以他国货币计值）。

戴维·德罗萨在其《20世纪90年代金融危机真相》一书中详细考察了20世纪90年代发生的金融危机情况。在对1990年1月爆发的日本危机的考察中，他认为经济持续30年的增长突然停止的原因是日本货币政策的失败以及"各种各样的制度障碍，限制了经济主体决策的灵活性"。[①]除了日本以外，90年代发生的其他几次金融危机都是货币危机，包括1992年和1993年的欧洲汇率机制危机、1994年的墨西哥比索危机以及1997年的东南亚危机。从对这些危机的分析研究中，德罗萨得出结论：

---

① 戴维·德罗萨. 20世纪90年代金融危机真相[M]. 谢士强，译. 北京：中信出版社，2008.

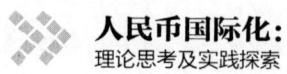

"尽管所有汇率制度,无论是固定的还是浮动的,都会因为整个经济的崩溃而恶化。然而只有固定汇率制度会因为其自身原因而崩塌。"[①] 此番论述可以印证的一个事实是:90年代发生在发展中国家的这些货币危机同时也大都是债务危机,这些债务危机又都是由以外币计价的债务引起的。因此,对于发展中国家来说,参与全球化过程中的主要风险是货币风险——以他国货币计值借入债务或以他国货币计值持有资产带来的风险。

2006年国际货币基金组织的学者考斯、帕拉萨德、魏尚进与哈佛大学罗格夫一起发表的《金融全球化:一次再评估》(*Financial Globalization: A Reappraisal*)为我们很好地梳理了学术界对金融全球化的各项研究(包括理论和实证研究),并探讨了金融全球化对产出与消费的增长(growth)、波动(volatility)以及协动(comovement)的影响等。

关于金融全球化的模式问题,研究发现存在着不同国家参与金融全球化模式上的演进现象。按组合权益类投资(portfolio equity)、外国直接投资(FDI)以及债务(debt)三类划分,外国资产与负债的总存量中债务类的份额由1980—1984年的75%下降到2000—2004年的59%。债务性流入是发达国家资本流入的最重要的方式,而直接投资类流入则是发展中国家的主要资本流入方式。近年来对发展中国家的组合权益类投资也在不断增加。按国际金融资产与负债的总量规模计,发达国家资本市场的全球化程度无疑是最高的,新兴市场经济体在大量资本流入导致外国负债积累后,在一体化方面表现突出。这项研究的不足之处在于没有考察发达国家参与金融全球化与发展中国家参与金融全球化时在货币选择上的情况,但从当前国际货币格局由发达国家货币主导不难推导出以下结论:发达国家多以本国货币参与金融全球化,而发展中国家则多以外国货币参与金融全球化。

考斯等在讨论金融全球化的效益时,指出金融全球化是一系列间接收

---

① 戴维·德罗萨. 20世纪90年代金融危机真相[M]. 谢士强,译. 北京,中信出版社,2008.

益的重要催化剂，由此带来的附加收益（collateral benefits）包括国内金融业的发展、体制机制的改善以及更完善的宏观经济政策等，这些附加收益将通过提高配置效率促进更大幅度的增长。这个观点的实证含义包括两方面：首先，金融全球化对增长的有利影响可能是作为一个整体出现的，因其通过这些间接渠道而非对国内投资的直接融资体现出来；其次，更为重要的是这意味着在回归分析框架下，如果把体制机制质量、金融部门的发展以及宏观经济政策质量等因素包括进来，是很难将金融全球化的这些影响分解开来进行评估的，毕竟这些渠道使金融全球体化产生增长收益，而这又是无法通过对工具性变量的估计等技术方法来简单解决的。当然，金融全球化的初始条件非常重要，大量实证表明缺乏发展和监管良好的金融部门、好的体制机制以及健全的宏观经济政策就实施资本账户的开放是不成熟的，不利于资本流入结构并使国家在资本流骤停或逆转时变得脆弱。贸易自由化先于金融全球化将使全球化进展得更顺利。因此，金融全球化与相关的初始条件之间的互动发展决定了增长与波动的结局。也就是说，金融全球化要发挥正向作用，存在着一组临界条件（金融部门的发展程度、体制机制的质量以及治理的情况、宏观经济政策质量和贸易自由化）。国家达到了这组临界条件时，金融全球化将带来 GDP 和 TFP（全要素生产率）增长的提速和危机风险的降低；低于这组临界条件时，金融全球化则导致危机风险的升高和 GDP 及 TFP 增长的不确定性。总体来说，对发展中国家而言，金融全球化有潜能催化一系列能促进经济长期增长和福利提高的附加收益的实现，但缺乏基本支持条件、过早开放资本账户会延缓这些收益的实现，使国家面临资本流骤停或逆转的风险。

二、金融全球化路径与资本自由流动

上述学术研究揭示了金融全球化在路径上主要有三条：一是直接投资，二是债务融资，三是证券投资。这三条路径恰好契合了国际收支平衡表中金融账户的三大分项。因此，评估金融全球化路径以及一个国家参与

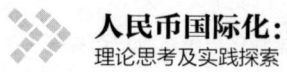

金融全球化的情况,可以从国际收支平衡表中的金融账户来着手,再结合货币和金融市场的分布,可以有很多启迪性的发现。

国际收支平衡表的金融账户由直接投资、证券投资以及其他投资三大项构成,并按投资方向进一步分为外对内投资和内对外投资两方面。这三大项的开放构成了一个经济体参与金融全球化的要件,同时这三大项也是资本流动的主要领域。一般而言,直接投资与实体经济的联系最为紧密,因为投资所引发的跨境资本流动会直接影响一个经济体的资本形成(capital formation),即资本存量的增加或减少。因此,在直接投资领域中绝大多数经济体会允许资本自由流动。根据国际货币基金组织开展的跨国联合直接投资调查(Coordinated Direct Investment Survey,CDIS),2009 年全球直接投资导致的跨境资本流动为 202706 亿美元,2010 年为 224245 亿美元。证券投资和其他投资的主要内容为国际金融资本的跨境流动,因此几乎所有发展中及欠发达经济体都对其有明确的管制措施;相比较而言,发达国家(以 OECD 成员国为主)对这两项的管制大多嵌入审慎监管框架。比较通用的方法是对参与金融全球化的主体(主要是各类金融机构)开展的风险资本管理提出相应的比例要求,如短期流动资本与长期资本在计算风险资本时的差异化处理、涉外国别风险的不同处理等。

三、中国参与金融全球化状况评估

根据国际收支平衡表的金融账户项目分类来分析我国对金融全球化的参与情况,可以发现,我国自 1978 年改革开放伊始就已经参与了金融全球化进程并成为金融全球化的积极参与者和推动者。

(一)我国在直接投资领域中参与金融全球化的状况

从表 3-2 可以看出,直接投资项目中主要包括股权及投资基金份额和债务类工具两大类。我们可以循着这一思路来分析我国在直接投资领域中对金融全球化的参与情况。在股权及投资基金方面,1978 年实施改革开放政策以后,我国以开放实体经济领域的外来投资为出发点启动了对金融全球化的参与,主要表现为主动开放,即以多项优惠措施引导境外资本投入我国的实体经济领域。权威部门统计数据显示,截至2016年7月底,我国累计吸引外来直接投资1.76万亿美元。外来直接投资的模式也由中外合资、中外合作发展到外商独资以及股权投资等。我国对外直接投资起步相对稍晚,但发展步伐很快。据统计,截至2014年10月,我国对外直接投资累计达6253亿美元。

表3-2　　　　国际收支平衡表金融账户一览表（BPM6）

31	直接投资（direct investment）
311	股权及投资基金份额（equity and investment fund shares）
312	债务类工具（debt instruments）
32	证券投资（portfolio investment）
321	股权及投资基金份额（equity and investment fund shares）
322	债务类工具（debt instruments）
33	金融衍生工具（不包括储备）及员工股票期权（financial derivatives and employee stock options）
34	其他投资（other investment）
341	其他股权类（other equity）
342	货币及存款（currency and deposits）
343	贷款（loans）
344	保险、共同基金和标准化担保计划（insurance, pension and standardized guarantee schemes）
345	贸易信贷和预付款（trade credit and advances）
346	其他应收/应付（other accounts receivable/payable – other）
347	特别提款权（SDRs）
35	储备资产（reserve assets）

从货币及资本流动角度来评估我国以直接投资路径参与金融全球化的情况,可以发现有以下特点:一是直接投资以主要国际货币进行。二是外

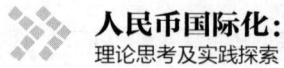
From RMB to CNY: Some Theoretical Thinking & Practical Exploration on Currency Internationalization

来直接投资远大于对外直接投资。三是对直接投资涉及的资本跨境流动纳入外汇管理。四是所有直接投资都需要经过国家相关部门的审核,无论金额大小。五是以直接投资路径参与金融全球化的主体广泛,既包括国有企业,也包括民营企业;既有大型企业,也涉及中小企业。

(二) 我国在证券投资领域中参与金融全球化的状况

表3-2中的证券投资项目也包括股权及投资基金份额和债务类工具两大类,与直接投资不同的是,此两项涉及的是证券化后的股权及投资基金份额的二级市场交易。需要说明的是,列在证券投资项目下的"金融衍生工具"是《国际收支手册》(第六版)的最新处理,在第五版中还列在证券投资项目下。以此来考察我国的情况,如果不考虑国家外汇储备对外开展的证券投资情况,我国在证券投资领域中参与金融全球化的主体还是相对狭窄的。在对外证券投资方面,主要参与者大多为金融机构。第一类主体是银行。这与我国的外汇管理制度安排有关,因为强制结售汇制度下,除了银行有部分外汇供其周转外,其他主体的外汇基本上都必须出售,不得持有,因此民间也就不存在冗余外汇资金用于跨境证券投资之说。第二类主体是证券投资基金。这是在2007年推出QDII(合格境内机构投资者)境外证券投资计划时才出现的。第三类是部分有着大量进口业务且需要套期保值的大型国有企业,如中航油等,经国家有关部门批准可以参与到国际商品及金融期货的交易中。在对内证券投资方面,我国1992年推出的B股市场可谓证券投资领域参与金融全球化的一大尝试。后期发展起来的境内机构股票境外上市(如H股、S股、L股以及N股[①])也是实体经济领域参与金融全球化的路径之一。再有就是QFII和RQFII、股票市场的沪港通和深港通以及银行间市场对三类机构投资者等的开放(简称CIBN模式)、陆港基金互认和最近的债券通("北向通")模式的开放。

从货币及资本跨境流动角度来看,我国在证券投资领域中的金融全球

[①] 英文字母分别代表其上市的市场,对应于香港、新加坡、伦敦和纽约。

化参与也是在严格的外汇管理和交易资格核准制下进行的,并且主要与外币参与。尽管在人民币加入 SDR 的背景下,我国先后以 RQFII、RQDII 以及银行间债券市场对外开放和股票市场的沪港通、深港通以及陆港基金互认、债券通("北向通")等启动了人民币在证券投资领域的开放,但"双 Q"制管理模式依然明显,且没有形成主动开放的清晰战略,只是在外部压力下的被动开放。

(三)我国在其他投资领域中参与金融全球化的状况

表 3-2 中的其他投资项目包括其他股权类,货币及存款,贷款,保险、共同基金和标准化担保计划,贸易信贷和预付款,其他应收/应付以及特别提款权等项目。在我国,特别提款权一般是在政府层面参与,在此不做分析。其他方面涉及的领域和主体也很广。如货币及存款既发生于银行,也发生于实体经济主体。贷款也是如此,具体可以从方向上加以分析,对外吸收存款主要是银行,而将存款存放境外则既可能是银行(外币同业存款),也可能是企业(出口收款存放境外);对外发生贷款主要是银行,而借用境外贷款则可能是企业。与其他两个项目一样,受外汇管理的影响,我国在其他投资领域参与金融全球化的主要货币也是外币。

这一现象直到 2009 年启动跨境贸易人民币结算试点才有所改观。其他投资形态下我国以本币(人民币)参与金融全球化已渐成气候。

第三节 货币境内可兑换与境外可兑换

一般情况下,由于行政管制存在效率范围的问题,人们通常把货币是否可兑换理解为纯行政管制领域的事,就是货币发行国是否允许其货币与外国货币间进行自由兑换是行政管制领域的一项决定,并且可以依据轻重缓急来对可兑换管制的适用范围进行细分,就是现在大家都非常熟悉的、按国际收支平衡表项目进行分类的区别安排。

众所周知,国际收支平衡表的主体分为两大类:一是经常账户,二是金融账户。根据《国际货币基金组织协定》相关条款（涉及第二、第三、第四、第八条款，以第八条款为主），成员国应做到以下几点：（1）避免对经常性支付或转移的限制。个别成员国未经国际货币基金组织的同意，不得对国际经常往来的付款和资金实施汇兑管制。（2）不得实施歧视性货币措施或多重汇率措施。（3）兑付外国持有的本国货币。任何一个成员国都有义务购回其他成员国持有的本国货币结存，只需提出兑换的国家能够证明这种结存是由最近的经常性交易所获得，或者这种兑换是为了支付经常性交易所需要的。具体分析经常账户的构成细项，可以发现其基本涵盖了所有实体经济的经营性活动，详见表3-3。

表3-3　　　　国际收支平衡表经常账户一览表（BPM6）

1A. 货物及服务	1Ab8. 知识产权使用费
1Aa. 货物	1Ab9. 通信、计算机及信息服务
1Ab. 服务	1Ab10. 其他商业服务
1Ab1. 制造业相关服务	1Ab11. 个人、文化及娱乐服务
1Ab2. 维护及修理服务	1Ab12. 政府间货物与服务
1Ab3. 运输	1B. 初次收益
1Ab4. 旅游	1B1. 雇员报酬
1Ab5. 建筑	1B2. 投资收益
1Ab6. 保险与养老金服务	1B3. 其他初次收益
1Ab7. 金融服务	1C. 二次收益

再从开展跨境经济活动的涉事双方来看，界定了国际收支性质的交易双方必须是分属于两个经济体的居民。也就是说，对一个经济体而言，其居民与其他经济体的居民（本国非居民）发生经济交易时，才归入国际收支的范畴，才需要发生跨境的支付或收入。因此，分析货币的可兑换性（convertibility），可以从居民角度和非居民角度两个维度来结合国际货币基金组织的上述规定进行细化分析。

一、货币的境内可兑换

货币的境内可兑换从地域概念来理解，就是一国货币在其发行国境内实现与他国货币间的兑换。在"地域限定为境内"的前提下，再从国际收支的交易双方来看，可以视为境外货币支付到境内后与本国货币发生的兑换或者是本国货币支付到境外之前发生的与他国货币之间的兑换。

（一）境外货币支付到境内后的可兑换问题

从国际货币基金组织对国际支付或转移的规定来看，第（1）项规定——避免对经常性支付或转移的限制在实际适用中，境外货币支付到境内的限制主要来自境外，只要境外不限制，该种货币就能发生国际支付。至于境内主体收到境外主体以境外货币支付的经常项交易款项后，境内是否允许其兑换为本国货币后在境内使用不属于直接的对国际支付的限制，因其国际支付过程已经完成，只不过是以境外货币实现的。如果不允许该类以境外货币实现的国际支付款项收到境内主体账户上后进行对本国货币的兑换，则意味着境内主体需要保留外币账户并持有外币存款，同时境内主体为完成跨境经常性交易而需要的境内采购也只能以境外货币来完成，或者导致该境内主体只能进行境外采购。在国家货币为法币的法理下，这样的情形是不可想象的。如若允许这样的情景发生，境内就会出现外币化倾向，本国货币的权威就无从树立。正因为如此，国家一般立法禁止外国货币在境内流通使用，这也就顺理成章地为境外货币进入境内后兑换成本国货币奠定了逻辑基础，解决了货币境内可兑换的法理基础。再换一个角度来看这个问题，如果不允许境外货币对境内发生支付，那就必须要允许境内货币对境外支付，境外才能以境内货币对境内支付以实现国家间的经贸往来，否则就只能闭关锁国，走封闭经济之路了。

（二）境内货币支付到境外前的可兑换问题

境内货币支付到境外前就进行兑换的主要功能是限制境内货币为境外持有，或者受限于境外不承认、不接受境内货币，因而境内货币只能在境内兑换成境外货币后才能对外支付。此时的限制将直接违反国际货币基金组织"避免对经常性支付或转移的限制"的规定。这是因为,限制本国主体用境内货币对外支付或用境内货币兑换成境外货币后对外支付都会直接阻碍国际经贸活动的开展,而这正是国际货币基金组织等战后设立的相关国际组织所要制止的。

由以上两方面的分析可见,货币在境内可兑换本身就具有经济法理逻辑,限制的结果是经济的封闭。也正因为如此,绝大多数国家接受《国际货币基金组织协定》第八条款①,开放其货币在经常账户下的可兑换,详见图3-1。

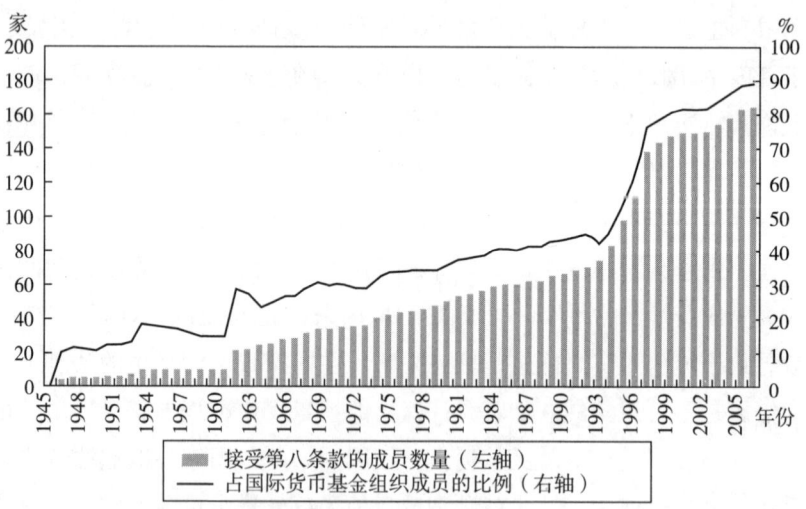

注：①图片转引自国际货币基金组织的文章"Article VIII Acceptance by IMF Members: Recent Trends and Implications for the Fund", Prepared by the Monetary and Financial Systems and Legal Departments, May 26, 2006。②数据截至2005年12月底。

数据来源：AREAER数据库。

图3-1　1945—2005年接受第八条款的国家

---

① 国际货币基金组织数据显示,截至2005年底,184个成员国中已有165个宣布接受第八条款,占成员国总数的比例接近90%。

(三) 关于货币境内可兑换的讨论

既然货币境内可兑换具有天然的经济法理逻辑，那么为什么还有许多国家要通过货币的境内可兑换安排来实施控制（外汇管理）呢？

从对货币境内可兑换实施控制的目的来看，应该有两个方面：一是控制境内市场上外汇供求的数量，以便最终实现对货币汇率定价的干预。境外货币在境内兑换为境内货币以及境内货币在境内兑换为境外货币是境内外汇市场上的供求双方，控制其兑换行为就是控制了供求数量，而汇率是一种货币对另一种货币的价格体现，因此在供求数量决定价格的逻辑下，控制供求数量就是间接地控制了价格。二是选择性地控制兑换行为，以便选择性地控制涉外经济活动。通常国家会依据涉外经济活动的性质选择性地实施货币的兑换管制，这样既可以满足对《国际货币基金组织协定》第八条款的承诺，"避免对经常性支付或转移的限制"，又可以实现对某些具有重大冲击力的纯金融市场交易行为的控制。因此，人们又习惯性地将货币的可兑换分解成经常账户可兑换和资本账户可兑换两个层级。凡是满足国际收支平衡表经常账户栏下分类属性的国际支付和转移均可在境内实现可兑换——本币转换为外币或外币转换为本币；凡是满足国际收支平衡表资本及金融账户栏下分类属性的国际支付和转移则需要按有关规定满足一定条件后才能在境内可兑换或者不允许在境内可兑换。

从货币境内可兑换管制实施的对象来看，无论是对外支付还是对外收款，只要主体在境内就可以实施管制，因为本国法律适用对象就是本国主体。因此，对货币实施境内可兑换管制比较容易，且成本由本国主体承担，境外也不会产生歧义和反对。

从货币境内可兑换管制实施的效果来看，这样的管制除了上述效果外，还产生了一个附加作用，就是境内货币的支付结算、交易媒介以及价值贮藏功能被完完全全地限制在了境内，因为所有在国际支付环节上承担上述职能的都是境外货币，通过对货币的兑换管制，客观上限制了本国货币在跨境领域中功能的发挥，尽管国际上没有任何法律限制各国货币的跨

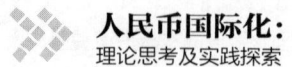

境使用，但发行国将兑换行为限制在境内就使得境外主体无从获取该种货币，也就谈不上货币在国际支付领域中发挥什么作用了。2009年7月之前，我国人民币的境况就是如此，除了在边境地区和个人出国境相关的行为，人民币的兑换行为被严格地限制在了境内，也就是国际货币可以进入境内实现兑换，人民币只能在境内兑换为国际货币。

二、货币的境外可兑换

从地域概念来看货币的境外可兑换问题，就是一国货币在其发行国以外实现与其他货币之间兑换的情形。与上文介绍的货币的境内可兑换相比，货币的境外可兑换建立在本国货币主导国际支付环节的前提下，就是境内主体与境外主体之间在跨境经济活动的结算中都采用了境内货币，无论是收入还是支付，境内货币在境内不发生兑换，支付到境外后才由境外主体决定是兑换为境外货币（境外兑换）还是继续持有境内货币用于后续对境内的支付。在此种情形下，继续沿用国际货币基金组织相关条款的框架来分析，我们同样有以下三种讨论：

（一）境内货币支付到境外后的可兑换问题

国际货币基金组织对国际支付或转移的规定如下："兑付外国持有的本国货币。任何一个成员国都有义务购回其他成员国持有的本国货币结存，只需提出兑换的国家能够证明这种结存是由最近的经常性交易所获得，或者这种兑换是为了支付经常性交易所需要的。"这种规定可以很好地解决境内货币支付到境外后的可兑换问题，且这一表述的本身也解释了国际货币基金组织对于货币可兑换问题的态度，就是境内可兑换与境外可兑换都属于可兑换环节，发行国有义务解决货币的境外可兑换问题。就如前一节所说，一个国家发行的货币是其基于国家信用的一般等价物，有着"欠条"的效用。在国内通过法律强制性规定来实现该"欠条"的流通，在国外则通过国际组织的规定以及信用约束来实现该"欠条"的流通。对于通过国际支付而流通到境外的"欠条"，发行国有义务购回，这是偿付

"欠条"的三种方式之一（另外两种方式包括用商品和劳务偿付，即产品出口收回"欠条"货币；用资产偿付，相当于延期偿付）。"购回"就意味着用其他"欠条"货币（境外货币）购回本国"欠条"货币（境内货币）。这只是货币发行国履行义务而已。至于上述条文中提及的"最近的经常性交易"是多近，尚无明确规定，可以由发行国根据实际情况决定，但任何这样的规定都会导致境外拒收该货币，所以实际操作中很少有这样的规定。

当境外存在一个境内货币的离岸市场后，境内货币支付到境外后的可兑换问题就有新的解决方案了。货币发行国只要被认为会维护自身的声誉而承诺履行对本国货币的购回义务，境外主体就会愿意持有而不是即时兑换所得到的该发行国货币。久而久之，境外就会出现该发行国货币的离岸交易市场，信心与货币存量同步增加，许多兑换活动就可以脱离开其发行国进行，此时境内货币的境外兑换就完全取决于市场供求了。

（二）境外货币支付到境内前的可兑换问题

细读上述第（3）条，可以发现另一层含义，就是任何一个成员国都有义务满足对方国家对本国货币的兑换需求，只要提出兑换的国家能够证明这种兑换是为了支付经常性交易所需要的。这一要求比境内主体用境内货币支付给境外或者境外主体用源自经常性交易收入的境内货币来进行兑换更高一层，意味着境外主体只要愿意用其交易伙伴国家的货币来进行经常性交易的支付，该货币发行国就应当满足其兑换需求。当然，在满足其兑换需求时附加一定条件也是经常有的，如用来兑换的货币也必须是自由可兑换货币，或双边签订了货币合作框架，或兑换后必须在一定时间内完成实际支付等。总体来说，对于经常性交易的兑换应当满足是基本要求。

（三）关于货币境外可兑换的讨论

在"法不越界"的规则下，货币发行国对其货币的境外可兑换管制效力是很低的，反而是该境外所在国对该货币实施的外汇管制效力更高一些，因为货币一旦出境，在境外就被视为外汇，纳入了当地的外汇管制。

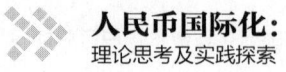

在当今的国际金融市场上，产生了许多货币间的离岸外汇交易。从国际清算银行（BIS）的统计数据来看，许多国家的货币在境外的兑换活动远超其在境内的兑换活动，从日元在本土的交易和在国际市场上的交易占比就可以明显地看出这一情况。

从货币国际化的角度来看这一问题，货币的境外可兑换正是该货币国际化的表现形式之一。这是因为，首先，只有境外接受了该货币，该货币的经济主体才能以本国货币实现国际支付，否则就只能在境内完成兑换后以他国货币进行国际支付；其次，境外可兑换还说明该货币在境外有足够的存量可以支持这种兑换行为的发生，如果货币的兑换都只能通过发行国实现，就意味着国际市场上没有该种货币的存量，也就是说境外主体没有意愿持有该种货币或以该种货币计价的金融资产。

三、对人民币的境内可兑换及境外可兑换的评价

一直以来，我国推进的人民币可兑换都属于境内可兑换。这一方面是因为在"法不越界"的规则下，我国无法通过法律的方式来规定人民币到境外后的可兑换问题，另一方面与外汇管理规定相关，所有的兑换安排都是针对境内主体来进行的。因此，在强制结售汇制度下，所有境外对境内的支付都以境外货币（主要是自由可兑换货币）进行并要求境内主体收到外汇后一律向银行办理结汇（将外汇卖给银行），而境内对境外的支付也要求以境外货币进行，并允许银行在真实贸易背景下向境内主体出售满足其国际支付所需的等值外汇。1996年底，我国宣布接受《国际货币基金组织协定》第八条款并实现人民币经常账户的可兑换。但这一可兑换并没有给人民币的国际支付松绑，而是依然在限制人民币跨境使用基础上的境内可兑换，兑换主体依然是境内主体；包括以后陆续推出的人民币在资本账户的一些兑换管制松绑措施，也依然是套用在境内可兑换框架内的。直到2009年7月国家启动跨境贸易人民币结算试点，才开始启动人民币的

境外可兑换。这一境外可兑换的初始形式，表现为港澳地区人民币清算行①在规定的额度内将产生于境外兑换的净头寸带入到境内银行间外汇市场平盘。到 2010 年后期，尤其是 2011 年开始，香港地区出现了人民币 CNH② 市场后，人民币的境外可兑换才真正形成。这一人民币可兑换市场的形成基础是经过一段时间的跨境贸易人民币结算（表现为境内净支付）后境外逐渐累积形成的人民币存量和境内依然对人民币可兑换的限制，即便是境外能够证明"这种结存是由最近的经常性交易所获得"的。所以，以此来评估我国人民币可兑换状况，可以看出，我国人民币的可兑换程度离国际货币基金组织所定义的可兑换还有相当距离。

国际货币基金组织在对其 SDR 篮子货币进行评估时要求满足"可自由使用货币"的条件，分别是：（1）货币发行国的货物及服务出口量要足够大；（2）货币要在全球被广泛使用和广泛交易（参见表 3-4）。

表 3-4　　国际货币基金组织评估人民币加入 SDR 时的参考表

出口标准（The Export Criterion）
货物与服务的出口（Exports of Goods & Services）
广泛使用标准（The Widely Used Criterion）
官方外汇资产（Official Foreign Currency Assets）
国际银行业负债（International Banking Liabilities）
国际债券未偿余额（International Debt Securities Outstanding）
国际债券发行量（Issuance of International Debt Securities）
跨境支付量（Cross-Border Payments）
贸易融资量——信用证（Trade Finance—L/C）
广泛交易标准（The Widely Traded Criterion）
外汇市场交易量——总额（Forex Market Turnover—Total）

---

①　关于港澳地区人民币清算行的这一规定，可参见中国人民银行与其他五个部委在 2009 年 7 月初联合发布的《跨境贸易人民币结算试点管理办法》中的相关规定。

②　所谓人民币 CNH 市场，是指产生于香港地区的离岸人民币外汇交易市场，因其形成了相对不同于在岸人民币（被称为 CNY 市场）价格的汇率，又不同于已经存在的离岸的、无本金交割的人民币外汇汇率（NDF）而得名。

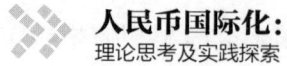

作为人民币发行国,我国的出口指标无疑足以支撑人民币作为可自由使用货币,但被广泛使用和被广泛交易两项指标则表明人民币需要被纳入其他国家的官方外汇储备,需要在国际银行负债业务以及国际债券市场的存量和发行中占据更大的市场份额,在跨境支付以及国际贸易融资中占据更大的市场份额,在全球外汇市场要被广泛地交易。这最后一点说明人民币境外可兑换才是决定人民币成为"可自由使用货币"的一个因素。如果只是境内可兑换,而不是境外可兑换,则被广泛地交易(widely traded)就会是一句空话。被广泛地使用和被广泛地交易也正是人民币作为一个大国货币走向国际所需要经历的。

2015年10月,国际货币基金组织宣布接纳人民币为SDR篮子货币,并明确表示人民币已经达到了相关的标准,属于可自由使用货币。应该说,经过多年的努力,人民币在国际市场上所占的份额确实呈现快速提升之势,但不容否认的是,境内外可兑换方面可提升的空间还是巨大的,与人民币所获得的SDR权重还是有些距离的。这也是我们要在上海自贸试验区框架下推动资本账户可兑换的缘由之一。

第四节 货币跨境使用与兑换管制效力

在进入本节的讨论之前,笔者先要对涉及本节讨论内容的相关基础知识进行介绍。

一、国际支付的交易分类及属性界定

对货币跨境使用与兑换管制效力这个问题的分析,还需要回到国际收支平衡表的框架下来进行。表3-5为国际货币基金组织新出版的《国际收支手册》(第六版)国际收支平衡表的标准要素组成栏目。

表3-5　　国际收支平衡表主要项目一览表（BPM6）

经常账户	资本账户
1A. 货物及服务	21. 非生产的、非金融的资产的收买与放弃
1Aa. 货物	211. 自然资源
1Ab. 服务	212. 合约、租约及许可证
1Ab1. 制造业相关服务	213. 可交易资产（和声誉）
1Ab2. 维护及修理服务	22. 资本转移
1Ab3. 运输	金融账户
1Ab4. 旅游	31. 直接投资
1Ab5. 建筑	311. 股权及投资基金份额
1Ab6. 保险与养老金服务	312. 债务工具
1Ab7. 金融服务	32. 证券投资
1Ab8. 知识产权使用费	321. 股权及投资基金份额
1Ab9. 通信、计算机及信息服务	322. 债务工具
1Ab10. 其他商业服务	33. 金融衍生品和员工股票期权
1Ab11. 个人、文化及娱乐服务	34. 其他投资
1Ab12. 政府间货物与服务	341. 其他股权类
1B. 初次收益	342. 货币与存款
1B1. 雇员报酬	343. 贷款
1B2. 投资收益	344. 保险、养老金和标准化担保计划
1B3. 其他初次收益	345. 贸易信贷和预付款
1C. 二次收益	346. 其他应收/应付
	347. 特别提款权
	35. 储备资产

表3-5中列示的标准要素栏目清楚地展示了国际交易的性质分类。其中，通常所称的资本账户，实质上只包括了一些具有资本性质的资产的交易内容，而大量的公众熟知的内容，包括直接投资、证券投资以及其他

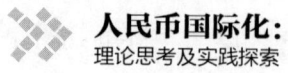

投资等都归入在金融账户栏下。这种公众常用指称与实际内容的差异应当归因于历史,即《国际收支手册》(第五版)以前的版本确实将现今归入金融账户栏下的内容都笼统地归在资本账户栏下。这才导致了目前国际、国内都以资本账户(capital account)来统称资本及金融账户栏下的各类交易。但实际上,从第五版手册到第六版手册的分类是有其科学性的,因为,仔细考察交易背后的国际支付情况,会发现资本账户和金融账户中的国际支付是有着巨大差异的,还真不能混为一谈。

在这里需要厘清一些基础概念性的问题,那就是经常账户、资本账户和金融账户交易下国际支付的资金属性问题。分析经常账户栏下的交易内容,不难发现,用于满足经常账户交易中的国际支付属于"资金所有权的转移",即实体经济通过提供商品、劳务、服务等国际可交易品收到的国际支付款项被认为是"对价支付",属于"银货两清"的概念;而资本账户栏下的交易内容则显示,其背后的国际支付也属于"对价支付",只不过交易标的是具有资本性质的资产商品①,但通过交易实现"买断"从而实现所有权归属的转移是目的,因此交易背后的国际支付所涉及的资金也是"所有权的转移"。再来看金融账户栏下的内容,可以清楚地看出,凡是归类至此的交易涉及的国际支付只是"资金使用权的转移",体现的是金融资产的孳息属性,也就是说在交易中,一方向对方支付的资金只是阶段性出让了资金的使用权,期满结束后,另一方应无条件归还该笔资金再加上在这一时期使用的价格(有偿使用)。因此,与直接投资相关,我们有股本回收和股利的概念;与证券投资相关,我们有本金和债券利息的概念;与其他投资相关,我们也有还本付息的概念。

二、国际支付与货币跨境使用

根据前述《国际货币基金组织协定》相关条款,对于国际支付,成员

---

① 对于资本性质的资产商品涉及的使用权转移而产生的跨境收益,《国际收支手册》将其归入到"经常账户之服务"或"收益"下面。

第三章　货币国际化与资本账户可兑换

国应做到：（1）避免对经常性支付或转移的限制。个别成员国未经国际货币基金组织的同意，不得对国际经常往来的付款和资金实施汇兑管制。（2）不得实施歧视性货币措施或多重汇率措施。（3）兑付外国持有的本国货币。任何一个成员国都有义务购回其他成员国持有的本国货币结存，只需提出兑换的国家能够证明这种结存是由最近的经常性交易所获得，或者这种兑换是为了支付经常性交易所需要的。上述三项关于国际支付的基本要求应当被视为对国际支付的国际规范。

仔细解读这三项规范，可以发现，国际规范中突出强调的是"不对经常性支付或转移构建限制"，至于国际支付采用何种货币进行，上述国际规范是不做限定的。当前国际支付中普遍采用自由可兑换货币进行乃是国际社会基于经济利益考量的"自发选择＋网络效应"等一系列因素造成的。再结合国际收支的概念，我们可以得出以下结论：除了物物交换外，国际支付是以货币为载体开展的，因此货币跨境使用就是国际收支的具体表现。在国家信用货币时代，货币除了在其发行国依靠法律强制流通外，在国际上需要通过与其他货币的竞争来实现其流通，而竞争的实力来自该种货币的品质，包括进入退出成本、收益风险比价、其他各方接受使用程度、交易双方的谈判能力等。

上述三项规范中还有一层意义可以解读为成员国货币的跨境使用是自然现象。因为只要基于交易双方自主选择，成员国有义务满足交易对方国家对经常账户栏下各类交易使用本国货币进行国际支付时的兑换需求。此处的兑换需求来自外国而非本国——兑付外国持有的本国货币。任何一个成员国都有义务购回其他成员国持有的本国货币结存，只需提出兑换的国家能够证明这种结存是由最近（通常为6个月内）的经常性交易所获得，或者这种兑换是为了支付经常性交易所需要的。如果本国货币没有跨境使用在先，何来"外国持有的本国货币"之说？因此，不对经常账户交易的国际支付设限，也就是首先不对本国居民用本国货币进行经常账户交易的国际支付设限，其次是不对外国持有的源自经常账户交易的国际支付的兑

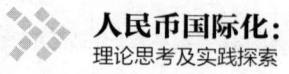

换需求设限。

三、国际支付与兑换管制

兑换管制（exchange control）是指对两种货币之间的兑换行为进行管制的做法。既然发行国本身通过立法规定了本币的流通使用，那么兑换需求主要来自外国，兑换管制的对象应当是外国居民和外国货币对本国货币的兑换行为。《国际货币基金组织协定》明文规定"发行国有义务兑付外国持有的、源自经常性交易的本国货币需求"，兑换管制的设计应当遵循这一规定，因此其作用的领域应当定向于经常账户以外的领域，即资本账户和金融账户交易。这里有一个问题需要考虑，就是本国货币用于经常账户下国际支付后会产生境外持有，而境外持有则进入了金融账户的"货币与存款"领域①。在《国际货币基金组织协定》条款中有"只需提出兑换的国家能够证明这种结存是由最近的经常性交易所获得，或者这种兑换是为了支付经常性交易所需要的"表述，那么如何界定"最近的经常性交易所获得"中的"最近"呢？据国际货币基金组织专家解读，6个月以内仍然可视为经常账户性质。另外，在持有期间还会产生收益（利息等），这部分收益归属于经常账户，本金则仍然属于金融账户。

所以，一个国家的兑换管制应该清晰地界定其作用边界和对象范围，那就是：在维护本币主体地位的原则下，在行为环节上，应针对外国对本国货币的兑换需求而设；在时间节点上，应是产生了本国货币跨境使用后的兑换需求而设。这就与传统模式下针对本国主体设置的外汇管制有了实质性的区别。首先，这一兑换需求来自外国而非本国，本国居民的跨境交易中以使用本币为主，只有当外国不接受本国货币时，才产生兑换后以外币支付的需求。因此，跨境使用中"本币为主、外币为辅"应该是国家设计兑换管制需要遵循的原则。其次，对于外国兑换本币的需求，可以按照

---

① 参见《国际收支手册》（第六版）第三章"会计原则"及相关专栏内容。

《国际货币基金组织协定》的相关规定加以甄别后酌情满足：（1）对于产生自经常性交易的外币兑换本币、以用于国际支付的兑换需求应当给予全额满足，因其属于"对价支付"概念。如果不能满足其兑换需求，则意味着管制介入了商业交易，影响了商业定价。（2）对于外国持有的本国货币产生的兑换需求，可以根据发行国的情形区别对待：对于源自于本国经常性交易支付而导致外国持有本国货币的结存，应直接兑换，因为这些本币本就是对外币支付的替代的结果；对源自于其他国家经常性交易支付（货币国际化后的正常现象）或源自于本国资本及金融账户交易支付而导致外国持有本国货币的结存，可以视国家的外汇储备情况酌情附条件满足其兑换需求。在技术处理上，还可以通过提高本币的资产收益率延缓这部分兑换需求的时间安排。

人民币国际化：
理论思考及实践探索

From RMB to CNY: Some Theoretical
Thinking & Practical Exploration on
Currency Internationalization

第四章

货币国际化与国际金融中心建设

　　从金融全球化的三大路径以及国际收支平衡的客观规律可以看出，本币跨境流动与外币跨境流动对于一个国家来说是有着本质区别的。本币跨境流动意味着本币的国际化，国家以本币为主导参与金融全球化，这会导致境外持有本币，从而使本币金融市场从存款市场开始逐层对外自然开放。然而，基于本币的金融账户对外开放与基于外币的金融账户对外开放，国家各个层级上的风险要小得多，因为这其中没有了币种错配这一全球化带来的最大风险。本章从介绍国际货币的竞争理论着手，从宏观层面

第四章 货币国际化与国际金融中心建设

上考察主要国家货币国际化路径和经验,分析立足本币的金融开放如何帮助国家规避风险,发展中国家基于外币的金融开放又是如何形成风险的,在此基础上讨论我国人民币国际化与本币金融开放(金融国际化)的问题。

第一节 国际货币的消长与竞争理论

有关货币国际化宏观层面的研究主要涉及国际货币的演变和竞争,可以揭示相关制度安排在货币国际化中的决定程度。

关于国际货币史的研究显示,在国际货币的竞争中存在着一个格雷欣法则的悖论,即国际货币的竞争中存在着"良币驱逐劣币"现象。蒙代尔在对国际货币史的研究中指出:"在数千年的历史长河中,强势货币总是在国际竞争中驱逐弱势货币,夺得支配地位。""内在一致、高度稳定、质量优越是伟大货币的共同品质,它们将在竞争中胜出而成为国际性货币。"[1] 因为国际货币的竞争在很大程度上是一个优胜劣汰的自然生存法则下的竞争。

关于国际货币竞争的很多理论研究围绕英镑和美元这两大货币在国际货币领域中的主导权交替兴衰开展,研究方法相对宏观,主要研究学者包括克鲁格曼(Krugman)、特瑞尤斯(Trejos)、莱特(Wright)、艾钦格林(Eichengreen)等。

1979—1980年,克鲁格曼从国际货币体系中两个不同的层面——国际收支结构(structure of payments)和国际汇兑结构(structure of exchange)——来讨论货币的国际化问题。他运用局部均衡的方法建立了一个简单的三国三货币模型并分四步讨论国际媒介货币(vehicle currency)的形成问题,即国家信用货币的国际化过程。该理论模型的框架如下:第一步是假定没有交易成本,三个国家各自与另一个国家之间存在两两间的

---

[1] 罗伯特·蒙代尔. 蒙代尔经济学文集(第六卷)[M]. 北京:中国金融出版社,2003.

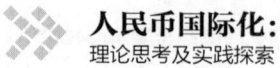

国际收支差额（模型假定这种差额是双边且环链式存在的），需要借助货币汇兑来解决各自之间的不平衡，此时有三种国际汇兑结构：一是全部直接汇兑（各自双边汇兑循环解决差额）；二是局部间接汇兑，即其中一个国家在其国内外汇市场上引入与自己没有直接国际收支关系的国家的货币并借此来清算自己的国际收支差额，而另外两国则维持直接汇兑方式来清算各自之间的差额；三是全部间接汇兑，即三国均选择一种货币来清算各自之间的差额。第二步是引入交易成本来决定国际汇兑的结构。为了忽略国际汇兑结构可能对国际收支结构造成的任何反馈性影响，引入的交易成本假定很小，因此达成的均衡为近似均衡。交易成本为两种货币发生兑换的经纪费（按交易规模的一定比例收取）并假定一种货币的经纪费低于其他两种货币的经纪费。因此，低费用会使这种货币成为人们倾向于选择的媒介货币。第三步是从国际收支结构角度来考察这一交易成本的决定情况。假定交易成本随交易规模递减，因此国际收支规模对国际汇兑的影响非常直接。只有国际收支规模占全球比重较大国家的货币才会因交易费用的降低而被选为国际汇兑媒介；如果一个国家的国际收支在全球占绝对优势地位，则所有其他国家之间的交易都会采用间接汇兑方法清算。第四步是讨论国际汇兑结构的动态情况。由于交易媒介货币的选择过程中存在几种可能的均衡（直接汇兑、部分间接汇兑、全部间接汇兑），有必要通过动态分析来确定究竟何种均衡会最终胜出。克鲁格曼采用了对非均衡向均衡的动态调整过程的分析来推导并假定交易成本不确定，是由人们主观判断的。这些主观判断的交易成本将随着时间的推移而逐步拉近与实际交易成本之间的差距。这一动态分析发现了国际货币决定的两个特点：一是国际货币体系存在杠杆倾覆现象，即人们在比较各市场交易成本后所做的动态货币选择决定将使一个国家的国际收支规模在达到一个关键点之后导致国际汇兑结构上的一个突变（该国货币成为国际媒介货币）；二是短暂性事件可能导致永久性变化，即如果一国暂时在全球国际收支中取得了主导性地位并且其货币被作为一种国际媒介货币，那么该货币仍有可能在该国

第四章 货币国际化与国际金融中心建设

的重要商业地位下降后仍被作为国际媒介货币。

艾钦格林通过对英镑和美元在 19~20 世纪对世界货币地位的竞争中交替消长的实证研究揭示了国际货币竞争的格局，也探讨了有关国际货币竞争的相关理论。他认为，19 世纪到 20 世纪初，英镑之所以能在世界货币体系中担当国际储备货币之职，与其当时作为世界最大贸易国有关。1860 年英国吸纳了全球 30% 的出口，1890 年时仍占 20%。英国是当时制成品和服务的主要出口国，同时也是粮食和原材料的主要消费国。这一格局导致 1860—1914 年约 60% 的世界贸易以英镑计价成交。进口的增长以及这些商品的再出口带动了商品交易所的发展，而这些商品交易所又都以英镑进行报价（即期和远期）。同样地，在资本金融交易领域，因英国是当时全球唯一、最重要的长期海外投资国，故此也沿循了英镑为计价货币的路径。此外，英国的帝国势力也强化了英镑的地位。自 18 世纪初起，英国就有意识地鼓励在帝国势力范围内采用英镑以简化和规范交易并努力维持英镑对黄金的可兑换性。这些做法进一步加强了伦敦市场的流动性，使之成为外国央行和政府持有生息资产的首选地。可以说，一战以前美元很少被用于国际贸易的结算。

一战期间及以后，欧洲许多国家（德国、法国以及英国等）相继放弃了对黄金的可兑换或限制黄金的出口以及熔铸，美国则一直坚持对黄金的可兑换。1914 年，美国引导纽约的银行创设了一个黄金池以对国际收支结算提供融资，虽然战争开始后美国也曾设置了一些官僚障碍弱化私营部门的黄金出口，但美国国际收支的实力使得美国得以维持美元对黄金的可兑换。同时，1914 年美国联邦储备体系的建立增强了纽约市场的流动性并提升了其作为国际金融中心的吸引力。这使得美元在全球贸易和国际借贷中的份额得到明显提升，从而也扩大了美元在私营部门的国际贸易中作为记账货币和支付工具的份额。艾钦格林等认为在两次世界大战期间，美元的国际货币地位逐渐上升，超越了法国法郎和德国马克并分享了英镑的国际储备货币地位。20 世纪后半叶，美元份额迅速蹿升到了占全球外汇

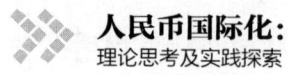 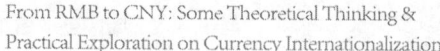

储备的85%。战后美元之所以崛起为国际储备货币,除了上述成立美联储推动市场流动性和做深市场的一系列举措外,与当时世界主要国家限制其货币国际化有关,如德国认为马克的国际化将威胁其对通货膨胀的控制,日本认为日元国际化与其国内信贷体系不相容,法国政府也认为允许外国私人资本的流动与政府保持货币稳定的承诺不相容。这些考虑使得那些有望与美元竞争成为储备货币的国家货币在战后到20世纪80年代一直维持着资本管制,而管制无疑限制了这些国家证券市场的流动性,使其无法开放给外国中央银行开展储备资产的管理,由此也造成了美元"一币独大"的格局。

通过观察历史,艾钦格林认为国际货币地位的形成中,货币发行国国际收支平衡表会发生重要变化。流动负债的积累对储备货币国来说是这个国家成就国际金融中心地位的必然结果。这对战前的英国是如此,对现在的美国也是如此,因为这些国家通过"借短放长"在扮演着"世界银行家"(banker to the world)的角色。

Gerald P. Dwyer Jr. 和 James R. Lothian 通过对中世纪以来国际货币更替的比较研究[1],发现早期国际货币具有以下四个共同点:(1)具有高度一致的价值(high unitary value);(2)在其全盛期呈现内在稳定性(intrinsic stability);(3)均由实力强大的经济体发行并活跃于国际贸易;(4)自然进化而成,而非人为设计,正如哈耶克的术语"是人类活动而非人类设计的结果(the result of human action and not of human design)[2]"。他们认为,近现代的三种国际货币——荷兰盾、英镑以及美元都毫无例外地由在当时国际金融领域占主导地位并拥有相对自由市场的国家发行。Cohen(1971,1998)将金融这一因素分解为两个方面:一是汇兑便利

---

[1] GERALD P DWYER JR, JAMES R LOTHIAN. International Money and Common Currencies in Historical Perspective [J]. Federal Reserve Bank of Atlanta, Working Paper, 2007: 7.

[2] HAYEK, FRIEDRICH A. The Result of Human Action not of Human Design [M]. In Friedrich A Hayek (ed.) Studies in Philosophy, Politics, Economics, and the History of Ideas. Chicago: University of Chicago Press, 1967.

(exchange convenience),二是资本确性(capital certainty)。George S. Tavlas(1998)也认为国际货币的发行国应当拥有高度自由的金融市场,这些金融市场具有众多的各类金融工具(广度)和高度发达的二级市场(深度);除此之外,发行国还必须在政治上稳定,在军事上强大。

2007年3月,美国克利夫兰联邦储备银行行长桑德拉·皮亚那托(Sandra Pianalto)在题为《国家货币的国际化》(*The Internationalization of National Currencies*)的讲话中对国际储备货币的特征以及货币竞争进行了精辟的分析。他认为国际储备货币必须具备三个重要的特征:一是该货币被广泛地用于国际交易,二是该货币必须有一个深厚的、开放的金融市场为基石,三是人们必须对该种货币购买力的长期稳定有信心。一个国家在国际贸易中的作用越大,对于其他国家来说用该国货币进行国际收支结算就越有成本优势,而这又取决于该货币能否满足拥有一个安全的金融市场、交易量大且资本管制最少等条件。全球化的一个结果就是任何货币都有可能被替代,如果政策制定者允许其货币的购买力恶化的话。因此,国际货币的竞争归根结底是各个国家的中央银行以及它们的政府间的竞争。

2011年版的《国际货币基金组织协定》中,虽然没有关于国际货币条件的直接表述,但第四条款"关于汇兑安排的义务"中描述"成员国的一般义务"时,有以下四个方面的要求:(1)努力使各自的经济和金融政策实现在保持合理价格稳定的情况下促进有序经济增长这个目标,同时适当顾及自身国情;(2)努力创造有序的经济和金融条件以及不致经常造成动荡的货币制度,以此促进稳定;(3)避免操纵汇率或国际货币制度来阻碍国际收支的有效调整或取得对其他成员国不公平的竞争优势;(4)实行同本款各项保证相一致的汇兑政策。这四个方面的要求作为成员国对汇兑安排的义务来表述,隐含着其货币用于国际支付时应当遵循"国际货币制度的根本宗旨是提供一个促进国与国之间货物、服务和资本的交换以及保持经济健康增长的框架,且主要目标之一是确保金融和经济稳定所必要的有序基础条件得以持续发展。"

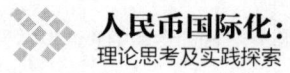
人民币国际化：理论思考及实践探索
From RMB to CNY: Some Theoretical Thinking & Practical Exploration on Currency Internationalization

第二节 货币的国际化路径与离岸金融市场的发展

以黄金、白银为代表的贵金属货币退出国际货币体系后，国家信用货币时代开启。考察现行国际货币的演进过程，可以发现货币在其职能上存在递进发展的路径：国家信用货币首先在发行国执行价值尺度、流通手段、贮藏手段、支付手段四大职能；随着发行国政治、经济、军事等综合实力的强盛，货币的上述四大职能将从国内向国际延伸，从而发展成为世界货币；在履行世界货币的职能时，一国信用货币将经历结算货币—交易货币—国际储备货币的演进过程。在国家信用货币主导的国际经济金融环境下，一国货币参与国际货币竞争并成为国际货币需要有实体经济的微观基础和国家制度安排的宏观基础。实体经济对本国货币作为国际贸易结算货币的选择是一国货币国际化进程的启端；之后将出现一国货币的境外持有，从而形成货币的境外债权（债务）。这一境外债权（债务）的出现将导致对货币的国际交易的需求以及资产保值增值的需求，由此带动发行国货币在国际上职能的递进发展。因本书第二章在讨论发行国实体经济发展对货币国际化的影响时已经对主要国际货币基于实体经济的国际化路径发展有所介绍，此处不再展开讨论这一层面的问题。本节重点讨论货币国际化路径与离岸金融市场发展之间的关系。

一、离岸金融市场的出现是货币国际化的必然产物

从历史发展的角度来看，无论是英国、美国还是德国和日本，有无兑换管制并不影响其本国货币职能的国际发展。但在美元国际化和日元国际化过程中，可以发现逐渐地产生了一个游离于本土本币市场以外的一个强大的离岸本币金融市场。考察这些离岸本币金融市场的成因有助于我们更好地理解货币国际化的路径问题。

(一) 欧洲美元市场与美元国际化

1957年2月28日,随着苏联将80万美元存款从美国的银行转移到在英国注册的莫斯科纳罗德尼银行(Narodny Bank),欧洲美元市场开始出现[①],并为随后出现的LIBOR美元报价奠定了市场基础。LIBOR报价体系形成于20世纪60年代,初期只是英镑的一种同业报价体系。当时在美国货币市场上,产品的定价基准是美国的短期国债。3个月期的美国国债收益率被广泛地用于套期保值等金融市场产品的定价。70年代,在冷战思维以及美国严格的金融管制作用下,大量石油美元以及社会主义阵营的美元财富转移到欧洲并在伦敦形成了一个庞大的美元离岸金融中心——欧洲美元市场。这一市场的迅速发展使得其在规模上超过了美国本土的金融市场。根据国际清算银行1980年的一篇研究报告[②],欧洲美元市场自20世纪60年代中期开始出现,到70年代后期获得了迅猛发展,欧洲美元市场上的总债权已经超过美国本土的信贷市场总额,参见图4-1。

(二) 欧洲日元市场、日本离岸市场及日元国际化

日元的国际化启动早于其经常账户和资本账户可兑换。虽然1964年日本实现了日元经常账户可兑换,但一直维持着对资本账户的管制,日元在日本的进出口贸易中却已经开始被采用。图4-2显示了日元在日本国际贸易中的使用情况。

从图4-2中的数据可以发现,日元在日本国际贸易中的使用占比由1970年的不到1%逐渐上升,目前出口中使用日元结算的仍在40%左右,进口方面则在20%左右。日本国际贸易中出口采用日元的比率高于进口,意味着日本从海外收取的日元大于支付的日元。这从另一方面佐证了存在着庞大的日元国际交易市场的事实。日本境内主体出口收取日元将导致其境外贸易对手产生风险对冲管理以及套期保值需要,从而带动日元国际借

---

① ADAM SMITH. Paper Money [M]. London, Macdonald & Co. 1982: 122.
② WARREN D MCCLAM. US Monetary Aggregates, Income Velocity and the Euro – Dollar Market [R]. BIS Economic Papers No. 2, April 1980.

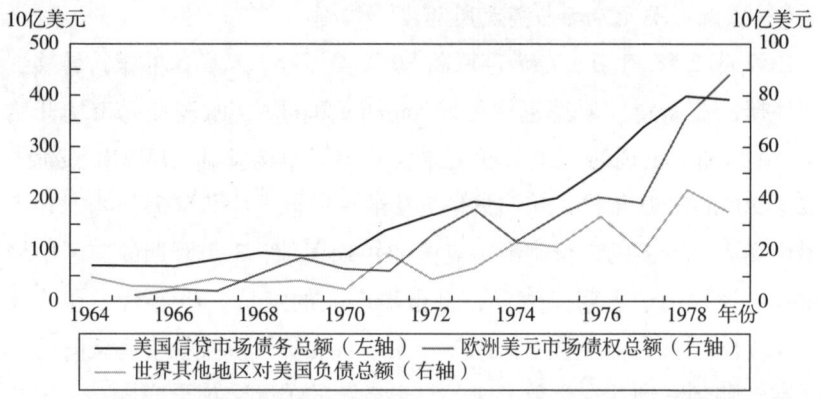

资料来源：WARREN D MCCLAM. US Monetary Aggregates, Income Velocity and the Euro - Dollar Market [R]. BIS Economic Papers No. 2, April 1980.

图 4-1　20 世纪 60~70 年代美元在岸融资与离岸融资年度变化情况

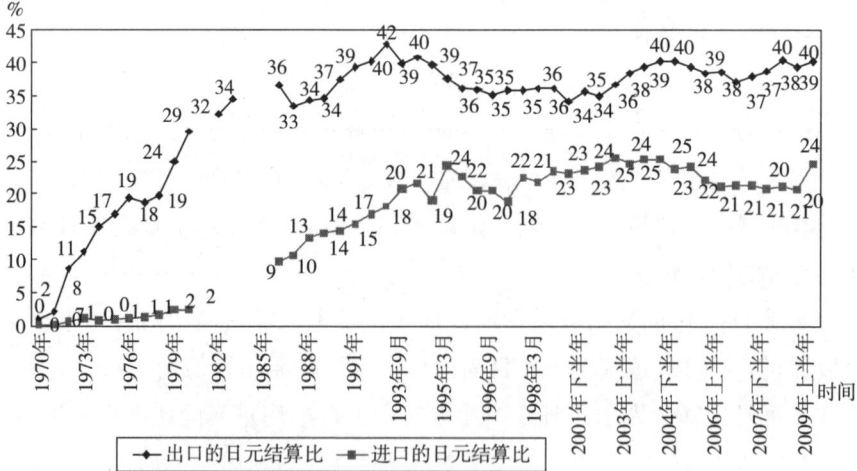

注：（1）比率为金额比率；（2）依据贸易统计记载的数据中，判断为贸易交易货币的数据制作；（3）图内空白的部分是由于该数据并未公开。

资料来源：株式会社野村资本市场研究所依据财务省财务综合研究所《昭和财政史》、2003 年 1 月 23 日财务省"日元的国际化推进研究会"主席的总结制成。

图 4-2　日本国际贸易中日元使用的比率

贷业务的发展以及日元外汇市场交易包括衍生品交易的发展。国际清算银行连续五次开展的三年一期央行联合调查资料显示，自 1995 年开始，在全球日均外汇交易量中日元在本土完成的外汇交易及外汇衍生品交易不到 40%，说明大部分日元外汇交易及外汇衍生品交易是在日本以外完成的。日元利率衍生品交易中，日本本土完成的交易量相对较高，但除了 1998 年，其余年份也是国际占比高于日本本土占比，详见表 4-1。

表 4-1　　　　日元金融市场占比情况（部分指标）

指标（年份）	全球交易量（日平均交易，折百万美元）	日本交易量（日平均交易，折百万美元）	境外交易量（日平均交易，折百万美元）	本土占比（%）	国际占比（%）
日元外汇交易量					
1995	371375	130810	240565	35.22	64.78
1998	407194	124045	283149	30.46	69.54
2001	369567	109708	259859	29.69	70.31
2004	483695	139632	344063	28.87	71.13
2007	679775	169574	510201	24.95	75.05
日元外汇衍生品交易量					
1995	247972	93730	154242	37.80	62.20
1998	270372	77040	193332	28.49	71.51
2001	265701	85529	180172	32.19	67.81
2004	365265	110397	254868	30.22	69.78
2007	475966	104096	371870	21.87	78.13
单一货币利率衍生品交易量					
1995	53937	22809	31128	42.29	57.71
1998	36695	25659	11036	69.93	30.07
2001	38318	12600	25718	32.88	67.12
2004	60630	26630	34000	43.92	56.08
2007	179052	68368	110684	38.18	61.82

注：根据 BIS 资料整理。

这从某种程度上说明了日本金融市场存在空心化问题，因为大量的日元外汇及日元利率交易并未发生在日本本土，而是发生在其他地区。这一点还可以从日本证券市场的发展情况得到印证。

日元国际化时期日本仍然维持对日元的管制，日元被用于国际贸易结算后境外持有的日元无法进入（回流）日本金融市场获取收益，因此形成了一批境外持有却存放在日本境内银行账户上的日元头寸。日本长期贸易顺差给日元带来持续升值压力，这些境外投资者又不想退出日元，因此20世纪80年代初期形成了欧洲日元市场。这个市场上的金融服务提供商主要是日资银行的海外分支机构，资金来源于套利交易者通过货币掉期或买卖所得，以及石油输出国组织（OPEC）、东盟（ASEAN）、北欧等国家机构、民间企业的存款。欧洲日元资金的主要用途除了满足银行间的套利或买卖交易外，还有对日本的日元结算进口、三国间贸易、一般运营资金的筹措等。

图4-3显示了在日元资金市场上境内外市场间的资金流动情况。

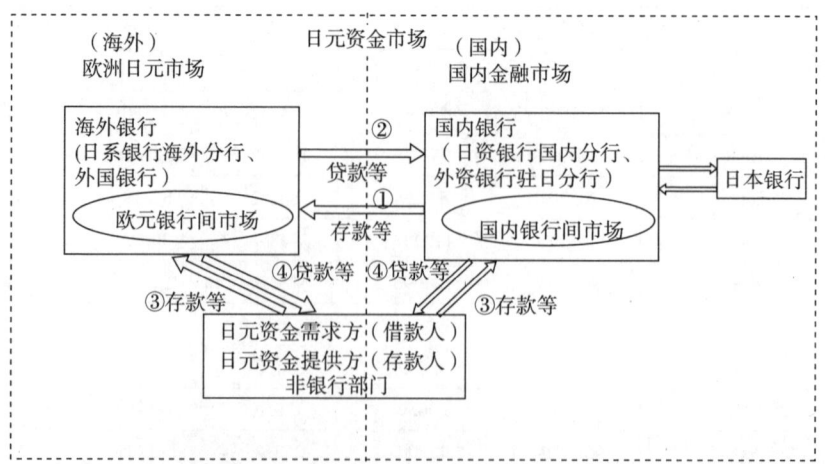

注：序号代表的内容如下：①欧洲日元存款等；②欧洲日元贷款等；③国内的存款（居住者存款、非居住者存款）等；④国内的贷款（对居住者贷款、对非居住者贷款）等。

图4-3 日元资金市场运行

由于国际货币清算规律的作用,尽管日本实施了严格的监管制度,如限制非居民日元向日本境内的投资性回流,但仍然无法阻隔境外的欧洲日元市场与国内市场间的资金交易,反倒是境外日元市场在没有任何管制的环境下得到了极大的发展机会(日本方面设置的对欧洲日元的管制只能作用于日本居民或其居民的海外机构,无法作用于境外的主体),从而导致境外主体和境内主体的需求一致流向欧洲日元市场去融资(发行欧洲日元债券等)、去交易。

为了应对金融发展机会的流失,推进日元国际化并将东京建设成为国际金融中心,日本于1986年12月建立了被称为JOM(Japan Offshore Market)的离岸金融市场,以服务非居民为主要目的(吸收非居民存款,发放非居民贷款)。虽然与国内金融市场相分离,但东京离岸金融市场在金融制度、税收制度以及外汇管理上的制约相对较少。东京离岸金融市场的设立将部分的欧洲日元市场交易拉到了日本,但由于实行严格的隔离制度,东京离岸金融市场的资产供给显然不足,资产种类以贷款为主,大量的交易仍然集中在套利交易上(这与日元的长期低利率有关)。

从对部分年度的实际情况考察来看,东京离岸金融市场业务中日元是主要货币,占比为60%~70%。除了非居民外,居民也持有离岸账户资产。图4-4为根据日本财务省的统计采集的东京离岸账户1996—2009年的年末资产余额构成情况。

从币种结构看,日本本土的离岸金融市场上,除了创建初期日元资产较高并在1998年到达顶峰外,其余年份都呈现逐步下降的态势,说明在本土的本币离岸金融业务发展并不理想。

从资产持有者结构来看,日本本土的离岸金融市场上的资产主要由非居民持有,日本居民参与离岸金融市场并购买离岸金融资产的较少。这可能与东京离岸金融市场为内外隔离型市场有关。图4-6对东京离岸金融市场上资产类型结构的分析显示大量资产集中在行内往来上,说明该离岸市场的运行中缺乏资产的供给,这与离岸市场的隔离型运行定位有关,日

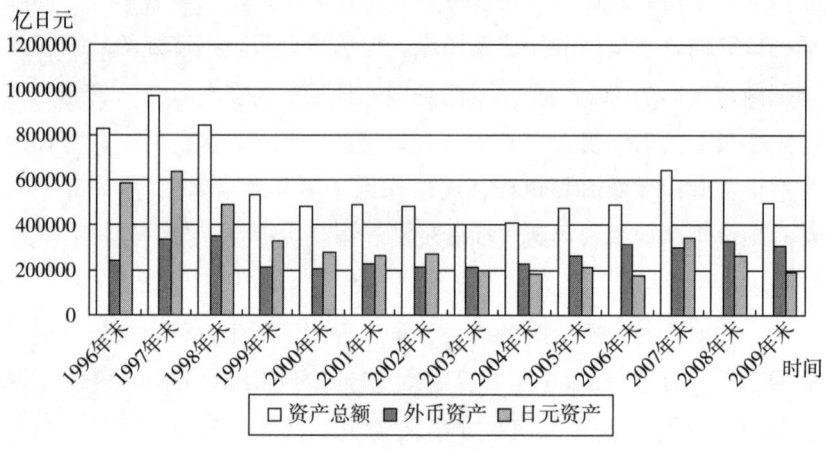

图4-4 东京离岸金融市场资产结构

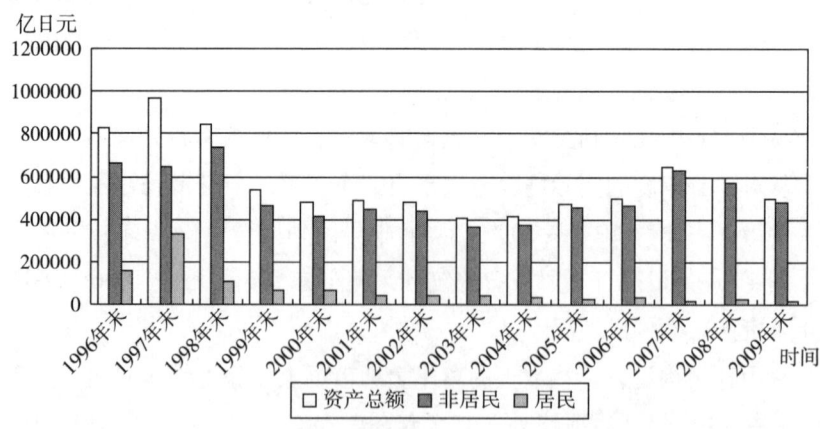

图4-5 东京离岸金融市场资产持有者结构

本大量的在岸日元资产无法为走向境外的日元，哪怕是就在本土运行的离岸市场提供支持，银行吸收的离岸存款只能通过上存总行的方式来提供资产。这也导致了该市场后期运行中的逐步萎缩。

与此同时，日本境内金融市场因限制外资（包括本币外资）的进入而缺乏竞争压力，政策导向上支持大银行而抑制证券融资的发展，导致证券

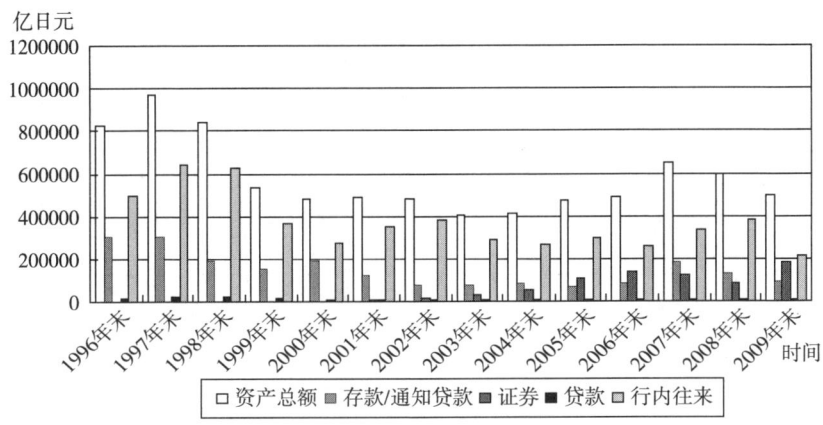

图4-6 东京离岸金融市场资产类型结构

融资程序烦琐且成本高昂①,企业融资需求无法得到满足,许多大企业纷纷寻求海外市场融资。当时的欧洲日元市场上债券的发行者有很多就是日本的企业或企业的海外分支机构。日本政府的相关统计显示日本企业在20世纪80年代期间曾大量通过境外发行债券筹资。

与境内企业大量赴境外发债融资的同时,境外企业对日本市场的兴趣也因日本对金融市场的过度保护以及高成本、复杂程序而下降,作为境外企业在日本发债融资标杆的武士债很少有人问津。

图4-8为外国在日本发行的武士债以及同期非居民发行的欧洲日元债情况,可以很好地说明日本本土金融市场的发展落后于海外欧洲日元市场的发展。

综上所述,日本自1964年实现经常账户可兑换后,日元并未因其资本账户尚有管制而未被国际社会接受。相反地;在日元不断升值的趋势

---

① 日本对证券市场的限制包括:(1)商法上对公司债发行额度的限制(1990年的净资产一体化,于1993年废除);(2)承销·委托业务的进场规定;(3)对商品性的规定(不能发行变动利率债、零息债券、连动式债券、居住者外币债券等);(4)起债标准的限制;(5)手续费体系"卡特尔";(6)证券公司外汇业务上的限制等。

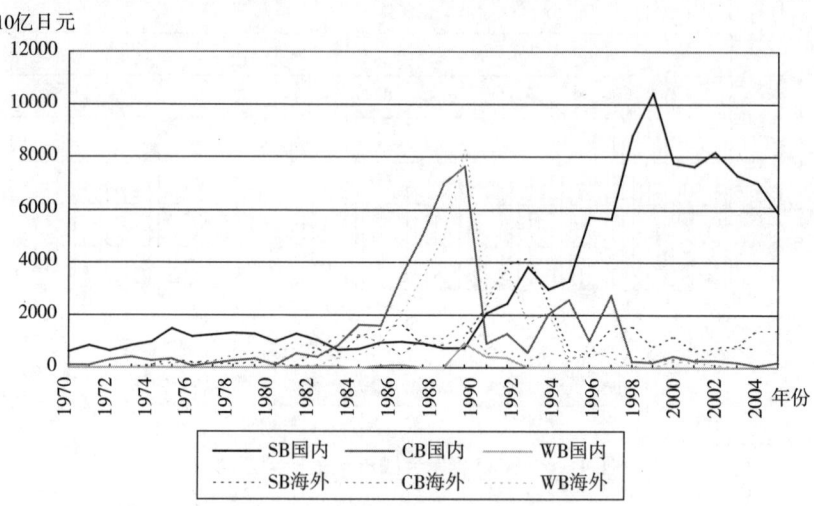

注：(1) SB：直接债券。(2) CB：可转换债券。(3) WB：附股权认购证债券。
数据来源：根据日本政府部门统计数据整理。

图 4-7 日本企业债券发行情况

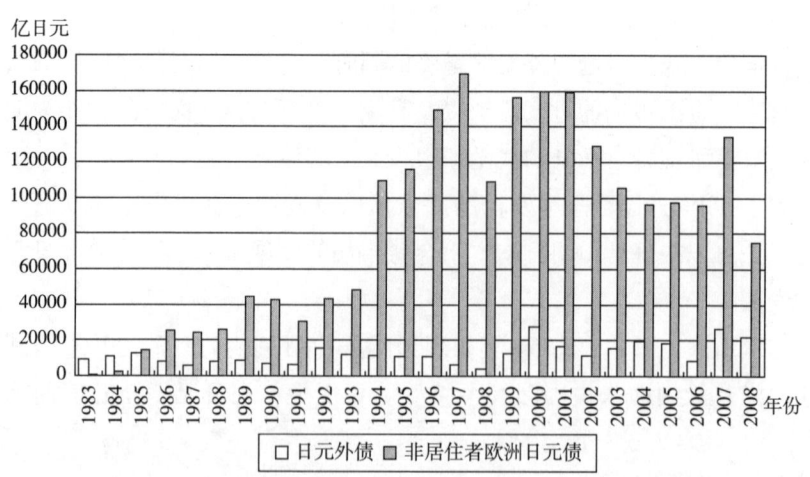

注：2008 年数值为 8 月的数值。
资料来源：根据日本财务省资料整理。

图 4-8 日元债券发行情况

下，日本与外部的进出口贸易更多地采用日元结算，由此导致境外持有日元的增多并形成了欧洲日元市场，但境内日元市场对外的封闭切断了对流向海外的日元的资产支持，导致境外日元没有很好的投资渠道而不能成为一种好的资产货币。这使得国际结算中出现日本企业收日元多而付日元少的情况（日元用于出口结算大于进口结算）。虽然日元一直实行低利率政策，使得日元融资成本相对较低，但这一比较优势并未能促进东京金融市场的发展，因为过度的管制加大了日元本土筹资的成本，导致对日元的融资需求转向欧洲日元市场，并最终造成了日本国内金融市场的空洞化。这一点也在本书附章的模型检验中得到了印证。

二、离岸金融市场对货币定价权的影响

这里的货币定价权是指一个国家商业金融服务中普遍采用的资金定价基准。因此，货币的定价权一般是指一个货币的利率决定。通常而言，货币的定价权由该货币发行国的央行主导，央行的目标利率是市场利率运行的基础，这是因为传统上，利率的主要使用者——商业银行需要从央行获取资金。但在金融市场日益发展壮大、通过市场直接融资的份额逐渐超过银行间接融资份额的情况下，市场会产生一个更贴近融资提供方和需求方实际的利率。同时，由于中央银行不涉及商业性融资业务，其目标利率一般为短期资金利率，对于需要根据实体经济的经营需求提供多期限档次融资服务的商业银行而言，其参考作用也相对较低。在这双重因素的作用下，货币定价权（资金定价基准）开始由央行向市场转移。在货币走向国际并衍生出庞大的离岸市场后，货币定价权存在外移的可能。下文为美元定价权外移的过程分析。

因为脱离了美国的管制，伦敦产生了以商业银行报价形成的美元市场利率即LIBOR美元利率。据英国银行家协会的介绍，LIBOR由若干评级为AA的商业银行报价而成，反映的是这类银行愿意在市场上互相拆借获取资金时的成本水平。由于该利率更贴近市场，因此被商业银行广泛地使

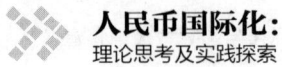

用在日常的金融产品定价中。根据罗伯特·N.麦考利的定价基准倾侧（benchmark tipping）理论，市场在对定价基准的选择上存在着一个逐渐倾侧的过程（tipping process），就好比在一个杠杆的两端，市场参与者会出于对自身有利的考虑先选择一端，然而再随着其他市场参与者越来越多地加入另一端而逐渐也滑向另一端，由此造成整个市场对定价基准的选择过程类似于一个逐渐的倾侧过程。尽管美国后来也放松了管制，国内市场也得到了发展，但美元定价基准就在这一倾侧过程中移向了LIBOR，最终导致了美元定价权的外移。究其原因，两个主要因素导致了这个结果：一是监管。本国的法律只能作用于本国主体，美元在美国本土的活动受到美国金融管制的影响，一旦离开美国市场则更多地受当地管制的影响。因此，境外美元的发展脱离了美国金融管制的范围，而当时的伦敦又不对美元的活动进行管制，因其不是本国货币，属于离岸金融业务。二是本土金融市场发展的滞后让境外市场抢得了发展先机。美元在本土的发展侧重于国债市场，金融债、公司债等更能反映商业活动情况的债券市场在当时还未得到很好的发展，因此，银行在制定商业金融产品的报价时能够参照的主要是国债收益率曲线，而国债属于金边债券，通常反映的是国家信誉，一般的商业金融业务是无法与国债信誉媲美的，因此LIBOR美元报价一经形成就受到了美国商业银行的欢迎，因为它更贴近银行的融资成本线，在此基础上定价更便利，商业银行只要在LIBOR基础上根据客户的风险情况以及利润加成等因素直接定价就可以，如3个月LIBOR+××个基点的贷款利率就是最常用的美元商业金融价格。

美元定价权外移对美元国际化起到了很大作用，它使全球美元使用者能够获得一个独立于美国的美元定价基准，然而对于美国本身而言却存在不利之处，主要表现在：一是定价权外移对美国消费者不利。美元是一种由国家信用货币发展而成的国际货币，其他国家的人可以在使用美元和本国法币之间选择，但对于美国人而言，美元是其法币，因此全球只有美国人是唯一使用美元的群体，美元由美国发行，美国人用美元金融产品时却要定价在一个并不由美国市场供求决定的利率基准上,而参与决定该利率基准的 16 家商业银行中只有 3 家是美资金融机构,因此所定价格并不能很好地反映美元的供求情况,尤其是在危机时期。二是对美联储货币政策调控和危机干预不利。由于美元的广泛流通,美联储货币政策调控以及危机干预的主要工具是对美元的价格干预,即对联邦基金利率、再贴现率等的操作。这些干预措施通过作用于本国金融体系来向实体经济传导。然而,由于美国境内的商业金融活动定价于伦敦的 LIBOR,但 LIBOR 报价中只有 3 家是美资金融机构,因此美联储的一系列危机干预措施需要通过影响伦敦市场的价格基准才能传导到美国本土市场。在 2008 年国际金融危机中,美国的所有房贷定价于各档期的 LIBOR,在危机初期,美联储多次降低联邦基金利率并向本国银行系统注入流动性,但 LIBOR 却没有作出应有的反应,因为 16 家报价行中的 10 家在欧洲(包括英国),这些银行陷身于危机之中却又得不到美联储的流动性注入。路透报价系统显示,危机期间 LIBOR 与纽约市场上的联邦基金有效利率之间的点差一度从 10 个基点扩大至 75～90 个基点,而且对美联储的危机干预反应非常迟钝。因此,我们才看到了后来一次接一次的跨大西洋央行联手干预行动,因为美联储需要通过其他国家央行之手向境外金融机构提供美元流动性,才能影响对美国借款人来说至关重要的 LIBOR 水平。

由此可见,在货币国际化过程中,虽然受国际货币结(清)算规则的影响,所有境外持有的本币都存放在本国银行体系内,但由于金融服务的提供方式——跨境提供以及境外消费等的作用,境外极易形成一个本币的离岸金融市场。这个境外市场属于发行国管不了(因其不在法权范围内)而境外又不太或不想管(因其不是本国货币)的情形,所以会得到极大的发展机会,从而形成有一定流动性支持的货币价格基准。一旦这一基准被接受为国际商业金融的定价基准,则该货币发行国的定价权就开始外移了;待国际商业金融定价逐渐影响到跨境商业金融定价并最终影响到境内商业金融定价,则该货币的市场定价权就外移了。这应该是货币国际化过程中最大的风险。

关于货币定价权问题，有不少似是而非的观点容易引起混淆。许多学者会把货币定价权用到汇率上。不得不说这是一个非常错误的、违反常识的观点。汇率是两种货币的比价，既然涉及两个主权信用货币，就不存在一国单方面定价的问题。如果一国将汇率纳入货币定价权概念来考虑，只能引发汇率竞争或外交纠纷。

第三节　发展中国家金融开放的谶语

1971—1973年，美元与黄金脱钩，主要发达国家采取了货币浮动汇率制。自此，全球进入浮动汇率时代。梳理历次金融危机的发生过程，不难发现，在浮动汇率时代，发展中国家出现的历次金融危机几乎都与货币危机有关，而发达国家发生的金融危机则多为经济危机，较少发生货币危机。这种现象毫无疑问与货币有关。在第三章第二节金融全球化路径的分析中，我们知道金融全球化是通过直接投资、证券投资以及其他投资三条路径实现的，而全球资本的运动方向是产业资本（以直接投资为主要形式）大多从发达国家流向发展中国家；证券资本大多发生在发达国家间或发展中国家以外汇储备的形式流向发达的国际货币发行国家；债务性资本的流动则也大多体现为从发达国家流向发展中国家的格局。因此，发展中及欠发达国家并非游离于金融全球化之外，而是以产业资本和借贷资本的接受者身份参与了金融全球化，角色相对被动而已。虽然资本富裕的发达国家间也发生互相的资本流动，但总体来看，上述资本流动的格局是主要的。

对发达国家而言，由于其发行的货币可以用于国际支付和清偿，因此采用本国货币对外投资或提供贷款，回收时也以本国货币发生；无论本国货币升（贬）值与否，对其资产负债表的影响是没有的；同时，以本国资本市场产品（本币计价）来吸收外国的储备投资，相当于将对外国持有的本币存款开放本国的金融市场投资，也没有货币敞口的风险。

对发展中国家而言，自身金融体系的不完善，导致本国货币以及支撑本国货币的金融资本市场欠发达，本国货币的国际偿付能力低而不被国际接受为支付结算货币，因此发展中国家在参与金融全球化的过程中只能接受他国货币（主要国际货币）作为支付结算货币，这些外币进入发展中国家后就需要兑换成本国货币进行本地生产要素的采购。通过这一兑换过程（有些发展中国家会允许外国货币直接参与本国经济活动的支付结算），外国货币通常进入官方的资产负债表而成为发展中国家的外汇储备，以备用于国际采购（包括对外支付利息、股利等）。所以，对发展中国家和欠发达国家而言，从境外接收到的资金和需要向外部支付的资金都为外币，本币只能用于境内的支付结算。在这种结算货币架构下，境外资金流入越多，其实导致的本国货币发行也就越多，而外资一旦撤离或偿还，就会造成本国货币的收缩和储备的减少。这一过程相当于把本国货币的发行与外资的流动挂钩。在没有外汇管制的情况下，外币资金可以随意进出并与本币兑换；在有外汇管制的情况下，外币资金流动受到相应的约束，与本币的兑换也不能随意发生。但为了保持信用，发展中国家通常会选择满足支付要求，除非万不得已。当大量支付发生时，本币被大量抛售以兑换为外币，货币危机就此发生，通常以本币大幅度贬值为典型现象。发生在拉美、亚洲的金融危机无一例外地揭示了发展中国家货币危机的因由，也再次证实了发展中国家以外币主导金融开放的悲剧。

一、拉美金融危机

实行浮动汇率制以来，拉美国家经历多次金融危机，成为危机高发地区。

1. 1982年拉美债务危机。根据经济学家罗伯特·弗兰克夫的观察，拉美国家主要包括巴西、墨西哥、委内瑞拉、阿根廷、智利等，在20世纪70年代通过大量举借外债加入了金融全球化，特别是阿根廷、智利和

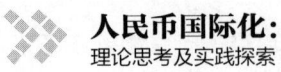

乌拉圭，大量外资的流入推高了这些国家的负债率水平。

1982年8月，时任墨西哥财长的席尔瓦·埃尔索格向美国政府和国际货币基金组织通报："墨西哥几乎耗尽全部外汇储备，再也无力偿还到期的债务本息。"随后，拉美各国的金融危机先后爆发，并在国际货币基金组织和债权国的协调下进行了债务重组处理。

2. 1994年底至1995年初的墨西哥金融危机。20世纪90年代初，拉美重新参与到金融全球化进程，尽管这次外资的流入更多地体现为长期投资，但还是因大规模资本外流导致外汇储备耗尽而中断。

1994年12月19日，墨西哥发生武装暴动，外资大量抽逃对墨西哥币值造成压力，政府宣布新比索贬值15.3%，索罗斯等投机者趁火打劫甩卖比索，墨西哥政府两天内消耗了约50亿美元的外汇储备，不得不宣布比索自由浮动，7天时间新比索贬值幅度超过44%。危机的主因是经常账户长期逆差引发的外汇大量外流。

3. 1999年巴西金融动荡。20世纪90年代末的巴西金融动荡无疑又是一次对外债务危机造成的。1999年1月6日，巴西米纳斯吉拉斯州宣布91天内暂不偿还欠联邦政府的154亿美元债务，也无力支付2月10日到期的由该州发行的月1.08亿美元的欧洲债券。13日，巴西央行宣布调整汇率政策，放弃长达52年之久的"雷亚尔计划"，雷亚尔当即贬值约85%。

4. 2001年底阿根廷债务危机。从1999年起阿根廷经济连续四年衰退，国内财政金融形势恶化。2001年12月1日，阿根廷政府宣布从12月3日起限制提款，限制向国外转移资金。12月23日阿根廷政府宣布停止支付1320亿美元的债务。2002年1月6日，政府宣布放弃1比索兑1美元的固定汇率制，银行存款和政府债务按规定汇率被强制比索化。

对于拉美地区四次金融危机，学者们大多归因于这些国家在宏观管理上的不慎，主要包括四个因素：一是经济发展模式有问题，二是僵化的固定汇率制度，三是巨额的外债和财政赤字，四是社会矛盾和政治动荡。然而，一个非常重要的货币因素却被忽略了，那就是这些国家参与金融全球化的过程中本币都没有发挥作用，而是大量的涉外经济活动都依赖外币计价结算。所以，外币在进入的过程中大量地兑换为本国货币，造成了繁荣的虚高，同时也构成了用外汇收入来偿还的压力；危机中外资的大量撤离也需要通过本币兑换为外币的过程，使得这些国家的外汇储备不堪一击。最后，国家在危机干预中，也只能通过耗竭外汇储备（还是外币）来进行并都以失败告终。拉美金融危机无疑说明了发展中国家以外币参与金融全球化（金融开放）的失败。

二、亚洲金融危机

20世纪90年代末爆发的亚洲金融危机从另一个地区演绎了发展中国家金融开放的失败。

1997年7月2日，泰国宣布放弃固定汇率制，实行浮动汇率制，引发了一场遍及东南亚的金融危机。当天，泰铢兑换美元的汇率下降了17%，在泰铢的影响下，菲律宾比索、印度尼西亚盾和马来西亚林吉特相继遭遇贬值。10月下旬，国际炒家将投机矛头指向香港联系汇率制度。台湾地区新台币汇率一天贬值3.46%，加大了对港元和香港股市的压力。10月23日起，香港恒生指数出现持续性大跌，直到香港金融管理局出手干预。11月中旬，东亚的韩国也爆发金融危机；17日，韩元对美元的汇率跌至创纪录的1008:1。12月13日，韩元对美元的汇率又降至1737.60:1。韩元危机也冲击了在韩国有大量投资的日本金融业。1997年下半年日本的一系列银行和证券公司相继破产。于是，东南亚金融危机演变为亚洲金融危机。1998年初，印度尼西亚金融危机再起。2月16日，印度尼西亚盾同美元比价跌破10000:1。东南亚各国的货币（新加坡元、马来西亚林吉特、泰铢以及菲律宾比索等）纷纷下跌。

尽管亚洲金融危机从发展中国家起步，波及了一些已经加入发达国家行列（经合组织）的经济体，这些经济体的货币已经实现了某种程度的国

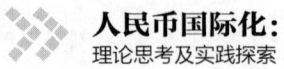

际化（如日元），但亚洲这一地区货币的美元化定价同样说明这一地区的金融开放沿循了外币主导的模式。大量非本国货币的资本跨境流动导致了这一地区严重的货币错配无疑是这次危机爆发的主因。由于危机波及的经济体虽然实现了金融开放，本币也实现了一定程度的可兑换，但本币并未用于这些经济体的涉外经济活动，进出口贸易、利用外资尤其是资本市场利用外资、借用外债等都是以美元进行的，因此，当危机来临时，这些外资的撤离开始消耗这些经济体的外汇储备，最后不得不采用货币贬值的方法来应对，使得实体经济的资产负债表遭受重创。

三、俄罗斯金融危机及卢布区域化进程

俄罗斯从1997年10月到1998年8月经历了三次波浪式冲击的金融危机并最终导致两届政府的垮台，甚至波及全球。

自1996年起，俄罗斯对外资开放本国金融市场。1997年成为俄罗斯吸引外资最多的一年，其中直接投资只占30%左右，70%左右是短期资本投资，导致到1997年10月时，外资已掌握了60%～70%的股市交易量，甚至电力、石油、天然气、电信等自然垄断行业的公司股票也转让到外国投资者手中。1998年1月1日俄罗斯对外资开放国债市场之后，受高额利息的吸引，外资大量投资国债，占整个国债投资总额的30%～40%。财政危机引起金融市场崩溃，外资大量抛售资产后撤离，外资流出对卢布的汇率形成了很大的压力。当时俄罗斯的外汇储备无法给外汇市场提供足够的支持，被迫放弃卢布的"外汇走廊"，卢布汇率随之开始大幅度下跌。在不到一个月的时间里，卢布兑换美元的官方牌价由 6.43:1 贬值到 20.825:1（1998年9月8日），1998年底卢布兑美元汇率仍然维持在 20.65:1。尽管汇率在1998年下半年得到了一定控制，但是俄罗斯付出了巨大的代价，对外债务猛增。俄罗斯外债在1998年增长了220亿美元，总额达到550亿美元，如果再加上苏联时期尚未偿还的950亿美元外债，1998年底俄罗斯外债总额达到1500亿美元，相当于当年俄罗斯GDP的64%。2008年下

半年，受美国金融危机影响，俄罗斯再一次经历了金融危机。其表现形式还是外国投资者纷纷从俄罗斯证券市场撤离，抛售股票和债券，最终导致卢布汇率一路下滑。

在经历了历次货币危机的惨痛教训后，俄罗斯开始大力推动卢布在国际经济活动中的使用，并成功地为卢布构建了一个稳定的经济圈，即独联体为主体的卢布区。2009年4月，在G20伦敦峰会上，俄罗斯提出改革国际金融体系的八点建议，核心是建立"超主权储备货币"，主张俄罗斯卢布应成为新储备货币的重要组成部分。俄罗斯在积极倡导改革国际货币体系的同时，重点力争俄罗斯卢布区域化。2009年6月，在圣彼得堡举行的金砖四国峰会上，俄罗斯提出在国际结算中使用金砖四国自己的货币的倡议。在同月举行的圣彼得堡国际经济论坛上，俄联邦总统梅德韦杰夫表示"俄联邦的任务是使卢布成为本国公司、我们的邻国和所有想在其结算中使用的国家更具吸引力、方便、可靠的结算工具"，并争取到2020年把莫斯科建成世界金融中心，使俄罗斯卢布成为独联体区域货币。

目前，俄罗斯卢布在欧亚经济共同体内的支付关系中使用得最多。资料显示，在2008年欧亚经济共同体内的贸易额支付结构中，美元已从43%降至33%，欧元从2%升至13%，而俄罗斯卢布则稳定在54%左右；2009年俄罗斯卢布结算的总额占俄罗斯与其他欧亚经济共同体国家支付总额的48%左右。

第四节 立足本币的金融开放是安全度较高的开放

货币国际化意味着本国货币在跨境及国际经济贸易投资活动中被境外主体接受为支付结算货币、价值计量货币以及交易融资货币，并最终进入境外其他国家经济主体的资产负债表；而金融国际化则意味着经营本国货

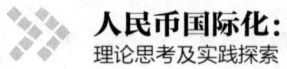

币的金融机构在本土或到境外向境外主体提供本币金融服务。从金融国际化含义的角度来看，作为服务业的金融，其国际化既可以体现为"走出去"向境外主体提供金融服务，也可以体现为在境内向境外主体跨境提供本币金融服务。这也正是世界贸易组织对服务贸易提供方式的界定。所以，金融国际化既可以是机构走向国际参与国际竞争的国际化，也可以是本币走向国际参与国际竞争的国际化，而二者的结合将是一个国家参与金融全球化的最高境界。由此，对我国而言也提出了两个全新概念的观点，即立足本币的金融开放以及对外负债的本币化问题。

一、立足本币的金融开放

要理解这一观点，我们还是可以回到国际收支平衡表的解读上来。国际收支平衡表的金融账户下三个子项目对应着金融全球化的三大路径。立足本币的金融开放就是以本币来实现金融市场、金融行业、金融服务的对外开放。

（一）金融开放的含义及我国的现状

金融开放包括两层含义：一是金融服务行业的开放。根据世界贸易组织对服务贸易提供方式的定义，可以发现一国金融服务行业的开放主要是指金融服务的国际贸易可以通过跨境提供、境外消费、商业存在以及自然人流动来实现。据此，金融服务行业的开放主要是指一国对金融服务市场的准入开放，也就是允许境内的金融服务提供商向境外主体提供金融服务，境外的金融服务提供商向境内主体提供金融服务。二是金融交易市场开放。根据国际收支平衡表的分类，金融交易归类在资本及金融账户项下，包括直接投资、证券投资以及债务融资三类。从交易的内容来看，这是一些涉及资金使用权转移的孳息类交易。其开放的含义是指允许境内主体从外部获得资金的使用权和境内主体向境外提供资金的使用权，由此可以引申出一个金融开放的矩阵分析框架，如表4-2所示。

表 4-2　　　　　　　　金融开放矩阵分析框架

金融服务行业开放 金融交易市场开放	外国机构向境内提供金融服务	本国机构向境外提供金融服务
境内主体从境外获得资金	例证：境内机构借用外债	例证：境外主体投资境内债券
境外主体从境内获得资金	例证：境内主体投资境外债券	例证：本国银行向外提供贷款

如果引入货币因素对我国的情况进行分析，可以发现我国当前以外币主导金融开放的实际情况如表 4-3 所示。

表 4-3　　　　　我国当前以外币主导金融开放的实际情况

金融服务行业开放 金融交易市场开放	外国机构向境内提供金融服务	本国机构向境外提供金融服务
境内主体从境外获得资金	例证：外商直接投资、境内机构借用外币外债	例证：境外主体投资境内 B 股市场和 QFII
境外主体从境内获得资金	例证：境内主体投资境外资本市场 QDII	例证：对外直接投资、本国银行向外提供外币贷款——出口买方信贷

由此可见，我国的金融开放早已启动，只不过是以外币方式来进行的开放。在开放顺序上是"直接投资—债务融资—证券投资"的路径，在开放管理上采取的是"交易的事前审查核准+资金流动环节的兑换管制"的模式。应该说，作为发展中国家，在本国货币尚不能履行跨境结算职能前，我国采取的上述金融开放路径是符合国情的，以兑换管制来对金融开放引起的外币资金跨境流动多加一道控制手段也是有效的。

（二）本币主导的金融开放

当人民币作为跨境贸易结算货币实现其货币职能跨境发展的时候，依据货币国际清算三大规则，我们发现有以下几个显著不同于外币金融服务的现象。

一是所有境外人民币与境内人民币一样最终存放在我国的银行体系内——我国资本及金融账户无兑换开放的条件已自然形成。在跨境贸易人

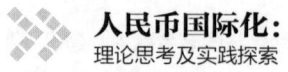

人民币国际化：
理论思考及实践探索

From RMB to CNY: Some Theoretical Thinking &
Practical Exploration on Currency Internationalization

民币结算试点方案中有两种清算模式，其一是港澳人民币清算行模式。根据2004年人民银行发布的关于为香港地区银行开办个人人民币业务所安排的人民币清算渠道，我们知道，港澳人民币清算行模式的运行关键是港澳人民币清算行在人民银行开立人民币清算账户。这一安排说明港澳地区的银行向境外主体提供的人民币服务（存款、兑换、汇款及银行卡）是以在境内人民银行开立人民币清算账户为前提的。其二是人民币跨境代理清算模式。2009年7月初发布的《跨境贸易人民币结算试点管理办法》规定，境外参加行可以在境内银行开立人民币同业往来账户。因此，无论在何种模式下，境外通过贸易结算渠道获得的人民币都最终存放在我国的银行体系内（包括中央银行），意味着我国银行体系的人民币对外负债已随着人民币对外支付结算功能的发展而自然出现；同时，也意味着我国的存款市场已经向外打开。

二是我国的银行体系成为全球人民币金融服务的承载主体——我国金融业本币主导的开放时代已经自然启动。正是在货币国际清算规则的作用下，境外银行需要在境内银行开立人民币同业往来账户才能实现以人民币为实体经济提供跨境结算的功能，因此，境外银行是我国人民币金融服务的跨境延伸载体。换言之，跨境贸易人民币结算意味着境内银行开始向境外提供人民币金融服务，这是我国金融服务国际贸易领域中的出口业态，与以往跨境外币结算的本质区别在于，外币结算中我国属于金融服务国际贸易的进口国——以外币向我国主体提供金融服务。

三是境外主体对结算货币以及资产货币的比较选择以及摆布安排将推动本币金融市场的自然开放。人民币对于我国各类经济主体而言是法定货币，根据国家法律规定，属于必须使用的范畴；但对境外主体而言，则属于外币，属于选择使用的范畴。因此，人民币作为一种国际结算货币、交易货币以及资产货币需要接受境外主体的比较选择。使用时是否便利、交易时是否便利、持有时是否有收益等都是境外主体考虑的因素。选择人民币作为与我国跨境贸易的结算货币，对我国主体而言没有了汇率风险，但对境外主体而言却有汇率风险,因此,境外主体有管理人民币汇率风险的金融服务需求,需要我国的金融机构提供相应的风险对冲管理工具以及人民币融资渠道。境外主体通过结算获得人民币后是持有还是卖掉,取决于"收益能否满足大于等于其他货币资产收益"的比较。这就需要我国的金融机构开发出相应的、有竞争力的资产产品供对方选择,也取决于我国的法律是否许可境外主体将人民币存款转换为其他资产。一般来讲,只有存款而没有其他资产支持的货币是无法支撑其参与国际货币竞争的。正因如此,我国在2010年8月向境外三类机构开放了银行间债券市场,允许其将持有的人民币存款转换成人民币债券。随后几年中,我国不断地通过境内金融及要素市场的对外开放来支持人民币的国际化发展。

由此可见,境外将持有的人民币存款转换为人民币有价证券意味着我国金融资产市场的对外开放,境外与我国结算进出口贸易需要的人民币融资及风险对冲管理意味着我国金融货币市场的对外开放。这些开放是伴随着我国人民币"走出去"服务实体经济的进程而自然形成的,它不一定涉及货币的可兑换问题。当然,货币的最终可兑换有利于人民币更好地"走出去"服务实体经济,有利于降低境外对持有人民币后退出障碍的担忧,但通过扩大本币的跨境和国际使用可以推动我国金融立足本币的对外开放,且本币主导的金融开放的对外风险可控。

二、对外负债本币化的形成

需要指出的是,立足本币实现的金融开放过程带来的结果就是也必然是对外负债的本币化过程,而这个过程也就是本币的国际化过程,详见图4-9。

对我国而言,人民币外债是指我国境内经济主体与境外经济主体之间以人民币签约、结算并计值度量的对外负债。简而言之,人民币外债是我国的本币外债。与此相对应,外币外债则是"境内机构对非居民承担的以

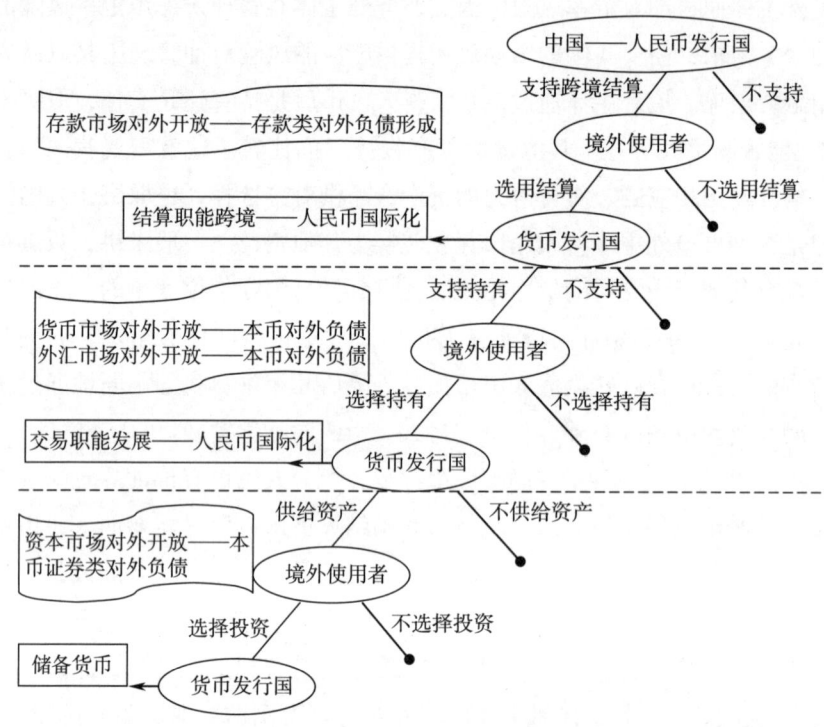

图 4-9 人民币对外负债、国际化及金融市场对外开放互动路径解析

外币表示的债务"①。人民币外债产生自跨境贸易人民币结算试点的启动，因为以何种货币结算跨境贸易，就是何种货币资金的跨境流动。货物贸易人民币计值结算的结果，就是涉外商务领域人民币跨境债权债务的形成、结清（经常账户范畴），以及金融领域新的人民币跨境债权债务的产生（金融账户范畴）。随着人民币跨境使用范围的不断扩大以及境内金融市场的不断开放，人民币外债对外币外债的替代现象必然出现。这一过程首先表现为跨境贸易结算中的货币替代，接着就是资产负债领域的货币替代。

---

① 参见《外债管理暂行办法》，2003年1月由国家发展计划委员会、财政部和国家外汇管理局发布。

第四章 货币国际化与国际金融中心建设

货币替代是指一个国家在涉外经济活动中采用本币结算后本币对外币的替代支付现象，这种货币替代反映在宏观层面就是国际收支币种结构发生渐进性转变。对我国而言，由于一直以来依赖外币结算我国的涉外经济活动，因此我国的国际收支几乎百分之百地以他国货币进行。这一外币依赖现象甚至延伸到了统计和经济活动管理领域。我国的海关统计、外资统计、国际收支统计等都以美元进行，我国对外贸外资等与涉外经济活动相关的行政管理也都以美元为计值货币进行核定审批。跨境贸易人民币结算试点启动后，基于实体经济的自主选择，人民币在进出口贸易中开始使用。在人民币升值、境外缺乏人民币、出口实行试点企业限制以及我国出口产品谈判能力普遍较弱等多重因素的作用下，贸易结算中的货币替代出现非均衡发展态势，人民币在进口中的使用远远超过在出口中的使用。这种本币替代外币的非均衡态势构成了人民币负债同时也是人民币国际化的初始形态——境外持有人民币，而境外持有的人民币又在货币国际清算规则的作用下返存于中国境内的银行体系，从而构成我国商业银行体系的对外本币负债。

在所有货币及货币资产都最终存放在其发行国银行（金融）体系内的国际货币清算规律作用下，对于发行国而言，境外持有的本币与境内持有的本币共同构成了一个封闭的循环。其跨境流动的作用机理如下：

从资金跨境流动层面来看，发生在商业金融或实体经济领域的本币对外负债行为形成的跨境资金流动，实质上是将原本存放在境内银行体系中的国际同业存款转换为本国经济主体存款。首先，我们来看信贷形态的人民币外债。以企业从境外银行借入人民币贷款为例，这些人民币贷款的资金本就通过直接存款或转存款的方式存放在境内银行体系中，体现为境内银行吸收的境外银行同业往来存款。当这些存款被用于向境内企业发放人民币贷款时，境内企业的提款行为可以直观地表现为境外银行的人民币同业往来存款资金减少（境外银行持有的人民币流动性下降），境内企业的人民币账户存款资金增加；还本付息时则方向相反。由于我国实行以"存贷比管理"为特征的信用杠杆率管理，计入存款基数的是企业存款而非银行同业往来存款，因此企业层面发生的这类借款会增加境内银行的企业存款，从而产生信贷扩张能力。当然，如果上述案例为境内外企业间的股东贷款且资金来自境外企业直接开立在境内的境内非居民账户（NRA），则不影响银行的信贷扩张能力。其次，我们来看证券形态的人民币外债。境内主体境外发行人民币债券或者在境内发行后由境外投资者购买时，在资金跨境流动上体现为境外同业存款资金减少而境内发债主体存款资金增加（国债体现为财政资金资金增加，企业债体现为银行可用资金增加）；还本付息时方向相反。境外主体以人民币存款购买境内金融市场产品如债券、股票时，实质上是将存款类资产转换成证券类资产，是对境外流动性的收缩。

从涉外资产负债层面来看，本币外债的产生可以分为两种情况：一是被动形成的本币外债，主要指经济主体在涉外经济活动中自然产生的本币对外负债。通常发生的形态为银行存款（跨境本币结算必然会产生银行的本币存款类对外负债）、企业因商务活动产生的应收暂付以及贸易融资等贸易信贷。由于这种本币外债是经济主体从事涉外实体经济活动自然形成的，因此，一国开放度越高、涉外经济活动越频繁，货币国际化程度越高，被动形成的本币外债就可能越多。二是主动发生的本币外债，主要指经济主体因经济活动需要主动寻求外部资金融通而产生的本币对外负债。一般情况下，本币融资以境内银行为主导，但当存在境内外价差较大的本币市场时，可能发生境内本币融资需求从境外寻求解决的情况。这种跨境套利融资活动将最终拉平境内外两个市场的资金价格。其间所带动的资金跨境流动及形成的跨境资产负债变化，将由境内外本币利差、进出便利程度、境内宏观调控下的本币融资需求等因素决定。由此可见，本币外债中的主动发生部分成为实体经济和金融部门冲销国内货币调控并实现跨境传导的一条路径。其作用机制是：境内实行从紧的货币政策时，境内利率趋高，信贷可得程度降低，实体经济可以从境外不受调控的本币市场融得本币资金，投入生产运营，从而绕开了从紧的货币政策。同时，境外本币市场因本币融资需求增加出现资金供求变化，资金价格在市场规律的作用下开始与境内趋同；反之则相反。

三、本币金融开放与本币外债的评估

本币金融开放与外币金融开放不仅表现在对国家整体资产负债格局的影响上，而且中间涉及的风险程度也是迥然不同的。总体而言，本币主导的金融开放风险可控。

(一) 本币主导的金融开放风险更可控

长期以来，受外币跨境流动风险管理思路的影响，人们对资本及金融账户的开放心存恐惧。客观上，也确实没有一个发展中国家的金融开放是成功的。许多学术专著在讨论这个问题的时候通常将这种现象与发展中国家金融体系发展滞后、金融治理结构有缺陷等联系起来。但有一个很大的事实是经常被忽视的，那就是迄今为止，还没有一个发展中国家是以或者能够以本币来主导其金融开放的。在经济金融全球化的当代，整个国际货币体系由少数几个国家的信用货币主导，发展中国家几乎没有可能以自己的本国货币来实施金融开放。因此，我们看到南美国家开放后的金融危机和亚洲国家开放后的金融危机等都是外币主导下的金融开放造成的，越开放，货币错配问题越严重。反观美国、欧元区等国际货币发行的国家和地区，其货币承担了世界资源配置载体的功能。本币主导的金融开放下，政府与企业的资产负债表中货币错配风险很小，且负债都长期化，因此其经济运行中很少因货币错配而直接引发货币危机；反而是由于本国财政管理不当引发的金融危机导致货币危机，且通过货币危机还可以向全球货币使用者分摊这些货币发行体的经济金融风险。

我国一直是以外币来实现金融开放的。如外商来华直接投资和举借外债都以外币进行，利用外资和外债是事实上的利用外国外币资金；外国机构对我国的证券投资也是在 QFII 计划下以外币进行。这些外币资本的跨

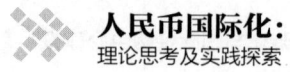

境流动对我国而言是个外生的货币变量。其流入后需要我国人民币的同步投放来进行配合，体现为新增一笔人民币投放。

若以人民币来实现金融交易领域的对外开放，则情形大不相同。所有人民币存放在我国境内银行体系的前提下，外商直接投资、外来证券投资以及外债带动的人民币流入只是将原本存放在我国银行体系中境外持有的存款类资产转换为其他类型的资产（投资形成的股权类资产或融资形成的债权类资产），既不改变对外负债的总体规模，也没有形成新增投放，且对于接受这些投资或融资的境内主体而言，不存在货币错配的问题。因此，以本币来主导本国金融开放相对于以外币来主导金融开放，降低了货币错配风险和开放的难度。

具体到开放管理的模式上，对本币金融开放中的直接投资、证券投资以及债务融资三个领域而言，可以分两个层级来设计新的本币金融开放管理：一是实体经济方面，金融交易的开放可以在尊重我国既有的前置核准模式基础上来开展，即实体经济部门利用人民币外资、外债或对外直接投资等可以凭商务部门的核准文件直接办理。这一管理模式可以充分体现人民币作为本币服务实体经济的便利性。二是金融部门方面，金融交易的开放需要考虑人民币金融服务的对外提供、人民币资金的跨境流向以及存量的境内外配比情况。针对人民币属于我国法定货币、存放在我国的银行体系并由人民银行代表国家发行和管理的特点，本币金融开放中人民银行的宏观审慎管理职能必须有充分的定位，货币政策的跨境传导机制建设应当加快建立，以实现对本币金融开放的风险管理。具体来讲，本币对外债权管理要体现在对境外获得人民币融资能力的管理上，防止境外"借多卖空"的货币投机冲击；本币对外债务管理则要体现在对境内债权的保护和国内宏观政策的取向保护上，防止境内主体过度借债而侵蚀境内债权，引发金融危机，或稀释和对冲宏观调控效果。

（二）本币外债风险远低于外币外债

本币外债和外币外债虽同属对外负债，但对货币发行国而言，本币外债与外币外债有着本质上的区别，具体表现在以下几个方面。

首先，从负债主体来看，本币对外负债的主体可以从三个层面来分析：其一，货币发行层面。货币是一国中央银行代表国家发行的信用欠条。在一国货币走向国际之前，这些信用欠条的持有主体是境内主体；在货币走向国际之后，这些信用欠条的持有主体就扩大到境外主体。因此，发行国中央银行就是本币对外负债的主体。被境外主体持有的货币将体现在 M_0、M_1、M_2 以及 MZM 等货币供应量指标中。其二，金融服务层面。这是货币以现金及资产形态被境外使用、持有的一种形态。在国际货币清算规律的作用下，境外持有的货币现金或资产以发行国银行吸收的存款或受托管的资产等方式存在。比如，我国持有的美元存款最终存放在纽约的银行内，我国购买并持有的美国国债、机构债等都最终托管在纽约的资产托管机构中。因此，本币对外负债的第二个层级是商业金融层面境外持有的本币存款，或受境外托管的本币资产。其三，实体经济层面。本国经济主体借助本币开展并结算的各类涉外经济活动，将形成以本币计值结算的债权或债务。比如，进出口企业在以人民币结算其跨境货物贸易时发生的本币贸易信贷（体现为应收暂付或应付暂收）形式的债权或债务、经济主体以本币发行债券被境外购买持有后形成的本币对外负债等。

其次，从偿付能力来看，本币对外负债时，偿付采用的是本币；外币对外负债时，偿付采用的是外汇。因此，对于国家而言，在有货币发行权保障的基础上，对本币对外负债的管理，关键是本国货币的偿付能力。这一偿付能力的管理不只是对境外的国际偿付能力，还包括境内偿付能力。对无货币发行权做保障的外币对外负债的管理，关键是货币错配风险管理下的外币偿付能力，即国际储备能力。当然，在货币走向国际后，本币国际偿付能力的上升也能形成对外币偿付能力的替代。对于商业金融而言，依托本币开展的国际金融业务中形成的本币对外负债，在偿付能力管理上与境内本币负债是一致的，都着重在债权管理上。只要在资产负债管理中遵循审慎经营原则并做好流动性管理，就可以避免重大风险的冲击。对于

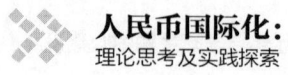 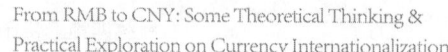

实体经济而言，本币对外负债是最优选择，因为本币对外负债彻底解决了涉外经营中的货币错配风险，扩大了偿付外债的能力——境内企业筹措本币资金的能力远高于筹措外币资金。

最后，从风险角度来看，一国对外负债管理的核心是货币错配风险以及偿付能力。从金融全球化的三个渠道[①]来看，无论是直接投资、证券投资还是债务渠道，绝大多数发展中国家只能以外国货币参与金融全球化，而发达国家则主要采用本国货币参与金融全球化。统计数据显示，2009年底，美国外债中本币计值部分与外币计值部分之比约为9∶1；而2008年底，发展中国家公共及公共担保的外债中，约92%用美元等外币计值。正是这一差异导致了发展中国家和发达国家在面临金融危机时的风险状况迥异。[②] 因此，以本币对外负债代替外币对外负债可以有效地解决货币错配问题，而偿付能力管理很大程度上取决于货币发行国的政治、军事和经济等综合实力，在一国综合实力不足时推行货币国际化具有较大风险，这也是英镑和美元能够主导国际货币体系各百年的原因。

第五节　人民币国际化与上海国际金融中心建设

货币国际化与国际金融中心之间的关系可以通过图 4-10 来解读。

图 4-10 显示的是一个货币国际化到支撑该货币发行国国际金融中心形成的传导路径。具体来说，就是实体经济对本国货币在跨境贸易投资活

[①] M AYHAN KOSE, ESWAR PRASAD, SHANG-JIN WEI, KENNETH ROGOFF. Financial Globalization: A Reappraisal [J]. USA National Bureau of Economic Research NBER Working Paper 12484, Aug. 2006.

[②] 弗雷德里克·米什金在《下一轮伟大的全球化——金融体系与落后国家的发展》一书中指出："经济发达国家的金融危机发生机制与新兴市场国家具有很大差异。例如，发达国家很少发生货币危机和金融危机的双重危机，因为其债务结构与新兴市场国家非常不同。发达国家的债务通常以本币计值，而且期限较长。当发达国家货币贬值的时候，贬值对企业资产负债表的影响非常有限，因为债务以本币计值。因此，贬值并不会引发金融危机。"

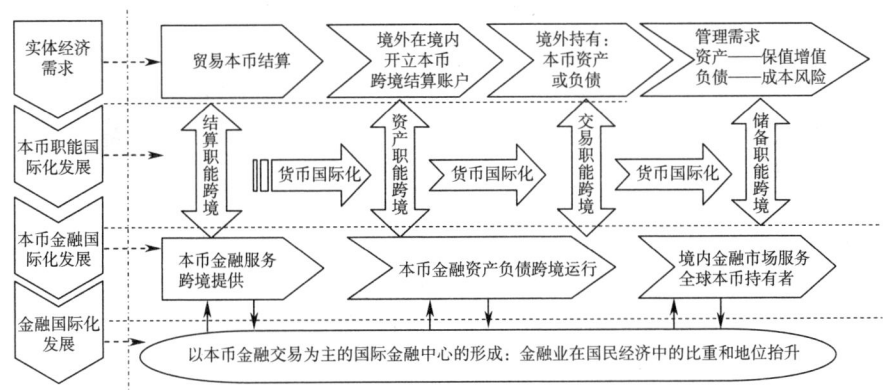

图 4-10 从货币国际化到国际金融中心建设的传导

动中的使用需求,将导致境内外金融机构间建立货币的跨境代理结算关系,这就需要境外金融机构在境内金融机构开立同业往来结算账户。一般而言,这类账户将开立在该货币发行国的国内金融中心城市,以便就近参与该国货币市场及金融市场的交易,获得该货币资金来支持其实体经济间结算跨境贸易投资活动的需求。随着实体经济对该国货币越来越多的使用,境外主体对该货币的结算需求、兑换需求、融资需求、投资需求同步增长。由于货币发行国的资产、负债都是本币,没有敞口风险,且由于央行在本国本币市场上的参与,所有货币在其发行国拥有流动性最充分的市场,包括资产市场。因此,一般情况下,国际货币的发行国是该货币国际化后境外持有者管理该种货币风险最好的、最后的市场,由此该国的国际金融中心就自然而然地随着货币的国际化以及本国金融市场的开放而形成。当然,如果本国本币市场开放不充分,境外离岸市场就会应运而生,但仅靠离岸市场支撑的货币国际化是不可持续的或将演变成抑制境内本土市场发展并导致货币外部冲击的根源,泰国和马来西亚在亚洲危机中的遭遇就是最好的例证。

从当前国际上主要国际金融中心的发展路径和定位来看,人民币国际化助推上海成就国际金融中心建设是具有现实可能性和重大意义的。作为

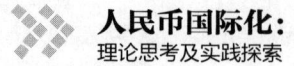
人民币国际化：
理论思考及实践探索

From RMB to CNY: Some Theoretical Thinking &
Practical Exploration on Currency Internationalization

人民币发行国的一个城市，上海拥有人民币国际化后的主场优势，只要因势利导，充分把握好人民币国际化带来的机遇，做好人民币服务全球持有者和需求者的配套服务，就可以成就立足人民币的国际金融中心。当然，这里的配套服务不是一件简单的工程，后面各章内容将从不同角度对这一议题逐次展开讨论。

人民币国际化：
理论思考及实践探索

From RMB to CNY: Some Theoretical Thinking & Practical Exploration on Currency Internationalization

第五章

货币国际化对经济金融化的影响——实证分析

货币国际化是一项系统工程，其影响可谓深远。货币国际化对发行国而言，总体影响利大于弊，但也必须对其导致的经济金融化问题引起高度重视。人民币国际化还处在初期，本章以美元和日元为例证，通过理论模型和实证检验的方式来讨论货币国际化对发行国经济金融化的传导，冀望引起相应的重视。

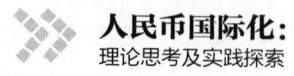
From RMB to CNY: Some Theoretical Thinking &
Practical Exploration on Currency Internationalization

第一节 关于数据指标及内涵的讨论

一、关于货币国际化指标及内涵

根据前面章节对相关关键概念的界定，货币国际化依据职能的递进发展规律可以通过以下指标来衡量：一是国际贸易中的使用情况，二是国际交易中的使用情况，三是国际资产中的占比情况。由于考察重点是一国信用货币国际化的过程，而非当前已经达到的国际化程度，因此最好是选取货币的职能由境内向跨境发展时期的相关时间序列数据来验证。

（一）关于国际贸易中的使用情况——结算货币

根据前面章节有关理论介绍以及对主要国际货币演进实践的考察，一国的国际贸易量是该国信用货币走向国际的基础。因此，选取国际贸易和国际贸易中结算货币的使用情况，可以较好地反映一国货币国际化由实体经济推动的情况。

从目前的数据可得性来看，美元的货币国际化起始时间可以追溯到第一次世界大战期间，但没有贸易结算中使用情况的统计数据。从美国当时的经济金融外汇制度来评估，当时美元维持了对黄金的可兑换，且虽然有某种程度的兑换管制，但不限制本币跨境使用。因此，除了对手方要求以他国货币结算，可以推定美国的出口尽量使用了美元，进口则取决于对手方的谈判能力，但维持对黄金的稳定的兑换关系并坚持对黄金的可兑换的做法说明当时的美元与黄金的作用几乎相等，价值恒定。因此，可以推定美国的进口中也使用了美元为主要结算货币，但是否全部使用了美元作为结算货币尚无法确定。根据巴瑞·艾钦格林的研究，美元国际化初期与英镑的国际货币主导地位相交叠，因此，应当存在部分用英镑结算的现象。同样地，在布雷顿森林体系解体后的浮动汇率制下，德国马克和日元崛起，也分享了美元作为国际贸易结算货币的职能，由此关于美元在美国国

第五章　货币国际化对经济金融化的影响——实证分析

际贸易结算中的使用情况需要用美国当时的进出口数据乘以一定的反映美元结算货币使用情况的系数（货币使用系数）来反映。另外，美元是否作为第三方货币即媒介货币（vehicle currency）为国际上其他与美国无关的贸易结算，既没有直接的统计数据，也没有能够推定的数据，虽然美联储经济学家[①]曾对美元作为第三方货币用于国际贸易结算的情况进行过估算，但没有全面的、成序列的数据。

关于日元作为国际贸易结算货币的情况也没有完整的统计，但日本官方有一些估算，因此可以采用日本自 20 世纪 70 年代起的进出口贸易数据，并乘以一个货币使用系数来作为衡量指标。此货币使用系数引用的是日本自身对外进出口贸易中使用日元结算的估算比例，时间从 1970 年起。该系数是财务省"日元国际化推进研究会"在 2003 年 1 月 23 日所做的总结报告中提供的，该数据由于出自日本财务省的官方报告，应当具有相当的可信度。

（二）关于国际交易中的使用情况——交易货币

货币的国际交易包括外汇市场交易、信贷市场交易以及资本市场交易等，最好的衡量指标应该是交易量占比情况。但有关货币的国际交易的相关统计一直没有权威的、全面的、成序列的统计，直到国际清算银行 20 世纪 70 年代后期组织开展了针对跨境金融市场的相关统计。现有的国际清算银行统计包括以下方面：（1）国际银行信贷市场的统计，数据起始于 1977 年，为存量数据；（2）国际债券市场的统计，数据起始于 1993 年，既有存量数据也有流量数据；（3）国际衍生品市场的统计，数据起始于 1998 年，为存量数据。考虑到货币的国际交易主要是在布雷顿森林体系解体后才活跃起来的，因此采用上述数据应该是有意义的，但不足之处是

[①] 琳达·S. 戈德伯格（Linda S Goldberg）和塞德里克·铁勒（Cedric Tille）曾在其2005年发表的《国际贸易中媒介货币的运用》（*Vehicle Currency Use in International Trade*）中对美元作为贸易结算货币的使用情况进行评估，采用了 24 个国家不同时间点上的数据来说明美元的国际贸易结算情况。该项观察发现 2003 年时美国的出口贸易中有 95% 采用了美元结算，进口贸易中有 85% 采用了美元结算。

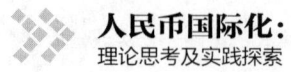

流量数据时间序列较短,存量数据专项性太强。

(三) 关于国际资产占比情况——储备货币

国际货币基金组织采集并发布的官方储备货币构成统计[1]数据的起始时间为1995年,时间序列较短,且考虑到本书对储备货币的定义已广义化到国际资产组合中的货币,即资产货币的概念,因此国际清算银行的统计数据——商业银行跨境头寸中的资产方外币组成情况具有一定的意义,因为商业银行跨境持有的外币资产的合计即为该货币的国际资产存量头寸。具体来讲,就是某国商业银行申报为跨境的、某外币(如美元)的资产时,就是其持有的该货币的国际资产,如美国的银行申报的跨境持有的日元资产、英国的银行申报的跨境持有的日元资产以及其他国家的银行申报的跨境持有的日元资产的总和就是国际银行持有的日元国际资产。但此项指标的不足之处在于只反映银行的头寸情况,而不是所有的货币资产情况。许多货币资产是以托管的方式存放在专业的托管机构的,如美元国债资产等,因此这项指标也不能全面地反映货币的国际资产储备职能情况。

综上所述,货币国际化将采用以下指标,即货币在本国国际贸易结算中的使用情况,以该国贸易量乘以一个货币使用系数后的绝对值来表示,在时间序列的支持下,可以反映来自货币发行国对货币国际化的持续影响力情况。

二、关于金融国际化数据指标及内涵

金融国际化是一个含义广泛的定义,可以由货币国际化、机构国际化、市场国际化等因素构成。根据本书的研究宗旨,这里的金融国际化狭义地指本币金融国际化,即由本国金融机构(包括在本国营业的外资金融机构)以本币开展的金融服务国际贸易情况。因为服务贸易的四种提供方式中有"商业存在",所以包括两层含义:一是本币金融服务的国际化,

---

[1] 指 COFER 统计。

第五章 货币国际化对经济金融化的影响——实证分析

二是本币资金的国际化运作。本币金融服务的国际化为本币金融市场的开放,本币资金的国际化运作是指本币金融服务国际提供过程中带动的本币国际交易情况。

金融国际化指标考虑用该货币的经营者——金融机构跨境提供本币金融服务的情况来衡量,包括境外主体参与货币发行国本币金融市场的情况、发行国金融机构向境外提供本币融资的情况等。上述情况的最佳衡量指标应当是该种货币用于国际交易的情况,如该种货币与其他货币间的兑换(外汇买卖)情况、国际借贷情况等。国际清算银行有相关的统计数据,但在时间序列和维度上有一定局限,如其货币间外汇买卖的数据基于三年一次的调研,且开始时间为20世纪90年代中后期。

考虑到金融国际化与货币国际化的关联度非常高,货币国际化需要以本币金融服务的跨境提供为平台,且大量地体现为金融服务机构本币资产负债业务的跨境运行,因此,从国际比较研究的角度出发,考虑将一国国际收支平衡表中的资本及金融账户项下的证券投资相关数据作为考察金融国际化的指标。国际收支平衡表的资本及金融账户共由三个子项组成,分别是直接投资、证券投资以及其他投资。根据有关金融全球化研究[①]的介绍,这三项正是金融全球化的载体。其中,直接投资为实体经济部门的实业投资,不是狭义的金融投资的概念;证券投资和其他投资则属于金融领域的证券市场投资活动以及银行为主要载体的金融活动,如吸收的存款以及发放的贷款等。根据国际金融投资的实践,投资活动一般用所投资的对象国的货币或国际主流货币(如对方货币尚未进入国际的话)进行。因此,本国对外投资一般需要用外国货币进行,除非该投资对象国的货币不可得,因为投资的目的和结果都是拥有以该对象国的货币计值的资产;外国对本国的投资则一般以本国货币来进行,因为投资购买的是以本国货币计值

---

① M AYHAN KOSE, ESWAR PRASAD, SHANG‐JIN WEI, KENNETH ROGOFF. Financial Globalization: A Reappraisal [J]. Cambridge, National Bureau of Economic Research, NBER Working Paper 12484, Aug. 2006.

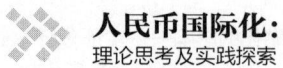 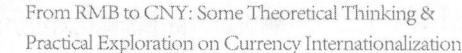

的资产。所以,在衡量金融国际化时,可以用国际收支平衡表中资本及金融账户项下的证券投资负债项作为本币金融国际化发展的一个指标。

另外,反映货币国际交易的国际银行间清算数据也是一个相当好的数据指标,但由于各国银行清算体系的设计功能不尽相同以及统计数据的口径差异,目前只有美国纽约银行间的 CHIPS[①] 统计数据比较全面,也很权威;日本方面没有反映国际日元的清算数据,仅有一个外汇日元清算系统(foreign exchange yen clearing system),但提供的数据起始时间为 1994 年,时间序列上不太符合要求,且中间发生了口径变化(由轧差净额改为全额),因此无法使用。

三、关于经济金融化

经济金融化是指整个国民经济发展中金融业比重不断提高的现象。考虑到本书研究的宗旨,经济金融化指标可以采用金融行业占国民经济的份额情况来衡量。这一指标的优点在于可得性较高,可以直接采用国民经济中的行业占比情况来度量;缺点在于没有区分行业占比中的国内外驱动因素,导致金融行业融合了国际、国内两个因素后的指标数据与国家整体经济相比时,其变化相对平缓。此外,整个国民经济中金融资产与非金融资产的比例也可从另一个角度反映国家经济的金融化程度。由于本书考察的是货币国际化通过金融国际化对经济金融化的传导,因此可以采用金融行业的产业增加值作为指标。

美国的国内生产总值行业占比有金融行业的细分项目,但日本方面只有大项分类。由于房地产是对金融依赖程度最高且又最具金融产品转化性的行业,因此,在衡量经济金融化时,通常把房地产列入金融行业来考

---

① CHIPS 是纽约清算所的一套专用于国际美元清算的电子支付系统,其处理的就是国际美元清算,因此其业务量数据能够较好地反映美元的国际交易情况,也能从一个侧面反映美元服务全球金融需求的情况。

察①。美国国内生产总值的行业分类中也把房地产与金融保险作为同一大类处理。

第二节 计量模型理论

本节介绍进行实证分析时采用的计量手段和模型。

一、数据平稳性

时间序列 $\{X(t_i), i=1, 2, \cdots, n\}$ 取自某一个随机过程，如果此随机过程的随机特征不随时间变化，则称该过程是平稳的；假如该随机过程的随机特征随时间变化，则称该过程是非平稳的。通常平稳过程指的是宽平稳时间序列，定义如下：

若对任意的 $1 \leq i, j \leq n$，

$$E[X(t_i)] = E[X(t_i + k)] = u < \infty,$$

$$Var[X(t_i)] = Var[X(t_i + k)] = \sigma^2 < \infty$$

$$Cov[X(t_i), X(t_j)] = Cov[X(t_i + k), X(t_j + k)] = \sigma_{ij}^2 < \infty$$

虽然自然科学领域的许多时间序列是平稳的，但经济领域中多数宏观经济时间序列却是非平稳的，即其均值和方差随时间的变化而变化，当对非平稳的时间序列建立回归模型时，常常会造成虚假回归。

非平稳随机过程经过若干次差分可变成一个平稳过程，为此有如下单整性定义：对于随机过程 $\{X(t_i)\}$，如果必须经过 d 次差分后才能变换成一个平稳的、可逆的 ARMA 过程，而当进行 $d-1$ 次差分后仍是一个非平稳过程，则称此过程为 d 阶单整过程，记为 $I(d)$。David Dickey 和 Wayne Fuller 的单位根检验（unit root test）是在对数据进行平稳性检验时

---

① THOMAS I PALLEY. Financialization: What It Is and Why It Matters [J]. Amherst, Political Economy Research Institute, PERI Working Paper series No.153, Nov. 2007.

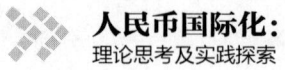

经常用到的一种方法。

二、格兰杰（Granger）因果性

如何检验两个变量是否存在因果关系？格兰杰因果关系检验是一种常用的方法。在自然科学中，由于能够进行实验，这种因果关系可以通过实验结果证实。但是，作为社会科学的经济学难以用实验来验证因果关系，因而只能是用现在及过去的各种数据，通过统计方法来验证。

对于稳定的时间序列 y_t，x_t，如果 y_t 和 x_t 滞后值所决定的 y_t 的条件分布与仅有 y_t 滞后值所决定的条件分布相同，即

$$f(y_t \mid y_{t-1}, \cdots, x_{t-1}, \cdots) = f(y_t \mid x_{t-1}, \cdots)$$

则称 x_{t-1} 对 y_t 存在格兰杰非因果性，也简单称为 x_t 对 y_t 存在格兰杰非因果性。如果上述条件分布显著不同，那么称 x_t 对 y_t 是一种格兰杰因果关系，也就是说如果 x_t 的变化引起 y_t 的变化，则 x_t 的变化应当发生在 y_t 之前。格兰杰解决了 x_t 是否引起 y_t 的问题，主要看现在的 y_t 能够在多大程度上被过去的 x_t 解释，加入 x_t 的滞后项是否使解释程度提高。如果 x_t 在 y_t 的预测中有帮助，或者 x_t 与 y_t 的相关系数在统计上显著，就可以说"y_t 是由 x_t 格兰杰引起的"。

三、协整关系

在实际中，多数经济时间序列是非平稳的，某些非平稳经济时间序列的某种线性组合却有可能是平稳的。最常见的是对于两个一阶单整过程 $I(1)$，假定 y_t，x_t 服从 $I(1)$，且具有如下关系

$$y_t = \beta x_t + \mu_t \quad \mu_t \sim I(0)$$

则称 y_t，x_t 具有协整关系，即长期的均衡关系。$\mu_t = y_t - \beta x_t$ 表示非均衡误差，如果两个变量之间的长期均衡关系存在，非均衡误差序列将以零为中心上下波动。如果 μ_t 非平稳，且随时间变得越来越大，说明 y_t，x_t 将随时间变得相距越来越远。

四、回归方程

一元线性回归分析是处理两个变量之间关系的常用模型,它所研究的对象是两个变量之间的线性相关关系,即如果两个随机变量满足 $y = \beta x + \mu$ 且 $E(xu) = 0$,则可以用最小二乘法来得到参数 β 的无偏估计。

第三节 数据说明

货币职能的国际发展遵循结算职能—资产职能—交易职能—储备职能的递进发展规则,使得货币的国际化出现逐级加深的格局。根据前面关于数据指标及内涵的讨论,本模型将采用美元和日元开展实证分析,并以以下数据为模型输入内容。

一、美元实证分析中的变量说明

时间区间为1970—2007年,数据频率为年。

1. 美国的进出口贸易数据——衡量美元作为国际结算货币的基础。美国的进出口贸易数据,模型中记为TRADEUS,代表美元在美国国际贸易结算中的使用情况,由美国的国际收支平衡表数据中货物进口和货物出口的绝对数求和所得,单位为10亿美元,为流量数据。之所以这里用进出口贸易数据而非轧差后的贸易差额数据,是因为无论是进口还是出口结算,都将产生对货币国际化的影响力。具体来讲,出口结算导致对本币跨境借贷融资的影响,进口结算则导致对本币投资理财的影响,进出口结算都将产生对套期保值交易的影响,而无论何种影响都将引发货币的国际交易,从而使货币国际化向更深层次演进。

考虑到数据的可得性以及美元真正成为国际主导货币是在布雷顿森林体系解体后,本模型拟采用1970—2007年的进出口数据,系数拟采用琳达·S. 戈德伯格(Linda S Goldberg)和塞德里克·铁勒(Cedric Tille)2005年

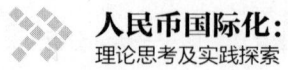

的研究①中美国 2003 年在其进出口贸易中对美元的使用情况，分别为出口 95%、进口 85%。因为只有一个年度的数据，始终用这个数据去乘以每年的进出口贸易将不影响我们讨论变量之间的关系，因此直接采用进出口数据。

2. 国际美元清算量数据或者美元国际债券投资数据——衡量美元的货币金融服务国际提供情况的依据。

国际美元清算量数据，模型中记为 CHIPSUS，反映金融国际化的发展，数据来自纽约清算所运行的 CHIPS 系统统计数据，单位为 10 亿美元，为流量数据。根据分工，CHIPS 主要受理国际美元的清算，联邦储备体系的 FEDWIRE 主要受理国内美元清算。受货币国际清算规律的影响，CHIPS 清算量反映了全球美元的银行间清算情况，这中间既包括国际贸易美元结算产生的银行清算量，也包括国际借贷融资、外汇买卖、债券发行或投资等国际金融交易的清算量，因此，CHIPS 清算量可以较好地反映美元相关的金融服务国际化情况。

外国对美债券投资数据，模型中记为 PDSLUS，反映国际社会投资美国债券市场的情况，数据来源于美国国际收支平衡表中资本及金融账户项下的证券投资中债券投资的负债方，单位为 10 亿美元，为存量数据②。之所以采用这一数据，是因为根据国际金融投资实践，外国主体对一国债券投资需以该国货币进行，除非该货币不可得，需要通过其他国际货币转换。美国不属于这种情况，因此外国对美国债券市场的投资均以美元进行。美国向外国投资者提供美元债券投资服务属于美国金融服务向境外提供的一种，因此此项数据可以作为美元金融服务国际化的一个指标。

3. 美国金融保险房地产行业交易数据——衡量美国国民经济发展中金融相关行业发展的情况。

需要指出的是，因为缺乏金融保险房地产行业交易数据，这里只能采用增加值（value – added）数据，因此数值相对较小。

---

① 罗伯特·弗兰克夫. 全球化与拉美的金融危机 [J]. 国际贸易译丛，2004 (2).
② 没有存量数据。

第五章 货币国际化对经济金融化的影响——实证分析

美国金融保险房地产行业增加值数据，模型中记为 FIREUS，反映美国国内生产总值构成中的金融保险房地产行业的增加值情况，数据来源于美国国民经济核算账户，单位为 10 亿美元。将房地产加入金融保险概念来反映美国经济的金融化情况是因为房地产与金融的关系非常紧密，以至于美国的统计分类中直接把金融保险房地产归为一大类，这与房地产的可投资性和可交易性分不开。

对变量取自然对数通常具有消除异方差、模型的系数解释方便、模型的误差项假设更合理等优点，所以我们对上述四个变量取对数，分别用 LTRADEU、LCHIPSUS、LPDLS、LFIREUS 表示。

二、日元实证分析中的变量说明

时间区间为 1977—2007 年，数据频率为年。

1. 日本进出口贸易数据及日本贸易结算中的日元占比情况——衡量日元作为国际结算货币的情况，模型中记为 TRADEJP，代表日元在国际贸易结算中的使用情况，等于日本国际收支平衡表中的货物进出口值分别乘以日本的贸易结算中以日元结算的比率得到的绝对数求和，单位为折合 10 亿美元，为流量数据。

2. 外国对日本债券投资数据，模型中记为 PDLSJP，反映国际社会投资日本债券市场的情况，数据来源于日本国际收支平衡表中资本及金融账户项下的证券投资中债券投资的负债方，单位为折合 10 亿美元，系存量数据。与美元的情况一样，用来反映日本货币金融服务国际化的发展情况。

3. 金融保险房地产行业的数据，模型中记为 FIREJP。日本国民经济中的金融保险房地产业的产值，数据来源于日本国民经济核算账户，单位为折合 10 亿美元。与美国的情况一样，可以反映日本的经济金融化发展情况。

LTRADEJP、LPDLSJP、LFIREJP 表示对上述三个变量取对数。

模型中取各项指标的绝对值而非比例是因为要考察货币国际化、金融国际化、经济金融化三者之间的相互作用关系，如用比例，可能因掺入其他因素而稀释了彼此的解释力。

第四节 对美元的实证研究

本节讨论美元的国际化对经济金融的影响,第一部分对变量的平稳性进行检验;第二部分以美元的国际清算量(CHIPSUS)来反映金融国际化程度,以考察美元国际化、金融国际化、经济金融化三者发展之间的关系;第三部分考察以美元国际债券投资(PDSLUS)反映美元的金融国际化程度时,美元国际化、金融国际化、经济金融化三者发展之间的关系。

一、变量的平稳性检验

因为进行格兰杰因果检验及建立回归方程都需求变量是平稳的,而协整检验要求两个变量必须是同阶的单整过程,所以我们首先对研究的变量的平稳性进行检验(见表5-1)。

表 5-1　　　　　　　　变量的平稳性检验

Null Hypothesis: having a unit root

Lag Length (Automatic based on SIC, MAXLAG = 7)

Augmented Dickey – Fuller test statistic

变量	t – Statistic	Prob	变量	t – Statistic	Prob
LCHIPSUS	-4.546288	0.0042	LTRADEUS	-3.876628	0.0236
LFIREUS	-7.717330	0.0000	LPDSLUS	-4.027080	0.0178
FIREUS	-0.641408	0.8489	D (FIREUS)	-5.683878	0.0000
CHIPSUS	-1.836339	0.6666	D (CHIPSUS)	-5.010292	0.0013
TRADEUS	1.385782	1.0000	D (TRADEUS)	-4.297997	0.0086
PDSLUS	3.663769	1.0000	D (PDSLUS)	-6.784820	0.0000

从表5-1的检验结果来看,TRADEUS、CHIPSUS、FIREUS、PDSLUS都是一阶单整过程,可以利用协整检验考察这些变量之间是否具有长期的均衡关系。LTRADEUS、LCHIPSUS、LFIREUS、LPDLS是平稳序列,可以对这些变量进行格兰杰因果检验及建立回归方程。

二、美国国际贸易—国际美元清算—美国金融行业

1. 格兰杰因果性。为了考察货币职能的国际发展、金融服务的国际发展、本币金融对货币职能和金融服务国际发展的支持之间的相互联系，我们首先对美国的国际贸易（TRADEUS）、国际美元清算（CHIPSUS）、美国金融保险房地产业增加值（FIREUS）进行格兰杰因果检验（见表5-2）。

表5-2 成对格兰杰因果检验（滞后项：2）

Null Hypothesis:	Obs	F-Statistic	Probability
LCHIPSUS does not Granger Cause LTRADEUS	36	2.65668	0.08611
LTRADEUS does not Granger Cause LCHIPSUS		6.50594	0.00437
LFIREUS does not Granger Cause LTRADEUS	36	3.19523	0.05474
LTRADEUS does not Granger Cause LFIREUS		4.75476	0.01581
LFIREUS does not Granger Cause LCHIPSUS	36	9.00243	0.00083
LCHIPSUS does not Granger Cause LFIREUS		0.81862	0.45035

从格兰杰因果检验的结果看，美国的国际贸易量（TRADEUS）与国际美元清算量（CHIPSUS）之间具有格兰杰因果性，即美国贸易的增加会带动国际美元清算量（CHIPSUS）的增加，这是由于国际美元清算既包括了由进出口贸易带来的国际美元结算，也包括了美元国际交易的结算，而且进出口贸易美元结算进一步滋生美元国际交易需求，如美元的外汇交易、美元的借贷融资交易以及风险对冲管理和套期保值交易等。格兰杰因果性显示美元用于国际贸易结算（货币国际化的一个指标）与金融国际化（国际美元清算量）之间存在密切的相互促进关系。

格兰杰因果检验还显示国际美元清算量（CHIPSUS）与美国的金融保险房地产业增加值（FIREUS）之间也具有因果关系，这是因为国际美元清算量所反映的美元的国际金融服务中包括了国际结算、国际借贷、国际交易等多重因素，这些交易的增加会带动金融行业整体的增加。国际结（清）算会带动美元的国际持有和国际金融服务需求，其作用机理如下：（1）美元的国际持有产生了对美元原生资产的投资需求，而美元原生资产主要由国

债、房地产等可证券化、可交易的资产构成。(2) 美元贸易结算产生的金融服务需求主要有美元外汇买卖、美元国际借贷等,所以国际美元清算量(CHIPSUS)和美国金融保险房地产业增加值(FIREUS)具有格兰杰因果性。

美国的国际贸易(TRADEUS)和美国金融保险房地产业增加值(FIREUS)的格兰杰因果关系显示由国际贸易量带动的美元国际化(以货币的国际贸易结算量为指标)对美国金融保险房地产业的推动存在着客观的渠道,其作用力可以通过美国的国际贸易量(TRADEUS)与国际美元清算量(CHIPSUS)的格兰杰因果性,以及国际美元清算量(CHIPSUS)与美国的金融保险房地产业增加值(FIREUS)之间的因果关系来显示。

2. 协整检验。接下来我们通过协整检验查看美国的国际贸易量、美元国际清算量及美国金融保险房地产业增加值是否具有长期的均衡关系(见表 5 – 3)。

表 5 – 3　　　　　　　　　协整检验结果

Sample (adjusted): 1972—2007
Included observations: 36 after adjustments
Lags interval (in first differences): 1 to 1
Unrestricted Cointegration Rank Test (Trace)

Series	Hypothesized No. of CE (s)	Eigenvalue	Trace Statistics	0.05 Critical Value	Prob.
CHIPSUS	None *	0.297984	18.54106	12.32090	0.0040
TRADEUS	At most 1 *	0.148904	5.804298	4.129906	0.0190
CHIPSUS	None *	0.435308	26.77254	25.87211	0.0386
FIREUS	At most 1	0.158195	6.199430	12.51798	0.4354
FIREUS	None *	0.444981	28.70858	25.87211	0.0216
TRADEUS	At most 1	0.188368	7.513491	12.51798	0.2940

协整方程:

$$CHIPSUS = 8150.463 + 165.084 TRADEUS$$

$$FIREUS = 183.8511 + 0.005185 CHIPSUS$$

$$FIREUS = 123.5572 + 0.955624 TRADEUS$$

第五章 货币国际化对经济金融化的影响——实证分析

从协整检验结果看，美国的国际贸易量（TRADEUS）、国际美元清算量（CHIPSUS）、金融保险房地产业增加值（FIREUS）两两之间都具有协整关系。对于美元，作为货币国际化的初始推动力——本币用于对外贸易结算，美国的国际贸易量推动了本币国际清算量随对外贸易的增长而增长，同时本币的贸易结算推动的国际交易的增长会产生对本币金融服务和金融资产的需求，进而推动本币金融及房地产业等金融服务和金融投资行业的发展，即美国的国际贸易量、国际美元清算量、金融保险房地产业增加值保持了长期同步的均衡发展。

从协整方程看，美国的国际贸易量（TRADEUS）每增加1个单位（10亿美元），国际美元清算量（CHIPSUS）增加165.084个单位（1650.84亿美元）。国际美元清算量（CHIPSUS）每增加1个单位（10亿美元），金融保险房地产业增加值（FIREUS）增加0.005185个单位（0.05185亿美元）。美国的国际贸易量（TRADEUS）每增加10亿美元，金融保险房地产业增加值（FIREUS）增加9.55624亿美元。

3. 回归分析。为了进一步考察美国的国际贸易量、国际美元清算量及美国金融保险房地产业增加值之间的数量关系，我们建立回归方程，回归结果见表5-4。

表5-4   回归结果

Method: Least Squares
Sample (adjusted): 1970—2007

Dependent Variable	Variable	Coefficient	Std. Error	t – Statistic	Prob.	R – squared
LCHIPSUS	LTRADEUS	1.650538	0.081487	20.25515	0.0000	0.919332
	C	0.509002	0.538916	-11.87339	0.0000	
LFIREUS	LCHIPSUS	0.487544	0.026501	18.39700	0.0000	0.903859
	C	1.176973	0.124857	36.40002	0.0000	
LFIREUS	LTRADEUS	0.874770	0.019776	44.23319	0.0000	0.981933
	C	0.966970	0.130791	7.393269	0.0000	

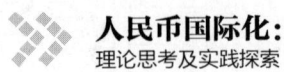

由于 TRADEUS 采用的基础数据是美国的对外贸易量,而 CHIPSUS 反映的是国际美元交易(包括离岸交易)产生的清算量,所以美国的国际贸易(TRADEUS)每增加 1 个百分点,国际美元清算量(CHIPSUS)的增加幅度大于美国的国际贸易增加幅度,为 1.65 个百分点,因为国际美元清算量包含的内容远多于美国的国际贸易一项。

由于国际美元的清算量涵盖的内容为全球美元交易借助美国银行体系完成的清算量,因此并非所有的国际美元清算(CHIPSUS)中的交易都对美国的金融保险房地产业增加值(FIREUS)产生影响(有贡献),因为美元还存在着一个庞大的欧洲美元市场,所以美元交易可以在美国以外的市场上完成,但受国际货币清算规律的影响必须在美国完成清算,这就很好地解释了国际美元清算(CHIPSUS)每增加 1 个百分点,反映美国经济金融化的指标——美国金融保险房地产业的增加值(FIREUS)只增加了 0.49 个百分点。这从另一个侧面说明了美元国际化中的溢出效应。当然,这里还有一层因素,就是数据口径上的不同,美国金融房地产业的数据是一个增加值的概念,而非发生额。

美国的进出口贸易反映以美国为一方的对外贸易,所以贸易的结果会导致跟美国交易的对手方产生对美元金融服务和美元金融资产的需求,且因为这是双边贸易产生的结果,这就解释了美国的国际贸易(TRADEUS)每增加 1 个百分点,金融保险房地产业增加值(FIREUS)能够增加 0.875 个百分点,高于国际美元清算量的影响,说明美国的进出口贸易与美国的金融保险房地产业增加值之间关系更密切些。

三、美国国际贸易—外国对美债券投资—美国金融行业

美元的国际清算量(CHIPSUS)是一个适合衡量金融国际化的指标,但是我们却没有能够找到日元对应的数据。为了与日元形成一个对比,我们需要找到美元和日元共有的数据来反映这两个货币的金融国际化情况。经过论证,我们发现国际债券投资活动是反映一国金融对其货币提供资产

支持的指标之一。虽然缺乏流量数据，但国际收支平衡表中的外国对美债券投资情况（PDSLUS）可以作为反映美国金融市场服务于国际美元的一个指标，因为国际美元会通过在美国债券市场上的投资、融资等活动来实现美元用于贸易结算和国际交易的相关需求，从这个角度出发，该指标用来评估美国金融服务的国际化情况具有一定的合理性。此处将采用外国对美债券投资作为金融国际化的另外一个指标，来考察货币国际化、金融国际化及经济金融化发展的互动关系。外国对美债券投资（PDSLUS）作为国际收支平衡表中的数据，对应于美元和日元都有比较详细可靠的数据，这使得我们关于美元和日元的对比成为可能。另外，通过统计分析，我们发现美元的国际清算量（CHIPSUS）和外国对美债券投资（PDSLUS）具有双向的格兰杰因果关系，而且相关系数为0.84，也就是说它们保持了很强的互动性和相关性，这为这种替代提供了统计上的证据（见表5-5）。

表5-5　　　　　　成对格兰杰因果检验（滞后项：2）

Null Hypothesis	Obs	F – Statistic	Probability
LCHIPSUS does not Granger Cause LPDSLUS	36	7.25564	0.00260
LPDSLUS does not Granger Cause LCHIPSUS		7.57928	0.00209

1. 格兰杰因果性。从格兰杰因果检验的结果（见表5-6）看，对美元来讲，美国国际贸易（TRADEUS）、外国对美债券投资（PDSLUS）、美国金融保险房地产业增加值（FIREUS）两两之间都具有因果性。这是因为贸易结算会产生融资需求和投资需求，在美国以直接融资为主的金融模式下，贸易融资产品能够转化为市场交易产品，从而为持有美元的国际投资者提供投资产品；贸易结算带动美元的跨境持有，从而产生美元的投资需求，而债券市场是投资的主要方向，因此美元的贸易结算会带动美元的国际债券投资。国际债券投资需要金融业提供相应的配套服务，如债券承销、托管、评估、交收结算等，同时房地产业作为转化性最强的原生资产，可以为债券投资提供产品，因此本币用于贸易结算的结果会通过债

投资需求带动金融保险房地产行业的发展。

表 5-6　　　　　　　成对格兰杰因果检验（滞后项：2）

Null Hypothesis	Obs	F – Statistic	Probability
LPDSLUS does not Granger Cause LTRADEUS	36	9.76524	0.00051
LTRADEUS does not Granger Cause LPDSLUS		10.4975	0.00033
LFIREUS does not Granger Cause LPDSLUS	36	12.0448	0.00013
LPDSLUS does not Granger Cause LFIREUS		0.34814	0.70873

2. 协整检验。从协整检验结果（见表 5-7）看，美国的国际贸易量（TRADEUS）、外国对美债券投资（PDSLUS）、金融保险房地产业增加值（FIREUS）两两之间都具有协整关系。贸易结算带动美元的跨境持有，从而产生美元的投资需求，而债券市场是投资的主要方向，国际债券投资又带动了美国金融房地产业的发展，从而使美国的国际贸易量、美元的国际债券投资、金融保险房地产业保持了长期同步的均衡发展。

表 5-7　　　　　　　　协整检验结果

Sample (adjusted): 1972—2007

Lags interval (in first differences): 1 to 1

Unrestricted Cointegration Rank Test (Trace)

Series	Hypothesized No. of CE (s)	Eigenvalue	Trace Statistics	0.05 Critical Value	Prob.
PDSLUS TRADEUS	None *	0.354705	16.13409	12.32090	0.0110
	At most 1	0.010071	0.364386	4.129906	0.6091
FIERUS PDSLUS	None *	0.422802	19.83187	15.49471	0.0104
	At most 1	0.001315	0.047374	3.841466	0.8277

协整方程如下：

$$PDSLUS = -124.2002 + 0.29772 TRADEUS$$

$$FIREUS = 628.936 + 2.624219 PDSLUS$$

从协整方程中的系数来看，美国的国际贸易量（TRADEUS）每增加 1 个单位即 10 亿美元，外国对美债券投资余额（PDSLUS）增加 2.9772 亿美元；外国对美债券投资余额（PDSLUS）每增加 1 个单位即 10 亿美元，金融保险房地产业增加值（FIREUS）增加 26.24219 亿美元①。

3. 回归分析。投资于美国债券市场的美元资金有来自于美国双边贸易结算的，也有来自于将美元作为第三方货币结算的情况，再加上欧洲美元市场的因素，导致由多元因素构成的外国对美债券投资（PDSLUS）的增长变动大于由双边因素构成的美国国际贸易量（TRADEUS）的变动，这与回归的结果，即美国国际贸易量（TRADEUS）每增加 1 个百分点，外国对美债券投资余额（PDSLUS）可以增加 1.697 个百分点保持一致，即后者的增加部分地来自美国贸易以外的因素。回归结果详见表 5 – 8。

表 5 – 8　　　　　　　　　　　回归结果

Method：Least Squares

Sample（adjusted）：1970—2007

Dependent Variable	Variable	Coefficient	Std. Error	t – Statistic	Prob.	R – squared
LPDSLUS	LTRADEUS	1.696645	0.132728	12.78290	0.0000	0.819461
	C	– 7.157687	0.877793	– 8.154183	0.0000	
LFIERUS	LPDSLUS	0.435018	0.030095	14.45469	0.0000	0.853024
	C	4.974651	0.130904	38.00230	0.0000	

另外，外国对美债券投资余额与美国金融房地产业增加值指标之间的系数显示前者每变动 1 个百分点，后者的变动仅为 0.435 个百分点。由于回归分析是在取对数基础上开展的，因此百分点之间的变动关系说明美国金融、保险、房地产业增加值的变动相对于外国对美债券投资余额而言变化不大。

---

① 作为金融保险房地产业增加值的指标，反映的是整个金融、保险、房地产产业链上的增加值情况。由于金融创新的发展，金融房地产产业链上的细分环节很多，因此造成产业链很长，所以增加值作为发生量，与此处作为余额的美国国际债券投资数据之间的关系有点特别。

第五节 对日元的实证结果

一、平稳性检验

从平稳性检验的结果（见表5-9）看，LTRADEJP、LFIREJP、LPDSLJP都是平稳过程，可以进行格兰杰因果检验及建立回归方程；TRADEJP、PDSLJP、FIREJP都是一阶单整过程，可以进行协整检验。

表5-9　　　　　　　　变量的平稳性检验

Null Hypothesis: having a unit root
Lag Length (Automatic based on SIC, MAXLAG = 7)
Augmented Dickey – Fuller test statistic

变量	t – Statistic	Prob.	变量	t – Statistic	Prob.
PDSLJP	-0.957898	0.2943	D (PDSLJP)	-7.500421	0.0000
FIREJP	0.913681	0.8983	D (FIREJP)	-1.177537	0.2116
TRADEJP	1.139168	0.9969	D (TRADEJP)	-4.607571	0.0050
LFIREJP	-6.838030	0.0000	LPDSLJP	-3.513883	0.0145
LTRADEJP	-3.687104	0.0096			

二、格兰杰因果检验

从格兰杰因果检验结果（见表5-10）看，日本GDP中金融保险房地产业增加值（FIREJP）和日本的进出口使用日元结算量（TRADEJP）具有因果关系，日本的进出口使用日元结算量（TRADEJP）和外国对日债券投资（PDSLJP）、外国对日债券投资（PDSLJP）和日本的金融保险房地产业增加值（FIREJP）都没有因果关系。主要原因有：日本的贸易是顺差且以日元计算的出口比例高于进口结算比例，这导致日元资金在流向上呈现从境外主体向日本境内主体流动的格局，这意味着贸易结算的结果是日元资金汇聚到日本主体手中，而日本主体在本国管理日元资金和资产时会推动日本国内金融保险与房地产业的发展，但是由于推动者为国内主体，所以未能传递到反映金融国际化的日元国际债券投资（PDSLJP）上。这是日元国际化与美元国际化不同的一个结果，即美国贸易逆差输出美元，造成境外对美国债券投资活动的增加，而日本贸易顺差导致境外持有的日元回流，从而使得日本国际贸易与外国对日债券投资活动之间没有明显的因果关系。

表 5-10　　　　成对格兰杰因果检验（滞后项：2）

Null Hypothesis:	Obs	F – Statistic	Probability
LPDSLJP does not Granger Cause LTRADEJP	29	0.27486	0.76203
LTRADEJP does not Granger Cause LPDSLJP		2.53430	0.10033
LFIREJP does not Granger Cause LTRADEJP	25	4.42050	0.02572
LTRADEJP does not Granger Cause LFIREJP		2.79268	0.08519
LFIREJP does not Granger Cause LPDSLJP	25	0.39717	0.67741
LPDSLJP does not Granger Cause LFIREJP		0.29055	0.75095

三、协整检验

对日元相关指标的协整检验散点图如图 5-1 所示。

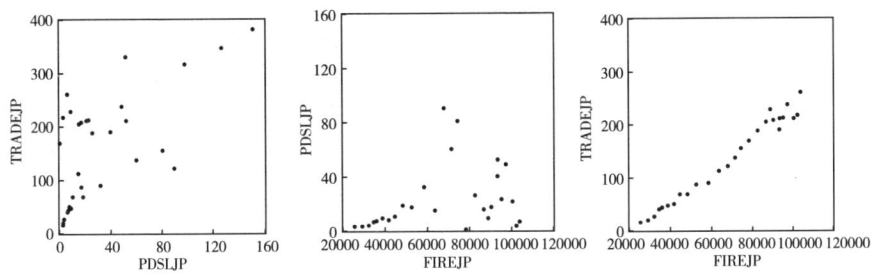

图 5-1　日元协整检验散点图

从协整检验结果（见表 5-11）看，外国投资日本债券量（PDSLJP）和日本的进出口使用日元结算量（TRADEJP）不具有同步发展的关系，日本 GDP 中金融保险房地产业增加值（FIREJP）和外国投资日本债券量（PDSLJP）不具有长期的均衡关系，日本 GDP 中金融保险房地产业增加值

(FIREJP）与其贸易量（TRADEJP）也不具有协整的关系。这可以从另一个角度说明日元的国际化程度低于美国，因为虽然两国金融保险房地产业占 GDP 比重相似，但是日元的金融管制限制了国内日元原生资产对日元国际化的支持，这就使得外国投资并持有日元金融资产的量始终不高，从而打断了这些变量之间的协整关系，关于这一点请参见第四章第一节和第二节的分析。

表 5-11 协整检验结果

Sample (adjusted)：1979—2007

Included observations：29 after adjustments

Lags interval (in first differences)：1 to 1

Unrestricted Cointegration Rank Test (Trace)

Series	Hypothesized No. of CE (s)	Eigenvalue	Trace Statistics	0.05 Critical Value	Prob.
PDSLJP TRADEJP	None	0.204591	9.407151	25.87211	0.9477
	At most 1	0.091069	2.769102	12.51798	0.9028
FIREJP PDSLJP	None	0.238419	9.236821	25.87211	0.9533
	At most 1	0.092547	2.427849	12.51798	0.9364
FIREJP TRADEJP	None	0.315907	12.18148	18.39771	0.2958
	At most 1	0.120059	3.069603	3.841466	0.0798

第六节 初步结论

本章通过上述计量模型的分析和讨论可以清晰地得出以下结论，即货币国际化、金融国际化、经济金融化三者发展之间的联动关系在美元上面得到了较好的验证，但在日元上面却没能得到同样的验证结果。这表明美元国际化与日元国际化进程中有相关因素导致了这种原本应该发生的传导在日元上产生了断裂。

一、对美元情况的评述

就美元而言,由实体经济开展国际贸易并以美元结算为基础推动的美元国际化带动了国际美元清算量和国际美元债券市场投资量的增加,进而为美元金融服务面向全球提供而形成的美国金融国际化创造了条件,美国金融业(包括保险和房地产业)在应运国际美元需求的过程中开展了积极的应对,并在政府放松金融管制的环境下得到了较快的、与美元国际化同步的发展,从而提高了金融业在整个国民经济中的地位,虽然以占比形式反映的经济金融化程度并未出现明显的增长,但三者的发展之间存在联动关系得到了模型的检验。这为本章的论点提供了具有说服力的论据。此外,美国贸易的逆差格局为向外输出美元提供了通道,这些输出的美元在货币国际清算规律的作用下都存放在美国的银行体系内,尽管中间因离岸美元市场的出现产生了一定的漏出,即离岸市场替代了部分对美国美元的货币金融服务需求(这已在模型的回归分析中得到检验),但美国无疑是美元国际化的最大受益者,美国金融业(含保险、房地产业)从中获得了极大的发展。依据经济学家对经济金融化的研究理论,结合美国国民收入核算中金融部门和非金融部门在税前利润方面的表现(见图5-2)来看,1977—2007年,虽然美国金融部门的税前利润总体上仍低于非金融部门,但金融部门税前利润呈现上行趋势,而非金融部门的税前利润则呈现下行趋势,这充分说明了美国经济的金融化现象。再结合模型检验的结果,可以清晰地看出美元国际化、美国金融国际化乃至全球化和美国经济金融化之间是存在长期稳定的同向发展关系的。

二、对日元情况的评述

就日元而言,虽然日本不断增长的贸易量以及日元在日本对外贸易结算中使用比例的增加使得日元作为国际贸易结算货币的支付职能得到了发展,但日本金融开放进程的缓慢、严格的市场保护等制度安排上的问题,

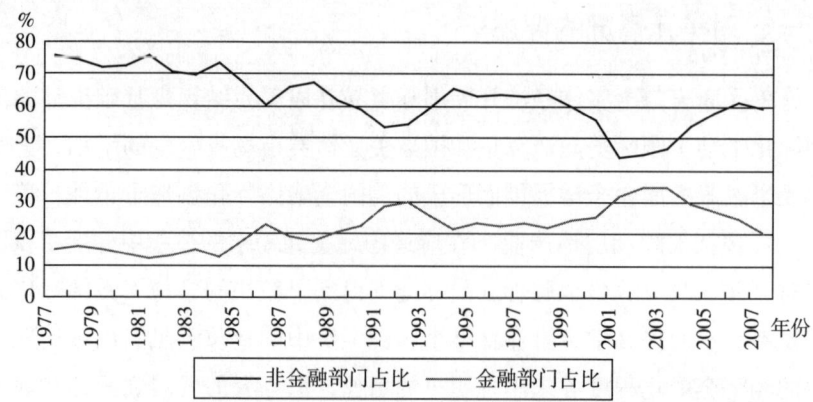

注：根据美国国民收入分配表整理。

图 5-2 美国金融部门与非金融部门税前利润情况

限制了对已经走向国际的日元的原生资产的供给，导致大量对日元金融服务的需求包括日本国内对本币金融服务的需求也转移到了欧洲日元市场上，致使日本国内的金融服务业未能搭乘日元国际化的"便车"收获日元国际化带来的外部性；再加上日本贸易长期持续顺差以及日元用于出口贸易结算的比例高于用于进口结算比例的格局不利于日元输出，境外获取日元的渠道主要依靠金融输出（借贷），且日元汇率波动较大和日本的低利率政策导致的日元资产低收益率，使得日元并未如美元般扩大国际化的成果，其货币职能在国际上只是停留在本国的贸易结算货币和国际交易货币阶段，未能很好地发展其资产储备货币职能，在日元资产的国际持有上一直表现欠佳。因此，模型检验未能出现与美元一样的结果。

图 5-3 为根据日本国际收支平衡表的资本及金融账户交易下日本为负债方①口径整理的日元国际资产情况以及日本银行业的对外资产情况

---

① 根据国际收支平衡表的借贷记账法核算原理，日本的负债即为国际的资产；且作为日元原生资产生产地，日本的负债主要包括四个方面：权益类证券负债、债务类证券负债、银行负债以及其他负债。这四种负债方式中只有银行负债（吸收存款）可能存在非日元现象。

第五章 货币国际化对经济金融化的影响——实证分析

（银行对外信贷部分）。

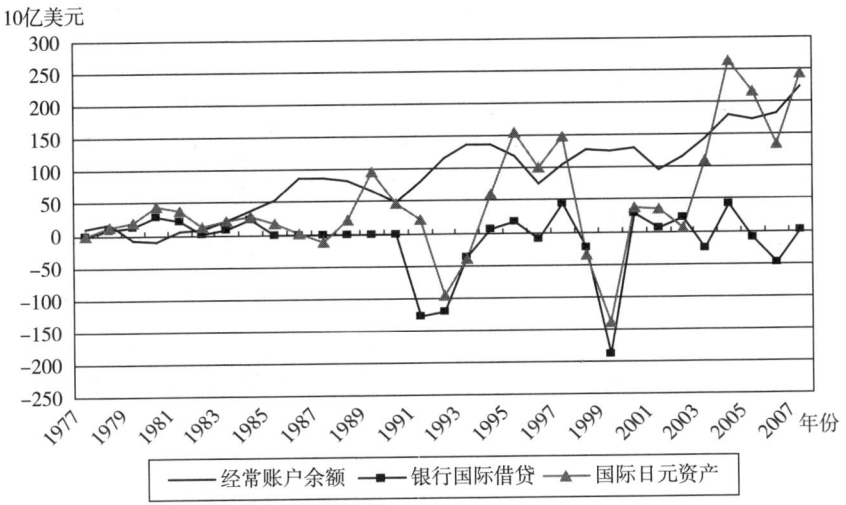

注：根据日本国际收支平衡表整理。

图 5-3 日本经常账户、国际借贷以及国际日元资产情况

通过考察比较日本自身编制的国际收支平衡表（BOP）和由国际金融机构报告编制的国际清算银行（BIS）的相关数据，可以清晰地看出日元国际化过程中对外产生的溢出效应情况（见图 5-4）。

虽然统计口径不同，但日本自身编制的国际负债（国际持有的日本资产）头寸与国际清算银行通过各申报银行主体以外币资产方式报告的日元资产头寸之间存在明显的差距，这中间有统计误差或口径不一致的原因，但也反映了日本以外的日元金融交易情况，即日元存在着一个庞大的离岸日元市场，且这个市场并非是日本的东京离岸日元市场①，而是不受日本控制也不向日本报告的欧洲日元市场。

---

① 日本东京离岸日元市场经营者应当向财务省报告头寸情况，因此日本的统计中会包括这些头寸。

163

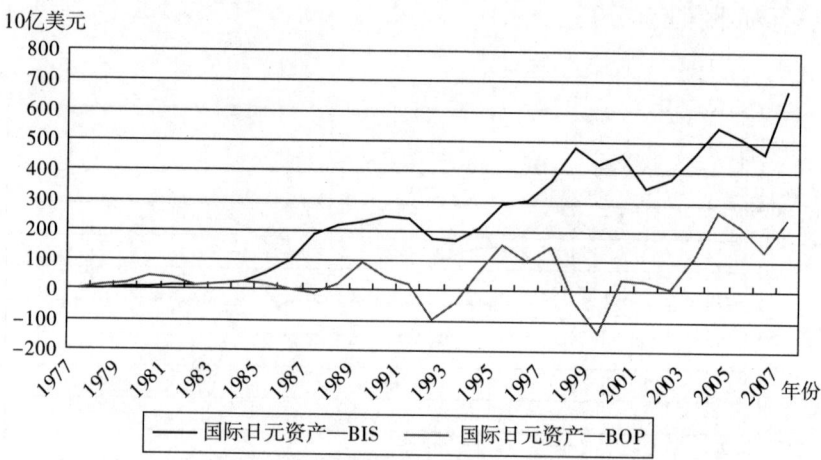

注：根据 IFS 的 BOP 和 BIS 的国际银行信贷统计整理。

图 5-4　不同统计口径下国际日元资产比较

三、结论

尽管因数据可得原因，我们只能选择美元和日元两个货币进行模型检验，且检验结果不尽一致，但本章的基本论点是成立的，即对于货币发行国而言，其货币国际化、金融国际化以及经济金融化是三个互相作用的共同发展进程；三者之间存在着由货币国际化带动金融国际化并推动经济金融化的传导效应；这种传导有着因制度安排的不到位或溢出效应而发生变异的可能，传导中的变异既包括间断，如日元（庞大的贸易量在出口大于进口的顺差作用下直接传导到国内金融保险房地产业，但未能如美元般推动日本金融的国际化发展，再加上欧洲日元市场的发展，日本金融市场出现空洞化现象），也包括溢出，如美元（庞大的贸易量在进口大于出口的逆差作用下推动美国金融国际化发展，同时溢出产生了庞大的欧洲美元市场，致使离岸市场的大量交易惠及他国金融服务供应商并最终导致了对美元定价权的争夺）。

人民币国际化：
理论思考及实践探索

From RMB to CNY: Some Theoretical
Thinking & Practical Exploration on
Currency Internationalization

第六章

人民币国际化与金融服务国际贸易

货币国际化带来的好处就是能够让本国金融机构依托本币开展金融服务的国际贸易，而上海国际金融中心建设要打造的首先就是我国金融机构参与国际竞争的能力，即以本币向国际主体提供金融服务的能力，当然能力建设不仅仅是金融机构自身的，还是金融服务供给部门整体的，包括制度建设等影响金融服务能力提升的方方面面。本章重点讨论人民币国际化对我国金融服务国际贸易的影响以及相关的政策，部分内容可能与第四章重合。

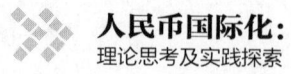

应该说，金融服务国际贸易按照世界贸易组织对服务贸易的定义来看，可以分为跨境提供的金融服务、境外消费的金融服务、以商业存在方式提供的金融服务以及以自然人流动方式提供的金融服务。由于金融需要强大的信用支持，因此以自然人流动方式提供的金融服务除了资讯相关的金融服务以外比较少见。

第一节 我国金融服务业的国际贸易现状

我国金融服务业的国际贸易受多重因素影响：一是货币的国际化程度不高导致大量的金融服务国际贸易处于进口状态，如以他国货币为我国实体经济提供金融服务，其本质就是我国金融服务贸易中的进口，因为我国金融机构在向我国主体提供外币金融服务时需要借助该货币发行国的金融基础设施来开展。二是我国金融机构自身的国际化程度不高，在国际上没有广泛的网络覆盖，且在外币金融服务领域的竞争力比起那些国际货币发行国金融机构来说总是没有主场优势。三是我国各类隐性或显性的管制较多，制约了金融服务国际贸易的开展。

表6-1重点评估了商业存在模式以及跨境提供模式下我国金融服务国际贸易的现状。可以看出，商业存在模式下的金融服务国际贸易主要是在对外国资本的开放准入上。从开放的角度来看，目前受到的约束主要来自对等开放和资质要求。鉴于金融行业虽然是竞争性服务业，但其经营的产品主要为货币、信用及其衍生产品，涉及的风险较大，因此以对等开放和资质要求的方式来实施市场准入的管理模式是可行的，也是各国通行的。

跨境提供这一模式下的金融服务国际贸易，目前受到的主要限制来自汇兑管制，与货币的国际化程度和可兑换程度有关。从开放的角度来看，金融服务国际贸易如果以本国货币为载体来提供则可以更好地开展并做强金融服务的出口，因为本币金融服务的跨境提供意味着我国金融机构及金融基础设施服务境外主体的各类金融需求。同时，正因为是以人民币为载体来开展的金融服务国际贸易，跨境提供就成为我国金融服务的出口，整体开放风险也可以在国际货币清算规律的作用下依托我国的金融体系和货币政策的宏观调控作用来做更好的设计，可以动用的风险干预工具也更多。

从评估来看，当前我国金融服务在跨境提供这一模式下因循我国经济、金融总体开放的节奏和步骤，采取了以跨境收支管理为特点的风险管控模式，核心是通过设置一定的汇兑管制来实施跨境资金流动带来的风险管理。正如前文所讨论的，立足本币的金融服务跨境贸易不再有汇兑环节（一方面是由于人民币直接跨境收付已经没有了汇兑环节；另一方面，汇兑行为可能发生在境外，在"法不越境"的情况下，我国无法对境外的汇兑环节实施管制），所以需要也可以从货币政策以及宏观审慎角度来重新设计人民币国际化（包括可兑换）后的整体跨境风险管控。这既是上海国际金融中心建设中应有的内容，也是我国人民币国际化后应做的功课。本书第七章将讨论这一议题。

第二节　货币国际化过程中跨境金融服务的需求分析

金融作为一个服务性行业，其发展必然受需求和供给的双面影响，但服务行业的特性决定了需求面的影响作用大于供给面。这里重点分析讨论实体经济需求对货币金融服务贸易的传导影响。

一、本币结算跨境国际贸易驱动的本币境外持有进程

从前面章节对货币国际化的理论及主流货币的国际化实践考察中可以得知，只要货币发行国不限制，以本币结算国际贸易符合经济主体利益最大化原则下的货币选择逻辑。因此，贸易本币结算是国家信用货币走向国

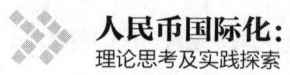

人民币国际化：理论思考及实践探索

From RMB to CNY: Some Theoretical Thinking & Practical Exploration on Currency Internationalization

际化的第一步；而根据国际货币结（清）算规律，贸易本币结算的前提是境外银行要在货币发行国的境内选择银行开立本币①跨境的结（清）算账户，国际上通常指称为代理行账户（correspondent banking accounts）。这是银行构建货币跨境结算网络的先决条件。因为银行跨境开立了货币代理结算的账户后，才能为当地的各类经济主体提供该货币的账户以及结算等相关服务。

关于这一点，可以从经济主体利益最大化下的决策选择来讨论。

经济主体将本币用于跨境国际贸易（包括货物及劳务等）结算将产生本币资金的跨境收付。与货物和劳务交收方式不同的是，资金的跨境收付只能通过两种方式进行：一是现钞直接交付，二是银行转账支付（包括信用卡、信用证、托收、汇款等）。假设货币发行国为A国，其货币为A货币，A国经济主体为A企业，A国银行为A银行，境外主体统称为F企业、F银行。具体说明如下：A企业以A货币购买境外的货物或劳务时，需要将A货币支付给F企业。A企业要么将A货币以现钞方式直接交付到F企业手中（旅游购物时通常采取的方法），要么通过A银行将A货币支付给F企业。

先考虑现钞支付的情形。F企业收到A货币后也有两种处置方式：一是窖藏，将A货币锁进保险柜，以备下次支付使用出去。这需要承担"两个成本一个风险"：两个成本包括买保险柜的成本以及损失保存期间利息收入的成本，风险是被偷盗或毁损的风险。二是存银行，将A货币存到银行。这需要做一个选择并承担相关的成本和风险。选择是：将A货币原币存银行，继续持有A货币，还是将A货币兑换为F货币即自己国家的法币？如果决定持有A货币，则需要找到能够接受A货币存款的银行（假定F国银行都接受A货币存款），这意味着F企业可以获取银行对这笔A货币存款支付的利息或收益，但同时需要承担A货币相对F货币贬

---

① 此处及下文均以货币发行国角度称谓本币和外币。

值或收益较低的风险。如果决定兑换成F货币，则情形就简单多了，F企业只要将A货币交到自己的开户银行并发出兑换为F货币的指令即可。F银行会将A货币收兑并对价支付F货币给F企业。由上文可知，从成本收益角度来衡量，F企业的选择将是存银行，因为保留现钞不符合其经济利益最大化的决策逻辑。

再考虑银行转账支付方式。这其实与货币的国内结算一样。A企业向其开户银行发出向F企业支付A货币的付款指令，此时A企业需要告知A银行F企业开立的银行账户。这意味着F企业有两种情况：一是已经接受A货币并在F银行开立了A货币的结算账户，二是接受A货币但并未在F银行开立A货币的结算账户，只是用原来的F货币账户来完成这笔A货币的资金结算。在金额、账号以及收款人信息齐备的情况下，A银行将扣减A企业的A货币存款账户资金，并在自己的境外代理结算网络中寻找路径最短、成本最低的境外代理结算银行。此时，将该笔A货币款项直接贷记F银行在本行开立的A货币代理行账户是最直接、最高效、最低廉的结算路径。完成贷记动作后，A银行需要告知F银行有该笔款项已经贷记其账户，要求其按照通知上的最终收款人户名和账号为F企业入账。F银行收到已贷记的通知后即可按相关信息为F企业入账：F企业有A货币账户时直接入账，F企业没有A货币账户时，则为其兑换成F货币后入F货币账户。

由此可见，无论是现钞交付还是银行转账支付，境外主体在境内开立本币跨境结算的账户都符合经济利益最大化的决策逻辑。对于境外F企业来说，同意以A货币结算与A企业的业务往来意味着认可A货币，从效益最大化角度出发，选择开立A货币账户是最理性的，账户可以开立在本地提供A货币跨境服务的F银行，也可以直接开立到A国的A银行，这取决于银行服务的便捷程度。对于境外F银行来说，与A国银行建立A货币的跨境代理结算关系并开立A货币代理行账户将帮助其提高在当地的竞争力，为当地企业提供更多的服务产品选择，同时也可通过A银行提供

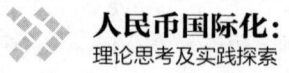

的 A 货币服务实现资产负债多元化经营和收益。当然，A 货币的相关风险也必须同时承担。这就是由实体经济需求驱动的 A 货币的国际化进程的第一步：实体经济以本币结算跨境国际贸易，导致境外主体（企业和银行）出现开立本币账户、用本币进行跨境收付（借贷记）并保留本币存款的需求。

二、本币境外持有下的需求分析

境外主体通过开立某种货币的银行账户来完成与货币发行国或其他国家经济主体之间的贸易等经济往来的结算后，其收到的该种货币的资金将存入这类银行账户并由此转变为该种货币的境外存款。但有一点需要指出的是，这类为境外主体持有的货币存款并未离开其发行国银行体系，而是作为发行国银行系统吸收的境外存款形式存在，也即货币资金的所有权可能因经济主体之间的交易而发生了转移，但资金本身只是在银行账户间的划转，并未离开其发行国的银行体系。这就是货币国际结（清）算规则决定的国际金融奥妙所在。从宏微观经济理论观点或是货币当局的统计归类来看，存款是一项最初级的货币资产，境外主体持有的存款自然就是境外主体的货币资产，也将与其他货币资产一样产生相应的需求，具体讨论如下。为简单起见，仍然沿用上述分析模型进行讨论。

（一）货币的资产管理需求

先看企业层面的资产管理需求。假定 F 企业将其收到的 A 货币做原币存放 F 银行账户处理。此时 F 企业的资产中就会产生 A 货币存款。作为一项外币资产，F 企业除了能够从银行获取存款利息以及留作下次与 A 国企业交易支付外，F 企业还需要承担资金占用的或有成本以及 A 货币贬值的成本，因此，F 企业需要在成本和收益间进行评估，在 A 货币资产收益大于成本时才决定持有该项资产，否则就放弃。这时产生的需求可以描述如下：（1）"收益大于成本"原则下的资产管理需求，如果银行存款利率不足以抵补持有 A 货币带来的或有成本（可以 F 货币存款收益为衡量标准）

以及贬值风险(可以A货币与F货币间的汇率变动为依据)的话。这里的资产管理需求就包括但不限于投资A货币存款以外的资产品种,如国债、企业债等符合F企业风险管理标准的、收益更高的产品,也包括委托放款或直接投资等F企业可以接受的收益高于存款的资产种类。(2)如果F企业无法通过资产管理获取高于持有成本的收益,就会产生放弃A货币的行为,这里产生的需求是兑换,即将A货币兑换成F货币或其他收益更高的货币。

由此可见,在企业层面A货币在满足了交易结算需求后带来的需求就是资产的保值增值需求,因为持有外国货币(A货币)的代价显然要高于持有本国货币(F货币),这是由于两种货币之间本身就存在着兑换成本,且在货币本位制下货币间的汇率一直处于变动中,管理的需求大于本币。

再看银行层面的资产管理需求。F银行为了给F国的企业提供A货币的跨境结算而在A国选择A银行开立代理行账户后,也成为A货币的持有者。这里的持有既包括F银行自身通过兑换获取A货币以备付之用的资金,也包括F企业存放在F银行而形成的代持资金。作为本身就是经营货币和信用的金融机构,F银行自然需要通过相关的金融产品来实现A货币资产的保值增值以及风险规避。产生的需求有三个方面:(1)"收益大于成本"原则下的资产管理需求。因为这笔A货币资金是存放在A银行的,因此这一资产管理需求自然最先通过商务谈判方式反馈到A银行,即A银行应当对F银行持有的A货币存款支付合理的利息(关于A银行的账户服务成本将在下文讨论),使得F银行从持有A货币上获取的收益能够覆盖其成本(包括其支付给F企业的利息和承担的资金占用或有成本以及货币间的兑换风险等);更进一步地,A货币的收益应当在国际货币环境下具有竞争性。(2)退出A货币而产生的货币兑换需求。(3)为保值增值而开展资产运作的需求。这是作为境外吸收A货币存款的银行来说特有的,即F银行需要满足F企业等的资产管理需求而向其提供A货币的高回报时采取的A货币经营策略(详见下文分析)。

由此可见,对于境外银行来说,作为资产持有的 A 货币产生的管理需求也是多方面的。

(二) 货币的负债管理需求

货币的负债管理需求其实就是资产管理需求的对立面。

如需向 A 企业支付 A 货币时,F 企业首先就面临一个从何处获取 A 货币的问题。对于这个问题的解决有三种方式:一是从已有的 A 货币存款中直接支付,这将产生存款的回流性跨境支付需求,也是最方便的一种;二是用 F 货币向 F 银行兑换获取 A 货币,这将产生货币的境外兑换需求;三是向 F 银行申请 A 货币贷款,产生货币的境外融资需求,即境外企业以 A 货币负债的需求。

对于境外的 F 银行来说,自身账户上有 A 货币时,可以直接贷放给 F 企业以满足其对 A 货币的资金需求,这便构成 A 货币的境外银行信贷需求,也是作为银行对 A 货币的经营策略之一。F 银行自身没有 A 货币或 A 货币资金不足时,则需要向拥有 A 货币的银行拆借,这便构成银行间的跨境融资需求。此时为 F 银行开立 A 货币代理行账户的 A 银行通常能够成为这一融资需求最直接的受理者,因为通过对账户活动的观察,A 银行可以随时掌握 F 银行对 A 货币的资金需求情况(详见后文对比较优势的分析)。

根据国际收支平衡表分类情况以及居民与非居民间各类交易所涉及的资金收付的性质分析,可以发现这样一些规则:经常账户的各类交易涉及的跨境资金结算完成的是资金所有权在居民与非居民之间的转移,资本及金融账户的各类交易(资本性转移类交易如捐赠等除外)涉及的跨境资金结算完成的是资金使用权在居民与非居民之间的转移。根据这一观察,货币的负债需求属于资金使用权的转移,最终要以"连本带息"的方式偿还。

综上所述,货币国际化对货币需求的影响主要来自国外。对货币发行国而言,原先仅本国居民用本国货币的格局将因货币国际化而改变,主要

体现在以下方面:

一是货币需求主体方面。一般情况下,货币发行以满足本国经济发展为目的,因此货币的需求主体是本国的居民(包括法人和自然人)。然而,自一国货币用于跨境贸易结算起,两类新的境外主体即境外代理结算的银行以及境外贸易对手企业将成为本国货币的需求者。与此同时,作为替代效应,原先由境内主体产生的对外币的需求将因本币用于国际贸易结算而逐步消失。

二是货币需求内容方面。套用凯恩斯对货币需求的分析理论,就境外主体(包括境外代理结算的银行和贸易对手企业)而言,因贸易结算而产生的对 A 货币的需求有以下几种:(1)交易性需求——需要用这种货币来完成支付;(2)预防性需求——需要保留这种货币以备支付;(3)投机性需求——为持有的货币资产实现保值增值。这三种需求在类型和性质上与国内居民的货币需求无异,但由于境外主体将 A 货币定位于外币,因此境外主体的这三种需求对 A 货币产生的实际影响既有与境内主体相同的地方,也会有别于境内主体,即需求来自境外,而境外主体是在国际比较中进行币种和资产决策选择的。

从以上分析可以发现,境外持有的本币构成的资产和负债管理需求将直接反馈到境内为境外开立本币账户的银行机构;这类来自境外的货币需求将构成货币国际化的直接驱动力,但是否能够成为对货币发行国金融国际化和经济金融化的驱动力则要视货币发行国的响应情况而定了,因为这里存在着一个效益外溢现象,即境外产生货币资产创造的情况。

三、本币境外需求的效益外溢现象

分析本币境外需求的效益外溢问题,需要从境外经济主体的决策角度来看。境外主体对非本币的货币需求和金融服务需求是在一个进行国际比较的环境下发生作用的,即境外主体可以在本币与外币、此外币与彼外币间进行选择,此时的比较一般包括以下三方面因素:

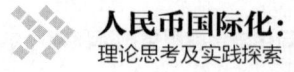

From RMB to CNY: Some Theoretical Thinking & Practical Exploration on Currency Internationalization

（一）国际货币属性的比较。

由于境外主体与境内主体对于货币的定位是不同的，因此经济主体对非本币的货币和货币金融服务需求受国际货币属性比较的影响。决定货币属性的因素主要包括：(1) 货币发行国的国家因素，即货币发行国是否为政治、经济等综合实力方面的强国，即所谓强国强币，这可以从英镑及美元等国际主流货币的演进实践中得到印证。对于经济主体而言，选择非本币的货币时（对非本币产生货币需求时），强币的支付能力强，保值能力强；弱币的支付能力弱，贬值风险大。对于境外主体而言，选择强币收款并持有、选择弱币支付并兑出有优势。(2) 货币发行国的金融因素也即金融服务的供给因素，主要包括货币及与该货币有关的金融服务的可得性、成本、风险等方面的内容。

一般而言，货币金融服务的可得性、成本以及风险等由货币发行国的货币当局、银行等金融服务提供商以及金融市场的发展情况所决定。货币发行国的货币当局决定该货币金融服务的跨境提供合法性以及货币宏观调控给该货币带来的稳定性、成本等因素，银行等金融服务提供商和金融市场的发展情况决定该货币金融服务的效率、成本以及风险等因素。

（二）贸易对手及贸易品的市场属性比较

"出口方更倾向于本币结算"的逻辑表明成本收益核算是经济主体在进行货币选择时的主要考虑。对于出口商而言，选择外币而非本币结算是不得已的事。因此，在商务谈判中与贸易对手的关系以及贸易品的市场属性（买方市场还是卖方市场）在一定程度上影响出口方接受弱势外币的决策①。如果与贸易对手的合作关系以及贸易品本身具有高度替代性，则经济主体一般不倾向于接受非本币或弱势外币结算出口贸易，因为可以选择其他贸易对手或贸易品来完成交易。

---

① 此处弱势外币是指在国际货币比较中处于弱势的货币，如汇率一直处于高波动状态、货币发行国的通货膨胀率高、货币的金融市场不发达等。

第六章 人民币国际化与金融服务国际贸易

(三) 货币资产的收益率比较

货币除了满足支付结算等交易需求外,还具有资产属性。经济主体是否持有非本币的货币资产取决于对各种货币资产的收益率比较,这种比较还在一定程度上影响经济主体对贸易结算货币的选择,因为贸易结算的结果将导致资产负债管理中货币结构的调整:支付强货币与收取弱货币将弱化资产组合的收益,支付弱货币与收取强货币则有利于提高资产组合的收益。

关于微观货币选择理论,国际上已有许多成熟的研究成果(详见本书前面章节的讨论),这里不再展开讨论。总体来看,经济主体将考察货币的历史以及现行表现,并对将来进行分析后作出货币的选择,其中有两项因素与金融供给有关。

对货币发行国而言,由于国际货币结(清)算规则的作用,这些境外需求也是 A 国货币需求的一部分。这一点可以通过当今国际上各国央行对货币各项指标的统计定义来解释。由于货币需求等于货币供给,且所有货币都存放在其发行国银行体系内,因此央行在统计和考察货币量时通常将境外持有的货币情况包括在 M_0、M_1、M_2 等指标中,而不是将境外持有的货币资产独立出来进行公布。但任何国家的央行或有关部门都掌握了境外持有本国货币的情况,这是因为相关规定能够确保银行根据货币持有者的国籍进行区分(一般通过不同税收待遇表格以及开户时的身份证明文件实现)。从目前来看,在国际上各国央行公布的关于货币的统计中,美联储在 2006 年以前一直统计并公布包括欧洲美元在内的 M_3 指标,但自 2006 年起,因其使用价值有限而停止采集;但从 2014 年起,纽约联储采用新的统计报告(FR2420),又开始关注和观察境外美元(欧洲美元)对其联邦基金市场的影响了。日本央行在公布货币量时,"广义流动性指标"中包括"外国债券"内容。

正因为如此,货币发行国境内银行是境外任何需求的直接接触方,但境外主体比境内主体在货币及其服务上拥有国际比较和国际性选择权使得

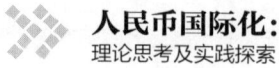

这类需求存在外溢可能,即货币发行国的货币及金融服务提供者虽然拥有货币发行国带来的天然优势,但是如果货币发行国无法满足境外主体的各类需求,则这些境外需求将在境外寻求供给,并催生境外本币金融服务,产生本币及本币资产的境外创造现象,这就是本币国际化过程中的效益外溢现象——由境外而非境内的本币及本币金融服务供给来满足境外本币及本币金融服务的需求。这在美元和日元的国际化过程中是非常明显的,笔者将在下文中讨论。

四、小结

货币发行国实体经济部门选择本币实现国际经贸的跨境结算行为有利于推动本国货币的国际化进程,境外对本币及本币金融服务的需求将在国际货币结(清)算规律的作用下直接提交给货币发行国的银行及金融体系,但境外主体的国际比较和选择行为将货币发行国拉入国际货币竞争环境中。在国际竞争领域,一国货币要被经济主体选择为外币(结算或持有),其背后的金融因素至关重要。

第三节 货币国际化过程中跨境金融服务的供给分析

货币国际化包括货币职能国际化和货币持有国际化两个内容。货币职能国际化是货币持有国际化的前导。从传导图(参见第四章第五节)中可见,货币职能国际化的演进是顺应实体经济的需求,从支付结算职能向资产及交易职能和资产储备职能递进发展的;在此发展过程中,对货币发行国的货币金融业影响也是依次出现的。本节承续上一节的讨论,重点放在货币职能国际化过程中金融服务的跨境供给方面。货币发行国的金融业是本国货币金融服务的提供商,金融服务业顺应货币国际化职能发展带来的境外需求而开展的跨境货币及金融服务是货币发行国经济金融化的主动力。本节的讨论旨在挖掘货币金融业在面对本国货币国际化所带来的需求变化时如何应对,从金融服务的供给角度来看货币国际化对金融服务贸易的影响。

在本国货币走向国际之前,一国金融服务的主要对象是境内主体。境内主体的需求决定了银行和其他金融机构在提供金融服务时具有以下特点:本土金融机构以本币服务本国居民(包括各类经济主体)的境内需求,以外币服务本国居民的跨境需求。本国货币用于跨境贸易结算,就意味着本币的支付结算职能向跨境延展,并就此延伸出其他职能的发展。此时货币发行国的金融服务对象也需要拓展到境外主体。由此可见,货币发行国银行和整个金融体系在货币国际化后提供本币金融服务时的特点将转变为本土金融机构(或联手境外金融机构)以本币服务本国居民和境外居民的跨境需求。

一、货币职能国际化对货币金融服务业的影响

根据金融服务的实践,货币金融服务可以分为基础性服务和衍生性服务两大类。基础性服务是指存、兑、汇、贷等传统的简单银行业务。衍生性服务是指银行依据客户需求在上述简单业务基础上通过金融工程等技术开发形成的金融业务。从金融产业角度来看,金融业面向社会各类主体提供的各项金融业务可以被理解为金融企业以货币和信用为内容而生产的、供各类经济主体满足不同需求的金融产品或金融服务品。因此,从货币金融发展史的角度来看,货币职能的发展对于金融产品或金融服务品的生产具有很大的影响力。

(一)货币支付结算职能跨境发展的影响

如前文所述,实体经济部门对非本国货币及其服务的初始需求来自对跨境贸易的支付结算,因为要完成对跨境贸易的支付结算才需要接触外国货币及其服务,因此国家信用货币跨境发展的第一个职能是支付结算,尽管在实际程序上开立账户是完成支付结算的必要条件。货币支付结算职能

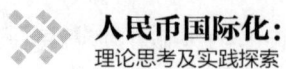

的跨境发展意味着国家信用货币开始进入国际货币金融领域,作为贸易结算货币接受国际的选择。因此,对货币发行国的银行而言,本国货币的跨境支付结算需要在国际金融支付结算的相关规则下开发金融服务产品,这包括建立跨境的代理结算网络渠道,将各种国际金融支付结算规则引入本国货币跨境产品中,如银行在向境内外主体通过跨境的本币信用证结算服务时,需要遵循国际商会的 UCP600 号规则等;对于货币发行主体——中央银行而言,为跨境结算的本币建立符合国际惯例的公正、公平的清算规则至关重要,这样本国的银行才能向国际社会提供具有国际竞争力的金融服务产品。

(二)货币资产职能跨境发展的影响

这里的货币资产职能仅指货币本身作为资产的职能,即货币的资产保有职能,是由银行存款产生的概念。由于货币跨境支付结算职能的发展需要依托银行账户来进行,因此支付结算的结果形成企业主体在银行的存款是必然的。对于货币发行国的银行而言,由于存款具有即时支付、兑现以及资产的多重性质,因此面向境外提供的本币存款服务需要顺应境外主体的需求而开发具有国际竞争力的产品。这是与境内需求略有区别的地方,因为对于境内主体而言,本币存款是保有资金的首选形态,但对于境外主体而言,是否持有并使用某种外币的决定因素更多。资金规模小、头寸变动快、使用周期长、汇率不确定等都是境外主体是否持有某种货币的考虑因素,因此银行能否设计开发一些满足境外主体在支付结算功能和资产保有功能间的游走需求的产品,是本币能否参与国际竞争的重要因素。

(三)货币交易职能跨境发展的影响

货币的交易职能通常是指由货币直接承担交易品的职能,是货币支付结算和资产保有职能的衍生,如一种货币对另一种货币的兑换、定价以及货币本身的借贷等,由此产生的金融服务有外汇买卖、融资贷款等。货币交易职能跨境发展除了对经营货币及信用的银行产生影响外,还涉及货币交易的市场环境方面,如本币用于跨境贸易结算后产生的银行承兑汇票是否拥有一个可以流转贴现的市场、各类跨境货币交易是否具有与国际货币交易相融的法律制度等。因此，货币交易职能跨境发展给货币发行国带来的影响更多地体现在金融作为一个整体行业发展上。

(四) 货币储备职能跨境发展的影响

货币的储备职能是指将货币作为资产的存放储备场所，这项功能与货币的资产保有职能相辅相成，可以形成自然连接。通常，货币承担储备职能时被称为储备货币，意指货币进入各国政府（央行）的储备资产组合中，成为储备资产停留的对象。由于国家储备资产规模通常比较大，国家主体在经营管理上具有与普通经济主体效益目标不一致的方面，因此历史上理论界通常把被国家作为资产持有的货币称为储备货币。但是，20世纪后期开始的国际储备市场化经营管理改革缩小了国家主体与普通经济主体资产管理效益目标的差距，国家作为主体也开始更多地采用市场化经营理念来管理其持有的储备资产，如设立单独的储备资产管理主体，以公司化方式进行资产管理和投资运作等。这一实践支持了本书提出的货币储备职能概念应广义化应用到普通经济主体资产组合的观点，特别是一些跨境经营主体，其拥有或管理的资产规模堪与国家储备资产匹敌。

从这一角度来观察、分析货币储备职能跨境发展对货币发行国金融业的影响需要从以下方面着手：

一是本币计值的金融资产应当满足国际组合投资的需求，因为储备资产管理是典型的组合投资管理（portfolio investment）。这意味着货币发行国的金融资产要尽量产品化以供投资者评估选择。传统上，一个国家货币的金融资产由银行的各项信贷资产组成，因为这些信贷资产都是本币计值的金融资产，这是作为货币发行国带给其金融体系的独有的优势。货币国际化后，货币发行国的银行虽然可能不是唯一的但仍然是本币金融资产的最大生产者，货币发行国的金融市场则是本币金融产品的最大交易市场，因为在货币国际化以前，该货币的所有金融资产集中在货币发行国，境外尚未形成该货币金融资产的生产能力。这背后隐含的概念是本国居民是唯

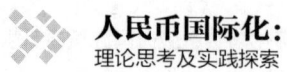

一使用本国货币金融服务的群体，由此造成本国货币计值的金融资产集中在货币发行国的现象。认识到这一点，对于后文的研究具有重要的意义。

二是本币计值的金融市场交易要能满足国际投资的进出需要，这既包括规则上要满足能进能出的投资行为，在市场上也要有能承载满足国际组合投资这样规模的投资行为的流动性能力。这里隐含的一层含义是货币发行国的市场容量（深度和广度）要足够大，以MZM衡量的货币供应量要充足，货币发行者（央行）的货币调控和稳定能力要足够强，以应对国际组合投资将本国货币列为储备货币的需要。

二、金融服务国际贸易对货币国际化的影响

根据世界贸易组织关于服务贸易的定义，金融服务的国际贸易可通过以下四种方式来发生：一是跨境提供，二是境外消费，三是商业存在，四是自然人流动。将金融服务定义为一种可以交易的产品时，金融服务的跨境提供是指一国金融机构（居民）跨境远程向另一国经济主体（非居民）提供金融服务，如A国金融机构向F国居民提供金融资产托管服务；金融服务的境外消费是指一国居民赴境外时在当地的金融机构（非居民）消费金融服务，如旅游者在境外办理货币兑换业务；金融服务的商业存在提供方式是指一国的金融服务供应商到另一国设立营业性机构（居民）向当地居民提供金融服务的方式，如美国的银行到欧洲设立分支机构并在当地向居民提供金融服务；自然人流动引发的金融服务国际贸易是指金融服务的提供者为自然人个体，这类个体通过跨越国家边境的方式向非居民提供金融服务，这种情形一般较少。从上述四种提供方式来看，除了第三种即商业存在外，另外三种属于典型的居民与非居民间的国际贸易。

具体到金融服务的哪些种类适用哪种贸易提供方式，则取决于金融服务本身，但总体来看，上述四种贸易提供方式中前三种均能适用于金融服务。关于金融服务，可以从两个层面来进行讨论：资金产品以及与资金有关的服务产品。资金产品源自银行的经营范围——货币和信用创造，银行

第六章 人民币国际化与金融服务国际贸易

将货币资金打造成各类适应市场需要的产品,如各档期的贷款融资产品等,资金产品属于孳息类业务,归属于银行资产负债运营范围;与资金有关的服务产品则是银行围绕资金活动所开发的各类不涉及资金运营的产品,如结算服务、账户服务等,服务产品为收费类产品,不涉及或较少涉及银行自身的资产负债运营。由于金融服务的主要内容与货币资金有关,许多金融服务产品本身就是货币资金在两个不同主体之间的跨境划转,如货币的国际结算,因此金融服务的国际贸易与货币职能的国际化是相连相融的两个概念。按照世界贸易组织的界定来发展一国的金融业并配合货币职能的国际化,一国的金融业就能较快地实现国际化和全球化,即面向全球提供(出口)金融服务。具体论证如下:

(一)关于金融服务的跨境提供

受信息网络技术高速发展之惠,银行金融服务正在从柜台化提供向远程化提供发展。因此,银行金融服务的跨境提供可以借助信息技术来实现,如网银技术等。由于是跨境提供金融服务,因此交易双方可以在互不见面的前提下完成服务的交易和结算。一国货币国际化意味着该货币为境外接受,货币资金将通过金融服务发生跨境转移。当然,受国际货币结(清)算规律的影响,转移的只是所有权(经常账户交易下)或者是使用权(金融账户交易下),资金的停泊地仍然为货币发行国的银行体系。因此,一般情况下,货币发行国的银行和金融机构有着天然的比较优势来发展金融服务的出口,而这也是本币国际化带给本国金融业的发展机遇。但是,在货币国际代理结(清)算的作用下,一国货币国际化也会产生溢出效应,给境外金融业带来机遇。境外银行可以借境外主体开立他国货币账户之机形成该种货币的资金集散功能,并由此利用他国货币发展业务。这一点在第四章中有详细的讨论。

(二)关于金融服务的境外消费

金融服务的境外消费是一种具有面对面特征的服务贸易提供方式,是随着人员跨境流动而引发的服务贸易,这是一个国家经济发展到一定程度

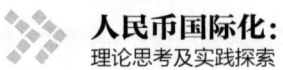

后带来的必然现象。对于某个特定国家而言，居民出境后在境外消费金融服务意味着该项服务的进口，但如能吸引其他国家居民入境消费金融服务则可以形成金融服务的出口。要通过金融服务的境外消费方式来形成本国金融服务的出口则需要依赖本国货币的国际化，因为货币的国际化意味着以该种货币提供的金融服务受到国际的认同，如境外使用货币发行国的本币信用卡。本币金融服务的境外消费意味着金融服务需求的外移，一定程度上说明了金融服务供给的短缺。

（三）关于商业存在的金融服务贸易

以商业存在方式跨境提供金融服务从严格意义上来讲，涉及的是一国金融的对外开放，而非金融服务的进出口概念。一旦以商业存在方式出现并向当地居民提供金融服务，即意味着必须在当地注册为营业性机构，营业性机构无论是法人还是非法人均属于国际收支意义上的居民。因此，以商业存在方式经营金融服务后产生的影响不应从服务的进出口角度来评估，而应从货币资金经营的市场准入角度来衡量，即一国金融市场中的外资份额和内资份额。这是一国金融业开放程度的问题。从货币国际化角度来看，国家信用货币被国际接受将带来更多的境外机构经营本国货币的局面，由于货币资金都集中在其发行国，因此境外机构通过商业存在方式进入货币发行国并参与该国货币的经营是货币国际化的必然内容。

（四）关于自然人流动的金融服务贸易

以自然人流动方式提供的金融服务贸易的现象不多见，这与金融经营的是货币和信用有关，人们在消费金融服务时一般倾向于选取历史悠久、信誉可靠、实力雄厚的机构，因此以自然人流动方式提供的金融服务大多只是一些金融咨询类服务，不能归属于严格意义上的金融服务。

从对金融服务提供方式的分析可以看出，一国货币国际化可以带给该国金融机构独有的比较优势。这些因本币国际化而产生的比较优势正好契合金融以货币资金和与货币资金相关的服务产品为特点的经营方式，从而使得本币国际化带给本国金融机构的优势突出体现在跨境提供这一方式上；但本币国际化也会引来外国金融机构的竞争，这些竞争将体现在本国居民的境外消费以及外国金融机构的本国商业存在方式上。

由贸易提供方式决定的金融服务国际化对货币国际化而言存在两种影响：一是金融国际化程度决定了货币国际化程度，这一点在传导图中有明确的表述；二是本币金融国际化可以在金融服务贸易提供方式的作用下产生境外提供，从而形成货币国际化进程中的本币离岸金融服务市场，分享货币国际化的效益。

三、小结

上述讨论从需求和供给两个角度展开，以货币职能国际化对货币金融服务业的影响来论证金融业面临的需求问题，以货币职能国际化和金融服务国际贸易来讨论金融服务的供给问题。从相关讨论中可以初步得出以下结论：

货币国际化进程中存在两股力量：一股是向心力或凝聚力，这是由国际货币结（清）算规则带来的，这股力量产生的是资金凝聚作用，将境外持有的所有货币资金集中到该货币的发行国银行体系；另一股力量是离心力或发散力，这是由金融服务的提供方式带来的，这股力量产生的是服务发散作用，将一国信用货币的国际化效应通过服务的提供向外部发散，形成外溢。这两股力量的互相作用将催生货币发行国金融的国际化和经济的金融化。然而，在货币国际化环境下，当跨境提供金融服务与境外消费金融服务同步出现时，可以造成境外的本币金融消费和供给，即本币金融服务的第三方交易，导致本币金融市场的外移。

第四节　货币国际化过程中制度供给的动态博弈分析

从竞争博弈的角度来看货币国际化与金融国际化（金融服务国际贸

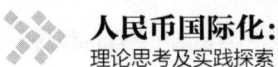

易）对发行国经济的影响，是一个非常有意思的过程，因为一国货币职能发展到向境外主体提供货币和相关金融服务的过程就是该国货币参与国际货币竞争的过程。对境外主体而言，存在各种可供选择的外币，如果不能满足其相关需求，境外主体可以弃用这种货币而改用其他货币。境外主体的这种选择过程客观上将一国货币带入国际货币竞争之中。本节将围绕国际货币竞争中货币发行国为使本国货币胜出而采取的应对措施（制度方面）进行讨论。这种货币发行国的应对可以作为第三股力量在货币国际化到金融国际化以及经济金融化的传导中发挥作用。

一、国际货币竞争中制度供给与货币选择的动态博弈

在金属货币退出金融领域后，国家信用货币的国际化过程就是参与国际货币的竞争过程，因为在本币国际化带来的铸币税、低成本举债、国际金融控制权等强大利益的诱使下，国际货币成为强国竞争的目标。因此，在国际货币的竞争中，后起国除了与既有国际货币的国家展开竞争外，还存在着更为广泛的与境外经济主体之间的隐性动态博弈。

我们继续沿用图 4 - 10 来分析对国际货币竞争货币发行国与境外使用者之间的动态博弈。在实际中，存在着多重多方博弈，如境内使用者与境外使用者在采用何种货币结算双方经贸往来中的博弈等。图 6 - 1 描述的是货币国际化和金融服务国际贸易的一个制度供给环节的博弈。在这里，货币发行国为该货币金融服务提供的一方，这一方中既包括金融服务的提供者，也包括货币当局和相关机制政策等对货币金融运行产生影响的因素部门；境外使用者作为博弈的另一方，是该货币金融服务的使用方，这一方泛指境外经济主体，包括境外银行和非银行机构、政府、个人等所有因素方。

第一回合博弈：

虽然需求是服务业发展的先导，但就主权货币的使用范围而言，货币发行国支持或允许本国货币跨境使用是启动这场博弈的主因。货币发行国

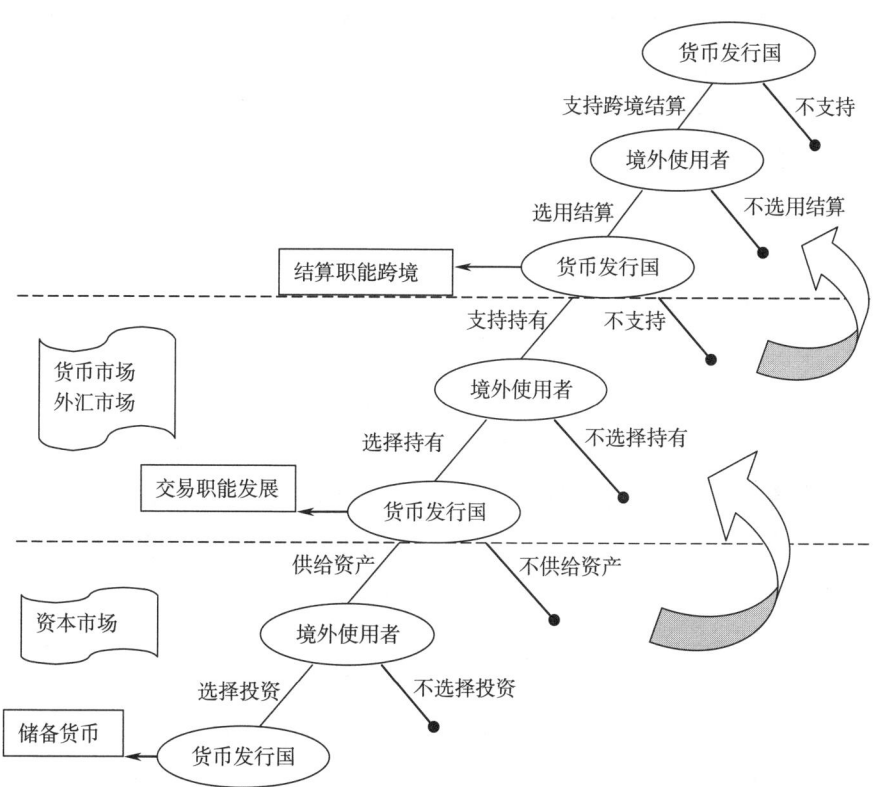

图 6-1 国际货币竞争中的动态博弈对金融国际化的推动过程图解

作出这一决策的动因是本国货币的国际使用能够带来收益,且该收益的综合效应大于成本,即如果国家有能力向国际社会供应本国货币及金融服务却又不供应,则为损失。因此,图示中,货币发行国有两个选择:支持或不支持。由于货币职能是递进发展的,因此在第一轮的选择中,是货币的支付结算职能。当货币发行国选择支持时,境外使用者就拥有选择权;如货币发行国选择不支持,则境外使用者就没有选择权。

假定所有货币的服务是等质的,对境外使用者而言,选择何种货币进行支付结算取决于成本收益考虑。根据第二章中的相关理论介绍,可以知道贸易品的属性和货币的属性是其考虑的重要因素。在货币属性(便利

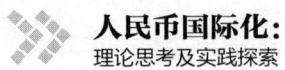

性、变现性、稳定性等）无差异时，其交易对手方，即发行国境内的货币使用者可以发挥一定的影响力。这种影响力可以在商务谈判中通过价格因素、品质因素等来影响对方的货币选择。境外使用者决定选用该币种结算，则意味着该货币的支付结算职能实现跨境，货币国际化走出第一步；如境外使用者不选用，则不仅货币的跨境支付结算职能无法实现，发行国的货币使用者还必须使用外币与对方完成经贸结算，承担汇率风险和汇兑成本，因此对于货币发行国而言有损失。

第二回合博弈：

假定第一回合博弈中货币发行国支持本国货币跨境使用，境外使用者选用，则进入第二回合。此时货币发行国需要在是否支持本币境外持有方面来做决策。一般而言，允许本币用于跨境结算就必须允许境外持有，对于货币发行国而言，这是一项连贯性、一致性的选择，因此货币发行国的选择是"支持持有"；如果选择"不支持持有"，则不仅本回合结束，上一回合也将因此而无法开展，因为这意味着货币属性上的欠缺。因此，要使货币走向国际，这一步的选择必须是"支持持有"。

对境外使用者而言，也存在两个选择。"选择持有"时，发行国货币作为外币存款进入其资产组合，货币的资产职能实现跨境；"不选择持有"时，将产生兑换，货币的交易职能实现跨境，由此带动发行国的货币市场（存款市场）和外汇市场的跨境运行。

第三回合博弈：

这一轮中，货币发行国的选择是针对本币资产是否向境外供给的问题，因为境外使用者已经选择了持有货币的存款资产，其他资产是否供给只是资产多样性和收益性的变化。货币发行国选择"供给资产"意味着增加本国货币的支撑基础从而提高吸引力，因为境外使用者可以有多种资产选择，收益率也可通过自己的经营管理决策获得提高。如果货币发行国选择"不供给资产"，则就此掐断发行国向境外的本国货币生命力的输送，因为国际上没有一个国家能够大规模地向外国货币供给原生资产，除非该国已经成为该外国货币的法定流通区。此时，货币属性也将出现缺陷。

货币发行国选择"供给资产"后，境外使用者可以在"选择投资"和"不选择投资"间做决策。此时的决策因素不完全取决于货币发行国的因素，还取决于国际上投资品的可得性、收益性以及风险性的比较。经过比较，境外使用者"选择投资"时，存款将转换成为其他金融资产如国债、股票等，发行国的货币将成为境外使用者资产的停泊场所，货币就此实现储备货币职能。境外使用者如"不选择投资"，则本回合回到上一轮，该货币的境外持有形态只是存款，不会涉及其他资产。由此可见，境外使用者的这种选择将带动该货币资本市场的变化和发展——在境外使用者的比较中，通过信息反馈渠道，促进货币发行国的资本市场在属性上向国际市场靠拢。这是因为，这里有一个"不选择"就回归上一轮的现象存在。

二、货币国际化对经济金融化的传导：金融服务的国际提供

根据前面的分析可知，在本国实体经济和金融服务提供者的互动作用下，货币发行国的金融服务提供者可以通过跨境提供本币金融服务来实现本国货币职能的国际化递进发展，而本币职能的国际化递进发展将推动本国金融的国际化发展，进一步地借本国货币金融的国际化发展推动本国金融业的发展。

从传导图的下半部分可以看出，在实体经济的推动下，货币职能国际化的发展阶段越高，境外对本币的资产负债需求就越多，这是因为货币职能国际化发展后，境外主体对该货币已经有了认同，是将其作为一种国际货币媒介以及资产来定位后产生的自然反应。但是，这种需求是否能够得到满足，还取决于货币发行国的金融服务供给，也就是说需求将随着货币职能国际化的递进而增大增多，但如果货币发行国的金融服务供给未能跟上需求的发展，则这类需求要么隐退下去，要么发生转移。具体讨论如下：

1. 本币金融服务跨境提供到本币金融资产负债跨境运行。在货币的

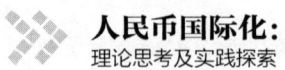

人民币国际化：
理论思考及实践探索

From RMB to CNY: Some Theoretical Thinking & Practical Exploration on Currency Internationalization

支付结算功能实现跨境发展后，一国的金融服务提供者就需要向境外主体跨境提供本币的金融服务。这类本币跨境金融服务的结果是本币的跨境持有（包括资产和负债），由于这类跨境持有都构成发行国金融机构的资产负债，意味着本币金融资产负债出现跨境运行现象。这种本币金融资产负债跨境运行现象表现在以下三个方面。

一是发行国的金融机构会出现本币对外资产和负债。作为为境外主体（包括银行和企业等各类主体）开立本币跨境结算账户的最终反映，发行国银行将产生对外本币负债的初级形式——吸收的境外本币存款。同样地，当境外主体需要资金融通时，发行国的银行将主动或被动产生对境外的本币资产，如账户透支或贷款。

二是发行国的中央银行会间接地出现本币的对外负债。这是因为境外持有的存款属于央行货币供应量的一部分，尽管这些存款是通过开立在本国商业银行的账户而非直接开立在央行的账户的形式持有的。作为M_1、M_2的一部分，货币国际化后其发行国的中央银行将出现本币的对外间接负债。

三是发行国金融资产供应者的本币对外负债。这是在发行国金融市场对外开放的情况下产生的一个现象，即允许境外持有的存款转换成其他类别的证券类资产时，境外的本币资金持有者用自己的存款或现金购买发行国的国债、公司债、股票、基金等可交易类金融资产。从资产种类角度来考察，存款是资产的一种，国债、公司债、股票、基金等都可以成为资产选择，因此，存款与其他资产间的转换是金融市场交易活跃的主要表现。此时，如果购买的是国债，则发行国政府就是本币对外负债者；如果购买的是公司债或股票，则公司债及股票的发行者就是本币对外负债者。本币金融资产越丰富，允许境外持有者进入的领域越多，境外持有者的选择余地就越大，持有和使用本币的兴趣就高；反之，如果本币金融资产稀少或允许境外进入的领域有限，如只有存款的不同种类或有限的几个品种，则境外持有者的选择余地就少，持有本币和使用本币的兴趣就会下降。

从上面的分析可以看出，本币国际化后货币发行国的本币对外负债增加是一个自然和必然的过程，负债的形式也将是多样化的，且这种多样化对于货币国际化有着重要的影响力。另一方面，本币对外资产的生产受到境外对本币资金需求的影响，境外对本币资金需求越旺盛，本币跨境资产的生产越有可能，但只是可能而已，并未构成必然，且生产主体以银行等本币资金密集性机构为主。

2. 本币金融资产负债跨境运行到境内金融市场，服务全球本币持有者。在货币发行国本币金融对外开放并有充足的负债支撑的金融产品市场的支持下，该种货币及其资产将被国际投资者（包括外国政府和央行等）选择并进入这些投资者的资产组合。全球资产组合的管理将进一步催生对本币的融资需求，进而促进本币对外资产的生产。此时，若无漏出，货币发行国的境内金融市场将承担服务全球该货币持有者的功能。

三、金融服务国际提供对货币国际化和经济金融化的传导：金融市场

一个货币金融体系服务于本币的全球配置需求时，可以界定为该货币金融体系实现了国际化。这种国际化的服务主要通过跨境提供以及境外金融机构到境内直接投资设立营业性机构（商业存在）的方式来实现。这时货币发行国金融体系对本币境外需求的服务可以通过传统的银行和金融服务品种来实现，但最主要的是要通过金融市场，因为金融市场能够满足货币作为国际资产停泊场所的需求特点：高流动性、多选择性、泛标准性以及高透明性。

高流动性是指金融市场上产品种类极其丰富，交易换手的频率高，交易参与者众多。金融市场通常是按产品属性归类并集中交易的场所，如债券市场可以细分为国债市场、公司债市场、金融债市场等。由于实现了集中，所以市场上交易的产品具有高度竞争性，产品质量能够得到市场的充分检验。对于国际投资者来说，跨境投资时的市场评估和研究是必须的。

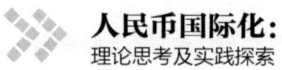

但由于国际投资者不是本土机构，对于投资国及其金融产品的了解有限，如果存在一个流动性很强的交易市场，就意味着投资可以快进快出，因此可以降低对单个产品进行复杂评估和调研的成本，只需根据市场交易情况来选取投资对象即可。

多选择性是指金融市场上通常有多种同档次、同类型的，以及各种不同档次、不同类型的金融产品供选择。国际投资者可以根据自身的风险收益偏好来选择投资品，而不是在决定投资时没有可选项或选择有限。

泛标准性是一国金融市场加入国际金融体系的先决条件，也是一国货币能否参与国际竞争而实现递进发展的关键。对于国际投资者来说，实现资产负债全球配置可以分散经营风险、捕捉盈利机会，因此需要各国市场实行统一的标准化运行，以降低其自身的市场调研成本。当然，国家之间会有一些特性，这些特性在金融产品上表现为收益率、风险等可以通过市场交易展示的指标，市场本身的运行需要标准化，且最好趋同。

高透明性是金融市场不同于单个金融服务提供的主要特点。由于各类产品集中在金融市场上交易，所有信息都汇集在市场交易行为中，因此一般而言，运行良好的金融市场透明度都很高，而这正是国际投资者所需要的，市场的高透明度可以帮助其降低投资成本，提高风险识别能力和防范能力。

因此，一国货币要参与国际竞争，其金融市场的属性至关重要。正如M. Ayhan Kose、Eswar Prasad、Shang – Jin Wei 和 Kenneth Rogoff 等在《金融全球化：一次再评估》（*Financial Globalization：A Reappraisal*）一文中对金融全球化的研究中发现的，金融全球化可以通过直接投资、贷款融资等渠道推进，但最主要的还是间接投资或称组合投资（portfolio investment）。间接投资或组合投资的最主要场所是金融市场上市场化运行程度很高的金融产品，包括资产产品和负债产品。对于一个国家信用货币而言，从其支付结算职能的跨境发展到其资产负债的境外持有，只是一个由实体经济推动、金融服务提供者支持的货币资金国际化持有和金融服务国际化提供的

第六章 人民币国际化与金融服务国际贸易

过程,还需要货币职能的升级,成为国际组合投资中的资产停泊货币——国际储备货币,而货币职能升级为国际储备货币则需要本币金融市场的配合。货币发行国作为货币的资产供应方,需要满足国际投资者的有关需求,而货币发行国的金融市场也将在满足这些需求的过程中得到发展。详细分析如下:

1. 结算便利化制度安排需求。一国货币进入国际结算货币领域后,货币的发行者、经营者都将面对来自国际的评估和选择。这些行为将决定该国货币能否被国际接受(参见前文关于国际货币选择的相关理论介绍)。因此,货币发行国需要按照国际标准或接近于国际标准来提供服务,以便货币在接受国际的比较和选择时胜出。这将导致货币发行国的本币跨境结算业务向国际标准靠拢。

2. 资金便利化制度安排需求。一国货币发生境外持有即意味着货币资金开始国际化运行。货币资金的获取成本、渠道及相关服务是否便捷,也需要接受国际的比较和评判。通常货币发行国会更多地考虑本国经济的发展需要来引导资金价格的运行,但放置到国际环境下,货币发行国的货币政策将受到国际比较的影响,低利率货币可能导致其成为套利交易的融资货币,从而产生大量的短期融资交易;而高利率的货币则可能导致其成为套利交易的目标货币,从而产生大量的短期投资交易。除了货币政策外,资金便利化需求还包括货币发行国银行提供资金的能力以及服务便捷程度。这些都将引导该货币的金融体系向国际标准靠拢。

3. 风险规避制度安排需求。持有非本币资金即意味着资产负债管理上出现币种风险,对于这种风险的管理既是经济主体自身防范风险的需要,也是有关监管法律和规则的要求,因此涉足外币时,各类经济主体一般会产生风险规避需求。一国货币的职能需要发展出一种能够被交易的功能,即交易货币,而提供交易工具并作为对手的通常是该货币发行国的金融机构尤其是银行,因为交易的结果要求这些作为国际对手方的金融机构能够通过本币的金融市场对交易所形成的头寸进行管理,多头时拆放,空头时拆入,从而由本币的跨境买卖构成对本币的货币市场需求。因此,由风险规避需求引致的金融市场包括货币的外汇交易市场和货币市场,其中外汇交易市场还将因交易者的需求发展出远期交易、掉期交易等衍生工具的交易。

4. 资产增值制度安排需求。宏微观经济(金融)学中有关资产选择理论告诉我们,经济主体的资产选择与管理活动将形成对金融市场的需求和供给,从而刺激金融市场的发展,提升金融市场在整体经济中的地位。一旦货币在国际上发展出资产货币职能,就有可能成为国际资产的停泊场所,也就是通常所称的储备货币。货币发行国的资产作为该国法币资产,就需要接受国际投资者对资产收益率的国际比较。为了满足国际投资需求,或鼓励境外持有本国货币资产,发行国需要增加对金融市场的产品供给,提高资产的交易性能和流动性,在资产货币与货币资产之间顺畅转换。由此可见,投资者对货币资产的保值增值需求以及国际比较将推动货币发行国加快金融资产的生产,从而促进本币资产交易市场的繁荣,以及本国金融业在国民经济中地位的上升。

四、经济金融化对货币国际化和金融服务国际提供的传导:金融产品

经济金融化是指一国国民经济中金融产业比重逐步提高的过程。由于房地产业的金融转化率很高,因此统计上常把房地产业归属为金融业。从某种意义上来看,经济金融化意味着发行国经济提供金融产品能力的逐步提高,而经济向金融提供产品的能力取决于金融体系的运行模式和效率。

如果将国民经济划分为实体经济与金融服务两个部门的话,经济向金融提供的产品通常反映在金融机构资产负债表中的资产上,这类资产一般以信贷资产为主要形态。在以银行为主体的金融体系和现代银行业监管制度下,银行以其自身资本为杠杆进行信贷资产的生产,因此银行的资本规模是整个经济产出金融资产的硬约束;但金融创新可以突破这一硬约束而

出现超常规的金融资产生产现象,如次贷危机中暴露出来的金融产品过度衍生现象,导致了美国经济的过度金融化。

因此,经济金融化是一把"双刃剑":一方面,它可以通过金融体系向货币国际化提供资产支持,使走向国际的货币获得资产供应,从而强化其国际竞争力;另一方面,过度的经济金融化将引发金融业的过度发展,导致货币的资产收益率下降和经济过度杠杆化引发的危机,进而危及国际化后货币的国际公信力。

五、与国内传导及外币传导的区别

关于本币国际化和金融贸易国际提供对经济金融化传导的讨论突出了外部的作用,事实上,一国货币金融的发展也能从内部推动经济金融化的发展,但是外部作用和内部作用的作用机理和效果是有区别的。同样地,本币国际化和外币依赖型对发行国经济金融化的作用机理和效果也是不同的。

(一) 本币国际化与国内传导的区别

国内传导讨论的是本国货币只用于国内交易时的情形,而本币国际化讨论的则是本国货币用于跨境交易时的情形。下文将对两者的传导驱动做一简要比较。

1. 内部本币需求倾向于从银行业务渠道推动经济金融化。由于本币是法币,因此一国内部对货币和金融服务的需求相对单纯,一方面没有货币间的兑换等,仅有因外部而产生的需求(注意货币已经实现国际化的假设);另一方面,本国居民(包括企业和个人)向本国银行更容易申请到本币的金融服务,因为银行通常是离本国居民最近的且又是货币中心(money-center)机构,本国居民金融需求的绝大部分可以通过银行满足,如贷款需求满足方面,找银行比找市场方便,因为银行通过对账户活动的评估可以低成本地完成对客户的风险评估和授信,而若通过市场融资,则需要经过一番复杂且高成本的资信评估和市场熟悉过程,企业一般会选择

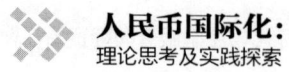

放弃。再如理财需求，国内投资者对于国内市场的熟悉使得他们更倾向于选择自主决策，而银行借结算与账户管理之便，更了解客户的现金流状况，因此可以比其他金融机构推出更为适销对路的金融产品。因此，内部需求虽然也有推动金融业发展的作用，但更多地是从银行业角度来推动的。

2. 外部本币需求倾向于从金融市场渠道推动经济金融化。由于本币对境外主体而言属于外币，因此对于经济主体而言，以外币结算、融资或投资都将带来资产负债以及现金流等方面的币种不匹配问题；又由于对该外币发行国的金融体系不了解或了解需要成本，一般情况下，境外主体倾向于寻求自己熟悉的银行来解决结算、融资或投资问题，此时境外银行作为专业的金融经营机构自然拥有比一般主体较多的优势。境外银行可以多渠道介入某种货币的市场来寻求解决其客户带来的问题；同样地，作为国际投资者，对货币资产的选择也更倾向于流动性强、标准化高、品种多、价格清晰的金融市场产品。因此，外部本币需求对经济金融化的推动作用更多地来自金融市场方面。

（二）本币国际化与外币依赖型的传导区别

本币国际化就是本国与国际之间的经济往来更多地采用本币进行，外币依赖型就是本国与国际之间的经济往来更多地采用他国货币（外币）进行。这两种由于采用的货币不同而产生的经济活动对金融的传导也是不同的。

1. **本币国际化导致本国外部经济活动更多地以本币结算**，银行因提供本币跨境金融服务而产生跨境的本币债权债务，在货币国际结（清）算规律的作用下，这些跨境的本币债权债务需要通过本币金融体系来进行运作和管理，因此本币金融体系是承载这些境外需求的主体，这在服务贸易方式上属于立足本币的跨境提供，是一国金融体系的金融服务出口。由于境外持有者已将本币作为其资产组合中的币种之一，因此其金融服务需求的行为更倾向于资产管理型，且需求来自境外，作用对象既有银行也有金融市场,因为资产管理型的需求产生的是资产选择。

2. 外币依赖型导致本国外部经济活动更多地以外币结算,银行因提供外币跨境金融服务而产生跨境的外币债权债务,在货币国际结(清)算规律的作用下,这些跨境的外币债权债务需要通过境外金融体系来进行运作与管理,因此国外(发行国)金融体系是承载这些金融需求的主体。对于本国而言,这属于金融服务的境外消费,是一国金融体系的金融服务进口。外币依赖型对金融产生的传导表现在需求来自境内主体,又因境内主体对外币的需求除了资产管理外,更大程度上要满足日常经营活动所需,因此作用的对象主要集中在银行部门。这也是本币国际化与外币依赖型的货币路径对各国金融部门不同发展路径的影响之一。从国际情况来看,英美作为货币全面国际化的国家,其国内金融体系的发展偏重于金融市场;而德日作为外币依赖型向货币国际化转型的国家,其国内金融体系的发展更侧重于银行体系,并已开始从银行体系向金融市场转变。

六、小结

上述讨论显示借助货币国际化首先发生的变化是金融服务国际提供(也就是金融国际化过程),因为货币发行国的金融业有直接的优势〔国际货币结(清)算规律带来的〕接触境外主体因与境内主体开展经贸往来而产生的对本币的需求,通过解读这些需求并对这些需求作出符合经济人追求利益最大化逻辑的应对,货币发行国的金融体系就能实现其金融服务的跨境提供;又由于外部投资者更倾向于通过金融市场实现对其拥有的货币资产负债的管理,因此金融市场成为外部本币需求借由推动货币发行国经济金融化的主要路径。

通过本章的讨论可以得出以下初步结论和关键概念。

首先,货币国际化是由国家信用货币职能的国际化递进发展程度决定的。自从国际金融体系放弃金属货币而转入货币本位时代起,国家信用货币开始承担国际货币的职能。根据前文的讨论可知,一国货币的国际化应

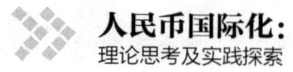

该具有两层含义：一是货币职能的国际化，二是货币的国际持有。作为一个过程，货币国际化需要通过货币职能的国际化递进发展来促进货币的国际使用和持有。

与金属货币不同的是，在国家信用货币职能的国际拓展过程中货币始终未能离开其发行国的银行体系，这为货币国际化带动发行国金融国际化创造了环境条件和动力来源（需求）。

其次，金融服务跨境提供既是货币国际化的结果，又是货币国际化的推动力量。金融是经营货币和货币创造的行业，货币职能的发展既依赖于金融业的发展，也惠及金融业的发展。在货币国际化过程中，金融业是受惠最深的行业，这是因为本币的职能跨境发展时，擅长经营本币的本土金融机构获得了比境外金融机构更多、更强的比较优势。正因为如此，本币国际化的过程会伴随本土金融机构壮大的现象。

通过对服务贸易提供方式的讨论可知，金融国际化是一国金融服务提供者面向国际主体提供金融服务的现象。放在货币国际化的环境下，金融国际化也有两层含义：一是货币发行国金融机构跨境提供本币金融服务，二是作为媒介货币（vehicle currency）由境外金融机构向境外主体提供该货币的金融服务。此外，金融国际化还体现在境外主体可以通过商业存在的方式进入该货币的发行国直接经营货币金融业务，这实际上是金融机构通过直接投资方式进入另一国的货币金融领域开展货币金融服务的情况，是一国金融业对外开放的表现。

再次，货币国际化到经济金融化的传导需要通过金融国际化和金融市场来实现。货币国际化为货币发行国金融业的国际发展带来比较优势，借此比较优势，货币发行国金融将在国际主体的比较与选择中走向国际化，并开始参与国际金融竞争。这种因境外主体对本币需求而产生的国际金融竞争推动货币发行国金融运行模式与国际的趋同，并推进货币发行国的金融资产生产及交易，从而带动该国金融业的繁荣，提高金融业在国民经济中的比重，导致经济金融化。由于金融市场需要集中交易以实现强流动性、多选择性、泛标准性以及高透明性的运行，因此货币发行国的某个城市就可能因本币金融国际交易的增多而跻身国际金融中心行列。

最后，经济金融化可以通过金融国际化为货币国际化提供资产支持。经济金融化可以由货币国际化和金融国际化引起，也可以由发行国内部因素引起，但货币国际化通常会提高发行国经济的金融化水平。发行国经济金融化是对其货币国际化和金融国际化的必要支撑，因为在国际货币竞争中，货币背后的资产供给是决定货币竞争力的主要因素。走向国际的货币失去本国资产的支持将可能成为无本之木，沦为投机货币，因此发行国的经济需要实现一定的金融化才能为货币国际化和金融国际化提供支持。然而，发行国经济过度金融化也会消融货币国际化的基础，使货币失去吸引力而被弃用。此外，发行国经济金融化如未能通过金融国际化来向货币国际化提供资产，就会出现经济金融化与货币国际化之间的断开现象，第五章中对日元的实证分析可以证明这一点。

人民币国际化：
理论思考及实践探索

From RMB to CNY: Some Theoretical
Thinking & Practical Exploration on
Currency Internationalization

第七章

人民币国际化与货币政策宏观调控

货币国际化带来的最大现象就是本币的大规模跨境流动和本币资产的国际配置（持有）。尽管这是一个渐进过程，但对本币跨境流动性管理应该成为国际货币所在国的央行货币政策宏观调控的一个重要考量。本章主要从货币国际化带来的本币跨境流动角度来看货币政策的传导路径变化以及货币政策的跨境宏观调控问题。

第七章 人民币国际化与货币政策宏观调控

第一节 人民币跨境流动带来的新挑战

前面关于国际货币清算的三大规律[①]告诉我们，人民币国际化后，跨境支付给境外的人民币依然存放在我国的银行体系中，只是以境外同业代理行存款的名义出现，而从境外跨境收到的人民币也只是我国银行体系中的人民币转变了持有者的身份，依然存放在我国的银行体系中，只是以境内企业或个人存款的名义出现而已，但人民币跨境流动也带来了新的挑战。

一是人民币跨境流动改变的是持有人的结构，但不改变总量。以银行账户借贷记行为例，假定央行发行 10 万亿元，我国银行体系增加了 10 万亿元。人民币没有国际化之前，这 10 万亿元都以各类经济主体存款的形式存放在商业银行的"单位存款/个人存款"账户中（假定不考虑存款准备金等因素）。人民币国际化后，境内各类经济主体以人民币结算其跨境商务投资活动。此时境内企业对境外支付 3 万亿元以进口石油。为了向实体经济提供人民币跨境结算服务，境内商业银行就需要与境外银行建立同业间的代理行（correspondent banking）关系并为境外商业银行开立国际同业往来账户（international vostro account）。对境内银行而言，客户支付 3 万亿元给境外石油出口商，会计处理就是借记客户的存款账户，同时贷记境外商业银行的国际同业往来账户，金额是 3 万亿元，并以电讯报单方式（通常是 SWIFT 报文或其他加押电讯报文）通知该境外银行，告知其已经贷记其同业往来账户 3 万亿元，并请其支付给××石油出口商。境外商业银行接到入账的电讯报单后，做如下会计处理：借记其在我国境内银行的同业往来存款账户，贷记××石油出口商的单位存款账户，金额是 3 万亿

[①] 国际信用货币清算的三大规律依次是：所有货币都存放在发行国的银行体系中，除了窖藏现钞；所有货币的结算都依托银行账户间的借贷记动作完成，国际间的跨境结算也是如此；所有货币的清算以发行国央行账户上的清算为终极清算。

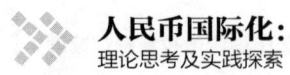

From RMB to CNY: Some Theoretical Thinking & Practical Exploration on Currency Internationalization

元（假定没有任何费用扣除），并通知该企业3万亿元已经收妥入账。因此，对我国而言，10万亿元原先是百分之百为境内主体存款，发生跨境支付后，则改变为7万亿元境内主体存款、3万亿元境外主体存款。

此时如果境外主体将这3万亿元出售以换取本国货币（如沙特里亚尔），买入这3万亿元的是欧洲商业银行。此时，境外银行的会计处理会是借记该石油出口商企业存款账户3万亿元，贷记其开立在我国境内商业银行的人民币同业往来账户3万亿元，并以电讯报文通知我国境内商业银行将3万亿元支付到欧洲商业银行的某人民币同业往来账户上。我国境内商业银行收到电讯报文后，就借记该发报行的人民币同业往来账户3万亿元，同时通过人民银行的大额支付系统（跨行，通过央行的清算）支付欧洲商业银行在我国境内某代理行的人民币同业往来账户3万亿元。该收款行再通过系列会计借贷记动作+收款报单方式通知欧洲商业银行3万亿元已经收妥入账（假定没有任何费用）。整个交易至此完成。因此，对我国而言，10万亿元的整个跨境流动过程就是：境内企业单位存款减少（3万亿元）——石油出口商的境外银行人民币国际同业往来账户存款增加（3万亿元）；石油出口商的境外银行人民币国际同业往来账户存款减少（3万亿元）——欧洲商业银行的境外银行人民币国际同业往来账户存款增加（3万亿元）。

此时欧洲商业银行为其客户支付从中国进口纺织品货款3万亿元，则后续的银行系列会计处理就会将此笔3万亿元再转回为境内纺织品出口企业的单位存款。因此，人民币跨境流动尽管转了一大圈，但在我国的银行体系内只不过是发生了一系列的借贷记动作而已，真正的人民币并未离开我国的银行体系，我国银行体系内的人民币存量依然是10万亿元，但该笔3万亿元的实际持有人却发生了数次转变。人民币跨境流动的实质就是如此。

二是人民币跨境流动对货币政策既有的传导和效用会产生影响。从上述人民币跨境收付的流程可以看出，我国支付时，境内主体持有的存款减

第七章 人民币国际化与货币政策宏观调控

少,境外银行持有的存款增加;我国收款时,境外银行持有的存款减少,境内主体持有的存款增加。如果把整个经济看成是由实体经济部门和金融服务部门组成的两部门经济的话,一是境内经济主体的人民币跨境收付将反映在金融机构人民币存款的分布结构变化上,二是境内经济主体存款增减影响金融机构的可贷资金供给和金融市场入市资金的多寡(境外银行的人民币同业存款普遍为短期流动性高的资金,进入信贷市场的可能性较低,进入金融市场的可能性较高)。所以,人民币跨境流动对货币政策的传导可以通过我国银行体系的可贷资金变化和可市资金(主要是进入货币市场)变化来发生的。假定可贷资金将进入实体经济,可市资金将进入金融市场(从美元国际化后的情形来看,这是一个具有实践支持的假定,不是理论假定),金融市场价格影响实体经济获得可贷资金的价格。人民币跨境流动对货币政策传导的影响就可见一斑了。当然,在存在境外离岸人民币市场的情况下,情形会更趋复杂。

我们再以上述3万亿元对外支付的后续交易为例来说明。沙特石油出口商将3万亿元卖给欧洲商业银行获取对应的沙特里亚尔后,欧洲商业银行将获得的3万亿元运用于境外离岸人民币市场投资以获得财务性收益,此时境外离岸人民币市场获得3万亿元的流动性支持(境内银行的后续会计处理在境外银行同业存款与境外银行同业存款间不断转换),境外人民币市场价格将发生变化。同为一个货币,境内外市场价格差将驱动新一轮人民币跨境流动(可能借助实体经济,如境外更愿意接受来自我国的人民币支付或更愿意向我国支付人民币;也可能借助已经开放的境内金融市场,如卖出境内市场投资品或买入境内市场投资品或借助其他渠道等),由此将境内外两个市场的价格拉近。

这里跨境流动性管理的核心不再是这笔3万亿元是否存放在境内银行体系的问题,而是谁能支配这笔3万亿元的问题。如果我国是一个金融开放的国家,货币资金的价格波动可以自然吸收外部冲击的话,那么这样的跨境资金流动无须担忧,只会提高市场对资源的配置效率(当然,也不考

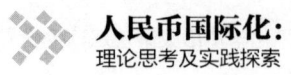

虑配置是否得当问题）。但实际上，金融价格的变化历来是各国央行关注的重点，也是央行调控的中介（如利率），因为货币政策的一大目标就是稳定币值以促进经济增长和充分就业。因此，对人民币跨境流动性的管理既是人民币国际化后央行需要面对的新挑战，也是央行从金融稳定运行和涉外金融安全等角度不得不做的一项工作。即便我国实现了利率和汇率的完全市场化运行，人民币跨境流动性管理也依然是必要的。当然，借助人民币跨境流动性管理，我国央行参与国际金融事务领域的活动也会相应拓展和加深。

三是人民币与不同货币间的转换将扩大我国货币政策的国际传导。境外主体接受人民币支付并将其作为资产（存款或以人民币计价的资产，如债券等）持有，并非因为人民币是其必须使用和持有的货币资产，而是因为便利性（与中国境内结算时无须经由多层转换）和有竞争力的收益（相比较其他货币，资产收益更诱人些）。但对境外主体而言，人民币毕竟是一种外币，存在潜在的汇兑损益，需要采取适当的措施管理人民币多头或空头带来的敞口风险。因此，我们可以看到国际市场上有许多人民币相关的衍生交易工具。这些衍生交易工具或帮助人民币多头方，或帮助人民币空头方管理对冲人民币的敞口风险。这些交易形成的价格不仅影响人民币自身，也影响与人民币成对的另一个货币。

我们继续以前述 3 万亿元对外支付为例，沙特石油出口商将 3 万亿元卖给欧洲商业银行获取对应的沙特里亚尔。由于人民币与里亚尔的市场仅为小众市场或根本不存在这两个货币的直接交易市场，欧洲商业银行需要通过第三个媒介货币（vehicle currency）来实现这一人民币与里亚尔货币对兑换交易。此时的媒介货币通常是拥有深厚流动性的市场货币，如美元或欧元等。人民币与里亚尔的兑换就被拆分为人民币与美元（或欧元）+ 美元（或欧元）与里亚尔的两笔兑换交易。理论上来讲，只要存在需求，市场就会存在解决方案。因此，人民币无论与哪个国家形成跨境收付，均会带动人民币与该国货币的兑换，区别在于这种兑换是直接进行的，还是通过媒介货币间接进行的。这种需求越大，对媒介货币的市场发展促进作用就越大。从目前来看，充当国际媒介货币的主要是美元。

人民币跨境收付引发的人民币与其他货币之间的兑换便是形成人民币外汇交易市场的最大驱动力，在没有充足市场流动性的支持下，兑换都需要借助第三方媒介货币导致人民币的货币政策传导发散化，整体的管理难度提高，要实现货币政策的定向传导效率不易。

第二节 人民币国际化与外汇储备、汇率的关系

人民币国际化与外汇储备、汇率的关系是一个理解起来简单、研究起来复杂的问题。之所以理解起来简单，是因为本币国际化就是本币被接受用于国际支付和交易。本币具有了国际偿付能力，也就意味着外汇储备可以淡出。一个直观的现象就是国际货币发行国如美国是没有多少外汇储备的，因为美元通行全球，再持有外汇储备就成了累赘。就资产收益而言，效率较高地开展本币对外投资，获得的收益更高。之所以研究起来复杂，是因为外汇储备隐含的用途远不只限于进口及外债的支付以及资产收益这么简单。笔者试图从人民币国际化的一些实践经历角度来分析货币国际化与外汇储备的关系。

2015年8月，人民银行再次优化人民币汇率形成机制（业界称之为"8·11"汇改）。在这之前（2009年7月），以跨境贸易人民币结算试点为标志的人民币国际化已经启动，到2015年人民币月跨境收支已超过万亿元，占国际收支中各货币的比重接近1/4，部分地区已接近或超过1/3。境外人民币存量（包括存款和各类以人民币计价的资产）也已超过3万亿元，人民币在国际支付货币市场的份额接近2%。与此同时，国际货币基金组织已经完成对特别提款权（SDR）篮子货币的审查并宣布人民币将纳入新的特别提款权货币篮子，权重为10.82%。这既意味着人民币国际化

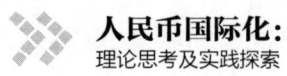

迈上一个新的台阶,也意味着人民币在短短不到 8 年时间的国际化实践基础上了一下子跃升为一个"可自由使用的货币"。国际货币基金组织定义的"可自由使用货币"既需要在国际贸易等实体经济的商务投资活动中获得量的支持(本国出口),更需要在国际主要的金融中心被广泛地交易,还需要在其他国家进入和退出人民币时提供即时的服务支持(包括兑换成 SDR 或篮子内其他货币)。这意味着人民币在获得了国际货币基金组织的加持后,需要承担更多的国际责任,履行更多的国际义务。

从人民币国际化进程中的汇率走势来看,2009 年 7 月启动之时,人民币国际化借升值之势呈现了以贸易支付为主的发展态势。升值货币容易为境外收款方接受,于我国进口商无损。此时的人民币支付,一定程度上替代了外币支付,形成了被动推升外汇储备的效用。但仔细分析内在作用机理,可以发现,人民币对外支付替代外币对外支付对外汇储备的形成机理却是不同的。

在我国银行结售汇制度下,实体经济部门的外汇对外收付,直接作用于外汇储备的增加或减少。虽然我国当时拥有近 4 万亿美元的外汇储备,但这些储备对应的是年 3 万亿美元左右的进出口贸易、1 万亿美元左右的外汇债务以及尚无法估量的对外投资需求。以人民币对外支付的直接效用是将外汇储备与实体经济部门涉外贸易投资活动脱钩。外汇储备从直接对外支付中的消耗转变成为支持人民币开展国际支付的偿付能力保障。与此同时,从货币政策角度来观察,源自实体经济部门的人民币对外支付和外汇对外支付的差异表现在:人民币对外支付后,实体经济部门在银行体系的单位存款减少(银行体系的可贷资金减少,信贷扩张能力受到约束)对应境外银行我国银行体系的同业存款增加(银行体系的短期流动性增加),外汇储备不变,流通中人民币总量不变但结构发生了调整。外汇对外支付时,实体经济部门在银行体系的单位存款依然减少(企业拿人民币换外汇,银行体系的可贷资金减少,信贷扩张能力受到约束)对应外汇储备减少(央行外汇占款下降),人民币基础货币回收,流通中总量减少。作用的机理不一样，产生的实际效用也是不一样的。

随着 2015 年初人民币汇率出现贬值预期，持续 6 年的人民币国际化转入一个新的阶段。从实际操作来看，货币的国际化在升值阶段和贬值阶段皆可为，对外汇储备的影响总体中性，但对货币政策的影响需要仔细分析。

国际收支平衡表的编制方法告诉我们，人民币跨境收支的作用点在负债方（人民币跨境收款时我国对外负债减少，跨境付款时我国对外负债增加），外币跨境收支的作用点在资产方（外汇跨境收款时我国对外资产增加，外汇跨境付款时我国对外资产减少）。在保汇率（以不贬值为例）或打击货币投机中动用人民币还是外汇，结果是不一样的。动用外汇时，直接体现为资产（外汇储备）的减少和人民币负债的同步减少（通过用外汇兑回人民币），而单纯动用人民币时则仅体现为负债（境外人民币持有量）的减少（通过跨境人民币流动性调控机制的设置）。

需要说明的是，有观点认为"支付出去的人民币必须要收回来时与支付出去的外汇是等效的"（当然，这里的一个限制性条件即最终消耗的是外汇储备）。对此，笔者认为，这是没有理解和用好人民币国际化后的新角色，以及新角色赋予我国央行的新能力、新优势所致。应该说，人民币被接纳为国际储备货币就赋予了我国管理国际收支的新能力和新优势，我们可以用纯人民币方式来解决外汇模式下国际收支管理的困局。理解和用好这种新能力、新优势是非常必要的，可以帮助我们在人民币国际化道路上行稳走远。

放在人民币已经启动国际化且已经加入国际货币基金组织特别提款权篮子的当下，对于"外汇储备是拿来用的"应做一新解。我国外汇储备放在央行而非财政的处理方法表明，外汇储备是央行以等值人民币发行来获取的（许多国家是由财政发行国债来买下外汇储备的），就不是单纯意义上的国家资产。以前，"外汇储备是拿来用的"在具体操作上大多是"外汇储备是有管理地开放给实体经济部门兑换后用于跨境支付的或藏汇于民

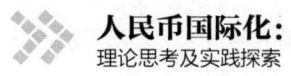

的"。但人民币被国际社会认同和接受后,"外汇储备是拿来用的"就应当操作为"我国实体经济部门的跨境收支尽可能地以人民币执行,外汇储备是央行拿来用于干预人民币汇率、抵制市场对汇率的操控和投机的,而不是让民间兑换走的"。因此新解下,实体经济部门应主要以人民币来完成涉外经济活动的结算收付,实体经济部门对外支付(收款)造成境外人民币抛压(买压)时,央行可以入市干预,动用多少储备以及如何干预由央行主动决断而不是被动地在第八条款约束下被蚂蚁搬家式地兑换走。当然,如前文所述,除了动用外汇储备来干预,央行还可通过直接回收人民币流动性、加大人民币资产供应力度、提高或降低人民币政策利率、加收或退出人民币准备金等无兑换的纯本币干预方式来实现目标。因此,支付出去的人民币要收回来时不是只有买回来一种方式,自然也不会与支付出去的外汇等效。

上述分析表明,人民币国际化后人民币对外币的替代性收付下,外汇储备将与我国的涉外经济活动逐渐脱钩。与此同时,外汇储备将作为我国央行适度干预市场、维持汇率稳定的资源。此外,央行建立对金融层面人民币跨境流动性的宏观审慎管理政策框架将能够有效地实施货币政策的跨境传导,并更好地服务实体经济对跨境金融服务(当然,是以人民币提供的跨境金融服务)的需求。实现了立足本币的跨境金融服务提供和金融服务业对外开放,可以更好地防范金融开放的风险,详见本章第四节的论述。

第三节 货币国际化与汇率形成机制的关系

人民币国际化对人民币汇率形成机制和人民币资本账户可兑换带来了一系列深刻的影响。许多学者一直纠结于三者的先后顺序。有观点认为,应该先实现人民币汇率浮动,再实现资本账户可兑换,最后才是人民币国际化。其逻辑是汇率是固定的或是盯住的,无法实现对供求的自动调节,货币国际化的风险会很大。但笔者认为这个观点的问题是，资本账户有管制的情况下，汇率的浮动不是市场驱动的，纯粹是供求管制形态下的浮动，只是假性浮动，且更重要的一点是如果整个跨境金融的风险管理模式是依赖审批的，则即便资本账户审批制下的可兑换也依然是假性浮动，因为汇率形成的市场是在供求管制下的。当然，也有观点认为应该先开放资本账户可兑换，这样可以把汇率形成机制的市场真正做实，再让汇率浮动起来，此时的汇率就是真正的市场化浮动汇率。笔者认为这个观点也有一个问题：一个仅限于本国外汇供求形成的汇率是真正的市场化汇率吗？或许非国际货币可以，但人民币作为一个大国货币，其背后庞大的涉外实体经济规模都局限在境内可兑换，就意味着全部的国际收支是以外币进行的，这个国家所面临的货币错配风险得多大？其金融还能对外开放吗？还能走出"没有一个发展中国家的金融开放是成功的"这一魔咒吗？笔者认为，现实总是与理论有距离的，人民币国际化目前走出来的路径既是对以往资本账户可兑换和汇率形成机制改革路径的一种矫正，也是一项具有理论创新意义的重要实践。

一、国际化货币与货币汇率形成机制

如果从国际货币角度来对国家信用货币归类，国际上的货币大致可以归为四类：第一类是全球范围内可自由使用的货币，第二类是区域范围内可兑换的货币，第三类是发行国境内可兑换的货币，第四类是不可兑换的货币。就汇率形成机制而言，货币汇率的形成机制至少包含以下三个要素：汇率生成的市场、市场供求关系的决定以及央行汇率政策的定位。

再从汇率形成机制角度来观察这四类货币，可以发现：第一类货币即全球范围内可自由使用的货币，其汇率生成的市场通常是 7×24 小时顺时区交替接力交易的全球市场。在这个全天候的市场上，供求关系基本由国际市场决定。货币发行国的央行可以根据自身的汇率政策目标在本时区市场上通过吞吐本币（影响本币供应量和价格）的方式进行汇率干预，或跨

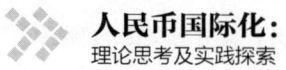

时区联合他国央行通过货币掉期（海外注入流动性）的方式进行联合干预（如美国、德国、日本三国在 20 世纪 80 年代的汇率干预）。第二类货币即区域范围内可兑换的货币，其汇率生成的市场主要是其时区所在的区域性多国市场，如东南亚诸国货币之于东南亚金融市场，供求关系大致由本国和区域市场决定。但货币发行国为将其货币汇率保持在目标范围内，会通过对本币境外可获得性的控制来管理外部对其货币的冲击能力（发起货币冲击的前提通常是要能够获得该货币的融资，然后再配以"屯多做空"的结构化市场布局），以达到汇率政策的目标，如新加坡金融管理局曾规定新加坡本土银行向境外提供新加坡元融资的数额不得超过 500 万新加坡元。第三类货币即发行国境内可兑换的货币，其汇率生成的市场在发行国境内，供求关系仅由本国涉外经济实需驱动，央行汇率政策的目标与实体经济的涉外程度密切相关，如东南亚金融危机后马来西亚明确规定在马来西亚以外不能对林吉特进行报价，只有在马来西亚的境内持牌银行才能办理与林吉特相关的外汇业务。第四类货币即不可兑换货币，其货币职能范围仅限于发行国境内，跨境收支领域全部采用他国货币，国内主体不得持有外汇，货币的汇率水平完全由央行或国家根据政策取向制定。

我国人民币汇率形成的市场是 1994 年设立的有组织的境内外汇市场（中国外汇交易中心）。在外汇指定银行的结售汇管理体制下，市场供求由涉外经济活动形成的实需驱动。即便在跨境贸易人民币结算启动后，我国也明确规定境外清算行或境内代理银行为境外参加银行提供的人民币购售服务必须基于三个月内对中国大陆的贸易结算。央行作为境内人民币外汇市场的参与者，通过直接参与市场交易来影响人民币汇率的水平。从这些角度来判断，人民币属于境内部分可兑换货币，其汇率为实需驱动型汇率。2013 年我国货物和服务贸易量为 4.6 万亿美元，而银行代客结售汇总金额为 3.3 万亿美元，银行间外汇市场即期交易为 4.1 万亿美元，就是一个很好的例证。

二、可兑换路径选择对汇率形成机制的影响

观察国际金融市场的发展和各国实现可兑换的历史，不难发现可兑换通常有两条路径：一条是准许本币在本国市场上的可兑换也即境内可兑换，另一条则是推动本币在国际市场上的可兑换也即境外可兑换。简单来讲，境内可兑换是指在货币发行国境内实现本币与外币的可兑换，因此也可以说是货币非国际化路径下的可兑换；境外可兑换是指在货币发行国境外实现本币与外币的可兑换，也就是货币国际化路径下的可兑换。大部分发展中国家受制于国际货币制度的安排和本国经济金融实力与货币的实际情况，都选择（或只能选择）第一条路径，英美等发达国家则是选择第二条路径。我国也一直沿着第一条路径在推进人民币的境内可兑换，但自2009年中开始的人民币跨境结算启动了人民币国际化进程，因此我国的可兑换已经处在第一条路径向第二条路径的接轨中。路径的不同对人民币汇率形成机制的影响也不同。

货币非国际化的境内可兑换路径对本国货币的汇率形成有以下影响：一是影响其形成的市场基础。通过准入管理来实现对市场交易商和产品服务创新的管理，可以形成对交易渠道的约束，通过规定必须进入指定市场平盘交易，可以实现本币外汇交易市场只能在境内运行的约束（禁止或限制本币国际化的有效手段）。二是影响其形成的市场供求关系。境内可兑换意味着本外币兑换活动都在境内市场上完成，国际收支的币种结构中外币将占据主要或全部份额。通过规定本外币兑换的规模、种类和方法，可以实现对境内市场供求数量和产品工具的约束。三是影响境内外汇市场的运行模式。境内可兑换意味着实体经济跨境收支以外币进行，外币跨境收支后境内需要管理外币汇率风险。在实际操作上，实体经济跨境收付外汇，通过向境内商业银行办理结售汇把跨境收支中的外币风险管理转移到商业银行，商业银行作为风险中性的经营主体，背对背地把外币汇率风险平盘管理给市场就是最佳选择。由于都是境内主体在管理外币汇率风险，

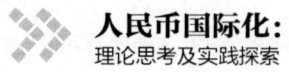
人民币国际化：
理论思考及实践探索 | From RMB to CNY: Some Theoretical Thinking & Practical Exploration on Currency Internationalization

需求是同质的，因此境内本币外汇市场需求"一边倒"的现象成为常态。为了维持本币汇率水平的相对稳定，央行需要出面来做市场的出清者（成为最终的外汇风险管理者），由此也造成了"实体经济—商业银行—央行"的汇率风险短链管理模式，而央行最终也是通过"投放本币/管理外汇"的经典分拆方式在国际市场上管理外汇风险（外汇储备的运作管理）。四是影响央行的调控手段。本外币兑换都在境内市场完成的情况下，本币汇率的市场决定因素偏境内，利率的市场决定因素则偏境外，因为央行需要对本外币兑换结果进行被动的对冲操作。

货币国际化的境外可兑换路径对本国货币汇率形成的影响也可以从以下方面分析：一是本币的汇率形成市场中会有境内和境外市场的双重因素。货币境外可兑换意味着本币被广泛地用于国际收支，从而使本币得以流出国境走向国际，并在国际市场上与其他外币实现可兑换。在这种情况下，境外市场上就会出现本币的汇率，与境内外汇市场形成的汇率互相作用后形成一个境内外市场共用的汇率。二是市场供求关系方面，本币在国际市场上的供给由货币发行国决定，而货币间的兑换在境内和国际市场上完成。汇率是两种货币的比价，所以国际市场上对本币的需求是另一个影响汇率形成基础的因素。国际市场对本币的需求在很大程度上受本币资产综合收益率和风险偏好程度的影响，而非简单的实需驱动。国际市场上外汇交易量与国际货物贸易量的背离就是一个典型的例证。三是市场交易规模方面，境外可兑换意味着本国的国际收支以本币为主，本币跨境收支后境外需要管理本币的外汇风险，这就构成了境外对本币汇率风险的长链管理，即境外实体经济—境外商业银行（背对背平盘/避险工具类，或分拆到各自货币市场管理）—其他境外金融机构（背对背平盘/避险类工具，或分拆到各自货币市场管理）。如果境内市场对境外开放，则背对背平盘管理本币汇率风险的需求会引入境内市场，与境内市场管理外汇风险的需求碰头，形成有益的供给关系。如果境内市场不对外开放，则继续着境外背对背平盘/避险类工具的风险管理链，最终通过分拆到各自货币市场上完成对风险的管理。这也是境外外汇市场交易规模远超实体经济国际贸易和商务投资规模的原因。四是央行货币政策方面的影响。货币境外可兑换使得发行国的国际收支可以本币为主进行，境外可兑换的程度取决于国际社会对本币的接受程度；接受程度越高，发行国国际收支的本币化程度越高，本币在跨境资本流动中的份额越高，此时境外本币外汇市场越活跃，汇率的市场决定因素越偏境外，利率的市场决定因素越偏境内，央行货币政策的独立性越强。这也从另一个角度印证了知名的"三元悖论"理论，只是这里的资本自由流动是以本币进行的，而非以外币进行。

三、货币国际化对人民币汇率形成机制的潜在影响

在人民币已经启动国际化进程且达到一定程度的当下来看可兑换问题，可以发现人民币境内可兑换和境外可兑换已处于接轨过程中。对于可兑换后的人民币汇率形成机制，我们可以做以下预判：

（一）境内实需驱动与境外套保驱动将共同构成人民币汇率的市场供求

推动人民币国际化就是要让我国的经济主体能够以本币来结算涉外商务经贸活动。随着人民币国际化程度的提高，我国国际收支币种结构中人民币的份额会不断上升，外币份额会持续下降，此时境内人民币外汇市场因我国经济主体增加人民币的跨境使用、减少外汇的跨境使用而呈现交易量逐步萎缩的格局。然而，我国主体通过运用人民币计价结算涉外商务经贸活动来消除外币敞口和汇率风险的同时，境外主体则因使用了人民币计价结算而面临人民币敞口及汇率风险，他们需要对人民币敞口和汇率风险进行套期保值以对冲风险。因此，境外人民币外汇市场将在此类需求的驱动下日益增长，而境外实体经济的套期保值需求将推动境外金融市场的二级套期保值需求，由此造成外汇交易量以一定的乘数形式超过实际的跨境贸易量，这一点可以从全球外汇交易量远超国际贸易量得到印证。世界贸

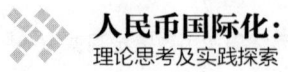

From RMB to CNY: Some Theoretical Thinking & Practical Exploration on Currency Internationalization

易组织相关统计数据显示，2013年全球贸易（包括商品和服务）量为35万亿美元；而国际清算银行的抽样调查数据显示，2013年全球日均外汇交易量达到了13万亿美元。若按年计，年度外汇交易量是全球贸易量的90多倍。就人民币而言，目前香港等地的离岸人民币外汇交易量已远超我国以人民币结算的跨境贸易及投资量。由此可以预见，人民币可兑换后，以境内实需驱动而形成的人民币外汇市场将无法在交易量上超越以境外套期保值驱动而形成的人民币外汇市场的交易量，人民币汇率形成机制的市场供求基础将迎来巨大的变化。

（二）人民币外汇市场将由境外无形市场与境内有组织市场共同构成

这一现象可以从全球外汇交易市场7×24小时环地球时区存在的地理布局上得到很好的印证。国际清算银行的抽样调查数据显示，美元、日元等国际货币外汇交易量的约80%发生在货币发行国以外的国家和地区。2013年，美元外汇交易量占全球外汇交易量的87%，但美国市场的外汇交易量仅占全球外汇交易量的18.9%。日元外汇交易量占全球外汇交易量的23%，而日本市场的外汇交易量仅占全球外汇交易量的5.6%。2013年，我国货物和服务贸易量为4.6万亿美元，而银行代客结售汇总金额为3.3万亿美元，日均交易137亿美元；银行间外汇市场人民币外汇交易总规模为7.5万亿美元，日均交易315.4亿美元，其中即期交易量日均为171.2亿美元，仅占国际外汇市场日均即期交易量的1.5%。国际清算银行的数据显示，2013年人民币全球外汇市场交易份额仅为2.2%，境内外汇市场交易占全球份额的比重仅为0.7%。相比我国的经济体量和贸易规模，目前的全球人民币外汇交易量以及境内外汇市场的交易量还有很大的发展空间。这为我们思考可兑换以后的人民币汇率形成机制带来很好的启迪。

（三）人民币外汇交易的全球统一市场影响汇率走势

目前人民币汇率存在多个交易市场，境外交易主要集中在与境内市场同一时区的中国香港、新加坡等地。2013年，人民币外汇市场日均交易

第七章 人民币国际化与货币政策宏观调控

量占比中,境内占比为22.7%,中国香港占比为33.5%,新加坡占比为16.2%,英国占比为16.5%。

在资本账户尚未开放的前提下,境外人民币市场与境内人民币市场的利率和汇率形成机制存在差异,还存在境内市场与离岸市场的联动发展关系。资本账户可兑换后,人民币价格将由市场交易形成,由在岸和离岸市场共同决定。由于境外无形市场全天候运行以及享有充分的自由度,其形成的汇率属于市场均衡汇率。可以预见,未来的人民币汇率水平不仅仅取决于我国的实际需求,更多地反映为境内外资金供求均衡。长期来看,对于自由浮动的汇率,政府可以通过货币政策引导,在特殊情况下进行非常态化干预,但无法最终决定价格水平。市场自由交易下形成的价格最接近均衡价格,相对来讲也最为稳定。

尽管人民币价格将由境内外市场共同决定,但主导权仍在交易量更大、活跃程度更高、流动性更好的市场。这一点"在时区市场"和"不在时区市场"会有很大的差异,我们也可以从美元外汇交易在亚洲时区淡静、在欧洲尤其是欧美同开的时区市场更活跃的现象中得到印证。在资本账户开放初期,由于离岸市场人民币资金池较小,只要境内市场达到一定活跃程度,人民币价格仍主要由境内市场引导。但目前离岸市场的交易规模已大幅超过在岸市场,也已形成了区别于在岸市场的基准汇率和利率,这些都会影响在岸市场在人民币交易上的定价基准。数据表明,人民币离岸价格已经开始影响境内人民币外汇价格,并且境内外两个价格的相关性正在逐步加大,这些都说明人民币外汇定价基础已在一定程度上转移到离岸市场。未来,随着资本账户可兑换的推进和欧美等离岸人民币市场的兴起,离岸市场的交易量将进一步增长,欧美交易时段离岸人民币市场的走势也会影响次日在岸市场价格,如延续现有境内人民币外汇市场的建设与发展格局,则在岸市场人民币汇率定价影响力可能会下降。图7-1显示的是央行退出干预后的境内人民币汇率中间价、境内人民币汇率即期价和香港市场人民币汇率即期价。

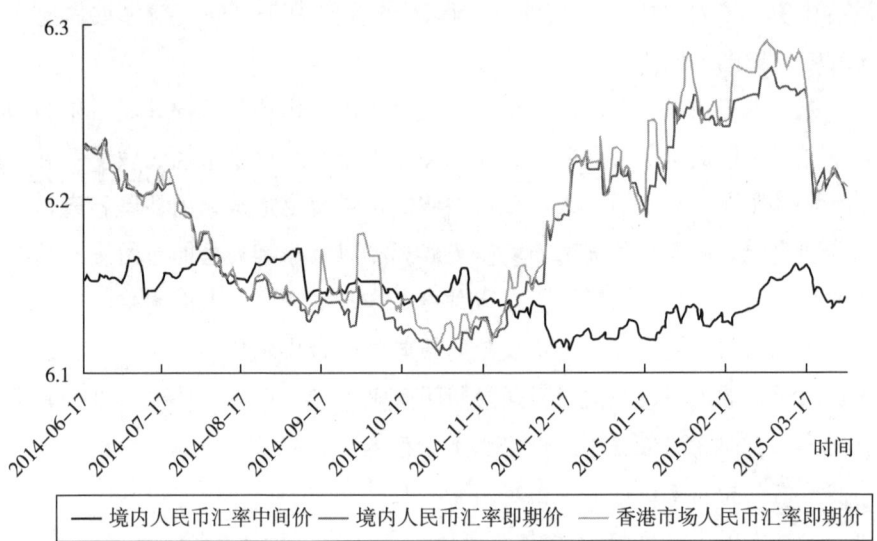

图7-1 央行退出干预后的人民币汇率价格

第四节 人民币国际化与跨境资金流动宏观审慎管理

人民币国际化带动的是人民币的跨境流动和国际使用,由此带来人民币流动性在境内外的配置变化。此时,对人民币跨境流动性实施宏观审慎管理,有利于维护人民币币值稳定和开放宏观环境下国家整体金融稳定,防范来自外部冲击的风险。

如前文所述,当各类经济主体对外支付人民币以结清各类跨境商务投资活动的债务时,带来的影响有以下几个:

一是虽然境内企业存款和境外同业存款都为负债方业务,但负债结构发生了变化。金融机构的境内人民币存款将随之减少;与此同时,境外同业人民币存款将增加。境内金融机构企业存款减少,意味着可以用于贷款的可贷资金将减少;境外同业存款增加,意味着境外可支配的流动性增加。境外对境内支付时,则产生反方向的影响。

二是人民币对外支付对不同银行的流动性影响不一。尽管对金融机构而言,境内企业存款和境外同业存款都是负债方业务,但由于跨境代理结算网络建设的能力强弱不一,这种因人民币对外支付而形成的境内存款减少的影响面比较广,境外同业存款增加而产生的影响面却较窄。也就是说,大多数银行会因企业层面的人民币对外支付而面临存款下降和可支配流动性下降,只有少数大银行会因人民币对外支付而导致境外同业存款增加和流动性增加。境外对境内支付时,对不同银行的影响也是不同的。

三是境内外人民币流动性的变化对货币市场价格会产生影响,且正常的跨境套利活动有利于人民币货币政策的跨境传导。境外人民币流动性和境内人民币流动性一样,会追逐收益率高的资产,由此会导致人民银行的货币政策借助境内外人民币流动性配置的变化形成跨境传导,且这种传导无须通过兑换就可以实现。

因此,实体经济层面的人民币跨境收付会导致金融机构层面的流动性在境内和境外之间的配置发生变化。由此,我们可以深入思考一下人民币国际化后到底应该如何实施货币政策以及如何构建针对跨境风险的宏观审慎政策框架(macro prudential policy framework)。笔者根据对相关金融危机及应对理论的研究,结合上海自贸区金融改革的实践,提出在跨境领域可以设置具有逆向调控性质的宏观审慎政策框架。具体阐述如下:

一、宏观审慎政策框架

针对历史上频发的金融危机,G30 专家小组[①]提出了宏观审慎政策框架的概念,包括四个方面:一是宏观审慎政策的作用范围是对整个金融体系进行的政策反应,而非孤立地针对单个机构或特定经济措施。二是宏观审慎政策的作用机理是增强抗风险能力和限制系统性风险,减缓风险通过

---

① G30 专家小组成立于 1978 年,是一个由 30 名左右国际财经界知名权威人士组成的咨询小组,专门就国际经济、金融治理等提供政策意见和建议。

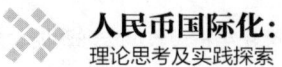

人民币国际化：
理论思考及实践探索

From RMB to CNY: Some Theoretical Thinking &
Practical Exploration on Currency Internationalization

机构间的关联、共同的风险敞口、放大金融周期波动性的机构顺周期行为倾向等因素向整个金融体系的蔓延。三是宏观审慎政策工具包括可变工具和固定工具，用于减少系统性风险，同时增强金融体系的抗风险能力以防范风险。其中，可变工具是指可以通过灵活的参数自动调整或响应商业周期发展进行变化的工具，如逆周期资本缓冲；固定工具是指不在经济周期中进行调整以增强金融体系在周期内各个时点抵御风险能力的工具，如资本乘数概念中的总资本杠杆率和核心融资比率等。四是宏观审慎政策需要有对执行机构获取信息的安排。

宏观审慎政策的特点是"逆向调节＋预发调节"，主要是防止金融体系的系统性风险。

从国际层面来看，在跨境领域宏观审慎政策框架的搭建还没有相关实践。因为对于发达国家而言，跨境资本自由流动是其诉求，任何形式的监管都有可能构成阻碍资本自由流动的因素，所以在国际规则建设领域掌握话语权的发达国家大多不会主动发起倡议来妨碍资本的跨境流动；广大的新兴市场和发展中国家虽然是多次国际金融危机的受害者，但其在国际经济中的地位和所处的发展阶段无法支持其在庞大的国际资本面前发声，倡议约束国际资本流动或拥有这方面的话语权。

从国内开放实践来看，跨境领域的风险管理更多地依赖事前行政审批式的管理，而非宏观审慎的概念，即便已有一些实践，也仅仅属于尝试性的探索而已，如人民银行在上海自贸试验区试点基础上推广、复制到全国的全口径跨境融资宏观审慎管理。此外，关于开放风险的识别、认定也还没有上升到宏观层面，因为对微观经济主体涉外经济活动的逐笔审批或合规性审核均将对开放风险的关注重点定位在单一企业、单一账户、单一交易是否合规这一层面。这样的管理模式无疑加大了所有企业使用人民币的成本，使人民币在与其他货币的竞争中，接受经济主体的选择而成为其跨境经济活动的计价结算货币的可能性极大地降低。因此，要在国际货币的竞争博弈中胜出，人民币需要走与当前外币管理不同的路径和风险管理模式。事实上，人民币也有条件走出不一样的路径和风险管理模式，即以宏观审慎管理为政策框架，设计人民币国际化后的跨境资金流动管理。这直接关系到涉外金融安全问题。

从美元、英镑等国际货币的跨境流动管理来看，货币国际化后基本是通过开放本土本币金融市场的方式来支持货币的国际化需求，也就是让境外持有美元、英镑等货币存款的主体直接进入该货币发行国境内的美元、英镑资产市场，或是境外想使用或投资美元、英镑的境外主体可以直接进入该货币发行国境内的市场获取融资。纽约联储2014年4月启动的一项FR2420信息报送制度显示，之前美联储对美元的跨境流动监管主要是基于存量信息统计（以TIC和FR统计为主）监测，FR2420的启用意味着美联储开始关注价格和市场参与群体的分布，尤其是开始关注欧洲美元市场供求、价格变化等因素带来的影响。

二、人民币国际化后跨境资金流动宏观审慎管理模式的思考

1. 效用目标：保持货币政策独立性，使得跨境资金流动对货币政策的影响尽可能中性或有所收敛。

2. 运行逻辑：放开对实体经济部门的跨境收支限制（银行须按"展业三原则"做好基于"三反"的审查），同时利用银行作为资金收付枢纽的优势，在金融服务部门设置具有跨境收支对冲平衡功能的防火墙。也就是说，在跨境资金流动的宏观审慎管理框架中，对银行所代表的金融部门设置跨境资金流动对冲平衡管理机制，并将其作为硬约束条件，以此调节人民币在境内外两个市场的存量，并阻断金融机构跨境收支与实体经济跨境资金流动在方向和数量上的协同共振传递。

3. 考虑方案：在上海自贸试验区FTU分账核算管理实践（详见本书第七章）基础上，构建跨境资金流动双向平衡对冲机制。在实体经济和金融服务两部门的运行框架下，实体经济部门的跨境资金流动结果部分或全部地消化、对冲在金融服务部门，即设置金融部门跨境资金流动反向对冲

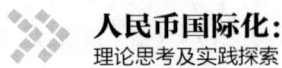

平衡机制。

当实体经济部门形成的跨境收支轧差为净收款时,金融服务机构应当负责将净收款的一部分或全部主动返回境外市场(或拆出,或兑出,或买入资产),产生的效果是实体经济部门跨境净收款,导致金融部门负债方出现总量不变但结构变化(境内企业存款增加,境外同业存款下降);金融机构向境外返回一部分或全部净收款,导致金融服务部门境外资产增加(资金运用方由境内转为境外而已)。

当实体经济的跨境收支轧差为净付款时,金融服务机构应当负责将净付款的部分或全部以批发的方式收回用于境内市场,产生的效果是实体经济部门跨境净付款导致金融部门负债方出现总量不变但结构变化(境内企业存款减少,境外同业存款上升);金融机构主动将(或拆入,或兑回,或卖出资产)部分境外净付款收回至境内,导致金融服务部门境内资产增加(资金来源由被动转为主动,资金运用转入境内)。就人民币而言,主动对冲与被动吸收的差异在于主动对冲会降低境外银行对人民币的境外配置能力(转为对境内银行的配置)。

4. 执行要点:(1)以人民币为跨境资金流动计价货币;外币则引入兑换概念,按方向计入人民币,即外币流入=人民币流出,外币流出=人民币流入。以实际流动时间为原则计入,远期、掉期、衍生品等跨期产品分别计入到期日计算。(2)嵌入两个调控参数:对冲比例和宏观审慎调节参数,均可根据时景情况不对称设置。(3)人民银行根据宏观审慎需要,可在金融部门的对冲流动基础上加设调控工具,如风险准备金、特别准备金或流动性定向抵押投放等,用于调剂商业金融机构平衡对冲仍无法消化掉的跨境流动性余缺。(4)按银行法人实施对冲流动管理要求,这样可以发挥规则的传导作用,引导银行在开发产品和客户需求时遵循这一规则。(5)设置前瞻性触发指标,可根据已经发生的跨境收支情况,将可能诱发跨境资金流动的市场敏感性先导指标作为监测预警指标,一旦触发则实施相关参数的调整。

人民币国际化：
理论思考及实践探索

From RMB to CNY: Some Theoretical
Thinking & Practical Exploration on
Currency Internationalization

第八章

人民币国际化与上海自贸试验区金融改革开放

2009年上海率先启动跨境贸易人民币结算试点。2013年9月我国启动上海自贸试验区建设。那么，时隔三年后启动的上海自贸试验区建设与人民币国际化之间又有什么关系呢？

要理解这个问题，可以从人民币国际化的路径和发展来着手。人民币用于跨境贸易结算，包括随后扩展到实业投资结算等领域，使人民币在短短的数年时间内就跻身国际支付货币市场的前十位。相关的政策安排在设计和执行中没有触及人民币可兑换问题，也就是突出强调了实体经济对人

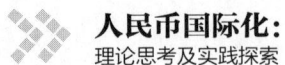

民币在跨境环节上的无兑换本币使用,如货物贸易项下要求商务合同的签订、海关报关以及结算均采用人民币。这样的无兑换人民币跨境使用在货币国际化初期以及人民币升值时期起到了较好的作用,但随着人民币国际化的深入推进,人民币的全面可兑换需要提上议事日程。

因此,上海自贸试验区金融改革的一个重要考量就是在前期持续不断地推进可兑换基础上,尝试在风险可控的环境下率先实现人民币资本账户可兑换①,以为国家金融领域的整体开放探索新路径、积累新经验。本章将从上海自贸试验区金融改革的角度来解读推进人民币国际化和资本账户可兑换的协同问题。

第一节 上海自贸试验区金融改革与国际高阶贸易投资规则

上海自贸试验区建设方案研拟之时,恰逢国际上以区域多边或伙伴多边、双边贸易投资协定方式推动新型高阶贸易投资规则形成之际。

在经济全球化的推动下,当前国际经济合作规则正在经历一场深刻的变化。"二战"后形成的全球多边合作体制出现了区域多边、伙伴多边或双边化的趋势,贸易规则已逐步开始向贸易与投资规则并重且尤重投资规则建设的趋势发展。一些以投资保护为核心要素的规则在区域多边、伙伴多边以及双边贸易投资协定谈判中萌动形成,如人们熟知的TPP、TTIP、TISA以及BIT谈判等,都引入了一些以适应投资全球化、投资全程保护为特色的、高标准的投资规则。

以《2012年美国双边投资协定范本》为例,该范本对"投资"的定

---

① 参见《国务院关于印发中国(上海)自由贸易试验区总体方案的通知》(国发〔2013〕38号)、《国务院关于印发进一步深化中国(上海)自由贸易试验区改革开放方案的通知》(国发〔2015〕21号)以及中国人民银行、商务部、银监会、证监会、保监会、外汇局、上海市人民政府《进一步推进中国(上海)自由贸易试验区金融开放创新试点 加快上海国际金融中心建设方案》(银发〔2015〕339号)中的相关表述。

第八章 人民币国际化与上海自贸试验区金融改革开放

义是：投资者以直接或间接方式拥有或控制的各项资产，只要该项资产具有资本保证、利润预期或风险承担等"投资特征"就可以被认为是"投资"。具体包括：（1）国际直接投资；（2）股票等权益工具；（3）债券、信贷等债务工具；（4）期货、期权等各类金融衍生工具；（5）承包、建设、管理、生产、受让、收益分享以及其他类似合约；（6）知识产权；（7）许可证、授权及其他符合东道国法律的权利；（8）其他有形或无形、动产或不动产，以及租赁、抵押、留置、质押等相关的财产权益。与投资相关的所谓六大高阶投资规则，就是全面的国民待遇（覆盖投资准入前阶段）、公平竞争或竞争中立（不论投资的资本背景如何，一视同仁的商务环境）、资金自由转移（与投资相关的资金可以自由无延误地进出）、业绩要求禁止（不对投资形成的经营提出业绩性要求）、高管非国籍歧视（不对投资的高管团队组成提出国籍要求）以及 P2G 争端解决机制（投资者与东道国产生纠纷时的处理）等。当然，考虑到投资可能产生的负面效应以及缔约方自身所处的经济发展阶段，该范本也明确了缔约方可以在这六大高阶投资规则的谈判中以"与上述规则不符的例外措施"方式提出"不符或例外清单"（"负面清单"概念），以最终实现逐步过渡到高阶规则的目的，但"不符或例外清单"一旦形成，则只减不增。

这一范本的核心理念，其实就是对投资（各种形式的投资）的全生命周期保护。这些投资本质上就是国际收支平衡表中归类为"经常账户"和"误差与遗漏"以外的所有类别，也就是"资本与金融账户"的内容（详见表 8-1），甚至更广，包括一些归类在经常项下的合约类，如承包、建设、管理、生产、受让、收益分享以及其他类似合约等。

因此，可以理解为新的投资规则实际上是针对"资本与金融账户"交易而言的。当然，历次国际金融危机的教训也在不断地提醒人们金融开放与金融风险是相伴相生的。即便是美国这样的发达经济体，在其双边投资协定范本中也明确可以有"金融审慎例外"安排来支持缔约方采取相应的措施应对金融开放后的风险冲击,即金融开放是规则,金融审慎措施可以例外。

表 8-1 国际收支平衡表中资本及金融账户主要项目一览表(BPM6)

资本账户	金融账户
21. 非生产的、非金融的资产的收买与放弃	31. 直接投资
211. 自然资源	311. 股权及投资基金份额
212. 合约、租约及许可证	312. 债务工具
213. 可交易资产(和声誉)	32. 证券投资
22. 资本转移	321. 股权及投资基金份额
	322. 债务工具
	33. 金融衍生品和员工股票期权
	34. 其他投资
	341. 其他股权类
	342. 货币与存款
	343. 贷款
	344. 保险、养老金和标准化担保计划
	345. 贸易信贷和预付款
	346. 其他应收/应付

我国经过改革开放的积累,已经由原先的净债务国转变为净债权国,因此这些对投资的全生命周期式的保护规则无疑对我国下一步深度参与经济全球化是有利的,这与我国加入世界贸易组织后受到的国际贸易规则保护是一个道理。同时,我国作为吸收外资的大国,也需要接受并在涉外经济管理中实施这些投资保护规则,但这些投资保护规则在境内的运用无疑会在一定程度上冲击我国多年来形成的既有涉外经济管理理念,调整境内部分经济利益格局。因此,党的十八届三中全会明确提出了"建立中国上海自由贸易试验区是党中央在新形势下推进改革开放的重大举措,要切实建设好、管理好,为全面深化改革和扩大开放探索新途径、积累新经验"。国家发布的上海自贸区建设总体方案也明确了上海自贸区建设的指导思想

是"……率先建立符合国际化和法治化要求的跨境投资和贸易规则体系，使试验区成为我国进一步融入经济全球化的重要载体，打造中国经济升级版……"自贸试验区金融改革方案设计正是遵循了党中央、国务院的要求，将高阶投资规则在自贸试验区框架下先行先试，为国家启动或参与国际投资规则相关协定的谈判积累实践经验。

第二节　上海自贸试验区金融改革与服务实体经济

在海关综合保税区基础上升级推出的自贸试验区涵盖的内容不仅仅是货物贸易和与货物相关的服务贸易，还包括其他服务贸易和投资等；区内经济主体的层级也不再只是贸易公司或加工型企业，而是跨国公司地区总部、跨境结算中心、研发中心以及综合经营型的外向型企业。因此，对跨境金融服务存在更高层次的需求，不再局限于传统的存、贷、汇、兑。金融作为服务业的一个子行业，自身也存在金融服务的跨境贸易需求。因此，自贸试验区金融改革不同于其他区域性金融改革，其主要针对的是跨境金融服务。这是金融服务部门对实体经济部门提供的与涉外商务投资活动相关的各项金融服务的总称。自贸试验区金融改革方案的出发点是依据世界贸易组织对服务贸易的界定，重点解决金融服务跨境提供上的短板。

如前文所述，在长期以来外币主导我国国际收支的格局下，金融服务部门向实体经济部门提供跨境金融服务的能力和空间在很大程度上受传统汇兑管制的影响。改革开放以来，我国一直在推进外汇管理领域的改革。1996年实现人民币经常账户可兑换后，资本账户的改革开放也在稳步推进。从目前官方和学术评估来看，除了少数几项外已基本实现了资本账户的可兑换；但从民间评估来看，实体经济部门对我国整个汇兑体制（包括经常账户）下的跨境金融服务的用户体验并不好，由此形成了官方自评和民间评价的巨大反差。例如，经常账户已于1996年可兑换，但我们依然设置了不少的细节性预审安排,这些细节性预审安排在某种程度上确实构成了对经常项下交易支付的阻缓或延迟,导致对外履约的效率低下。又如,直接投资实现了基本可兑换,但前置手续依然不少,投资后在资金使用环节上的国民待遇有些也未到位。更为重要的一点是,我们的汇兑管制不是在控流入,就是在控流出,或者就是在去往一端的路上,无法给实体经济部门一个稳定的跨境金融服务环境,导致某些合约前期执行顺利,在最后收付款环节可能就出现问题,使得我国的实体经济部门在对外商务合同谈判和履约中经常面临不确定性而增加成本。金融服务部门因为一直要配合监管部门的要求而处于不停地实施控流出或控流入的时变中。商业性金融机构由此获得了优于实体经济部门的商业地位,在其提供的商业金融服务中对实体经济部门拥有更大的源自监管政策而非其自身商业能力的优势。

再有一点,就是专户管理模式将资金分散在不同的账户中,使得企业无法便利地使用和管理其可支配的资金,反而在"专户专款专管专用"的管理模式下增加了企业的财务管理成本和失误性违规可能,降低了资金的使用效率。如人民币跨境使用框架下的十多个专户、外汇管理框架下的几十个专户,都需要企业多开支人力成本进行管理,一旦用错账户(即便都是企业的可支配资金),就要面临被处罚的问题。银行层面也为了满足复杂的账户分类管理要求而需要投入更多的人力,这也增加失误性违规的可能。

另外,长期以来的分项目管理使得监管部门形成了思维定式,对于经济主体的全面管理反而无法实施,往往将问题局限于某个项目而非整体收支上。如外汇资本金专户可以提供与直接投资活动相关的资本金的收支情况,但资本金却只是整个直接投资活动的一部分。上海自贸试验区要"扩大投资领域的开放",光是资本金纳入专户管理是不够的,只需要构建对投资主体整体跨境收支活动的监测管理框架。因此,实体经济对于自贸试验区的跨境金融服务是有合理期待的,监管层面也是需要调整的。

根据我们的调查,实体经济对跨境金融服务的需求主要归类为以下方面：一是账户服务方面，希望规则统一，操作简单，不要强制性地开立那么多专户，能给企业一个便利使用可支配资金的权利；二是结算服务方面，希望快捷便利，简单直通，不要有那么多落地处理环节的细节性要求，减少企业往返跑的频次；三是融资服务方面，希望成本低廉，选择充分，打开境内外两个市场、两种资源，而不是需要层层审批才能办理而导致时机的错失；四是投资服务方面，希望能够实现多渠道的保值增值，风险可控；五是风险管理方面，希望能够提供丰富的风险管理、分散、对冲的手段和工具，市场化定价并有充分的选择空间；六是资金管理方面，希望实现集约化、规模化、内部化的财务管理，而非分散圈制在不同专户中，虽然都是自己的钱，但受到监管部门认定的"买油的钱不能用于买米"这样的约束。

从监管角度来看，"扩大投资领域的开放"需要我们把关注的内容扩大到整体跨境收支，再依赖"专户专管专款专用"的管理模式只会让我们陷入监管死角，面临"只见芝麻不见西瓜"的问题。

第三节 上海自贸试验区金融改革与金融风险管理模式创新

我国的金融改革与整体的经济改革几乎同步，经济改革开放的推进伴随着金融领域的改革开放。2013年末上海自贸试验区建设方案研拟时，我国金融领域的改革开放已经达到了一定程度，具体表现在金融机构法人治理基本建立、金融市场资源配置作用基本确立、金融价格传导机制基本形成、金融对外开放格局基本确立。

"投资"尤其是广义概念下的"投资"的开放意味着资本及金融账户的开放。这对于我国长期以来只是将"投资"狭义地定义为"直接投资"的管理模式构成了巨大挑战。无论是从国际收支平衡表分类还是资本账户可兑换评估表（七大类40子项）分类，抑或美国双边投资协定范本的定义来看，直接投资只是众多投资中的一两个分类而已（详见表8-2）。

表8-2　　　国际货币基金组织对资本账户可兑换评估表内容

一、对资本和货币市场工具的管制	三、对信贷业务的管制
1. 资本市场证券交易	1. 商业信贷
A. 股票或其他具有参股性质的证券	居民向非居民提供
非居民境内购买	非居民向居民提供
非居民境内出售或发行	2. 金融信贷
居民境外购买	居民向非居民提供
居民境外出售或发行	非居民向居民提供
B. 债券或其他债务性证券	3. 担保、保证和备用融资便利
非居民境内购买	居民向非居民提供
非居民境内出售或发行	非居民向居民提供
居民境外购买	四、对直接投资的管制
居民境外出售或发行	1. 对外直接投资
2. 货币市场工具	2. 对内直接投资
非居民境内购买	五、对直接投资清算的管制
非居民境内出售或发行	六、对不动产交易的管制
居民境外购买	居民境外购买
居民境外出售或发行	非居民境内购买
3. 共同投资证券	非居民境内出售
非居民境内购买	七、对个人资本流动的管制
非居民境内出售或发行	1. 贷款
居民境外购买	居民向非居民提供
居民境外出售或发行	非居民向居民提供
二、对衍生工具和其他工具的管制	2. 礼品、捐赠、遗赠和遗产
非居民境内购买	居民向非居民提供
非居民境内出售或发行	非居民向居民提供
居民境外购买	3. 外国移民境外债务的结算
居民境外出售或发行	4. 资产的转移
	国内移民向国外的转移
	国外移民向国内的转移
	5. 博彩和奖励收入的转移

第八章 人民币国际化与上海自贸试验区金融改革开放

我国在直接投资领域开放的风险管理一直遵循"双 Q"制（资质与额度）的投资事前准入管理模式（具体表现为需要发改委或商务部门等部门的事前批准或备案）。无论是外商来华直接投资还是我国对外直接投资都是如此，执行着按金额、分层次一单一单地审批、核准或备案办理。如果说外商来华直接投资涉及我国产业布局中的国家安全问题、反垄断问题或者环保问题等的管理，对外直接投资涉及国际产业布局等问题，仍然需要政府部门事前把关审核且逐单审核或备案也依然可行的话，那么其他形式的投资，如货币及资本市场投资的开放、集合投资以及衍生品投资的开放的风险管理也采用这种模式显然是不合适的，也是无法实施的，或即便采用了这一模式，效果也是不好的。这是因为，政府部门的人力资源配置不可能比市场自身配置的人力资源更优，行政管理模式的时效也不可能比市场运行的时效更快，在风险管理上更是难以适应瞬息万变的市场。

所以，要在原先资本账户可兑换已经走了 99 公里的基础上完成这"最后一公里"的改革开放，实现全面的可兑换，我国面临的风险就不止是这"最后一公里"的可兑换风险了，而是 100 公里全面可兑换的风险。因此，投资开放（资本及金融账户的开放）后风险防控需要有新的管理模式，也就是在引入上述与投资相关的六项高阶规则实现投资的开放后，涉外金融风险的管理也需要有新的思路和模式，即以"金融审慎例外"作为规则来做好应对风险的安排。

综上所述，作为负责货币政策和宏观审慎管理的央行来说，自贸试验区金融改革的实质，除了更好地增强金融服务功能，满足实体经济的跨境金融服务需求外，推动涉外金融风险管理模式的转变以顺应这种开放形势是必有的内容，也契合了党的十八届三中全会决定和中央政府建设上海自贸试验区的指导思想。所以，自贸试验区金融改革需要同步开展金融开放环境下的涉外风险管理模式创新。同时，人民币国际化赋予我国的主场优势也需要去发掘，并探索人民币国际化背景下涉外风险管理模式。

根据国务院的总体方案和人民银行的安排，上海自贸试验区金融改革

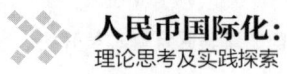

包括创新有利于风险管理的账户体系、探索投融资汇兑便利、扩大人民币跨境使用、推动利率市场化、深化外汇管理改革以及建立试验区金融改革创新与上海国际金融中心建设的联动机制等。因此，上海自贸试验区金融改革遵循服务实体经济、推动金融改革开放以及创新金融风险管理这三项基本原则展开。

第四节 上海自贸试验区建设与金融改革的实施情况

上海自贸试验区最初的范围涵盖外高桥保税区、外高桥保税物流园区、洋山保税港区和上海浦东机场综合保税区等四个海关特殊监管区域，总面积为28.78平方公里。一周年后，国务院批准上海自贸试验区扩大至120.8平方公里。2015年4月8日，国务院印发了《进一步深化中国（上海）自由贸易试验区改革开放方案》，要求上海自贸试验区"加快政府职能转变，在更广领域和更大空间积极探索以制度创新推动全面深化改革的新路径，率先建立符合国际化、市场化、法治化要求的投资和贸易规则体系，使自贸试验区成为我国进一步融入经济全球化的重要载体，推动'一带一路'建设和长江经济带发展，做好可复制可推广经验总结推广，更好地发挥示范引领、服务全国的积极作用""深化完善以负面清单管理为核心的投资管理制度、以贸易便利化为重点的贸易监管制度、以资本账户可兑换和金融服务业开放为目标的金融创新制度、以政府职能转变为核心的事中事后监管制度，形成与国际投资贸易通行规则相衔接的制度创新体系，充分发挥金融贸易、先进制造、科技创新等重点功能承载区的辐射带动作用，力争建设成为开放度最高的投资贸易便利、货币兑换自由、监管高效便捷、法制环境规范的自由贸易园区"。

2017年3月30日，国务院印发了《全面深化中国（上海）自由贸易试验区改革开放方案》，要求上海自贸试验区"进一步加强与上海国际金

第八章 人民币国际化与上海自贸试验区金融改革开放

融中心和具有全球影响力的科技创新中心建设的联动""到 2020 年，率先建立同国际投资和贸易通行规则相衔接的制度体系，把自贸试验区建设成为投资贸易自由、规则开放透明、监管公平高效、营商环境便利的国际高标准自由贸易园区，健全各类市场主体平等准入和有序竞争的投资管理体系、促进贸易转型升级和通关便利的贸易监管服务体系、深化金融开放创新和有效防控风险的金融服务体系、符合市场经济规则和治理能力现代化要求的政府管理体系，率先形成法治化、国际化、便利化的营商环境和公平、统一、高效的市场环境"。具体要求就是建成"三区一堡"，即建设开放和创新融为一体的综合改革试验区、开放型经济体系的风险压力测试区、提升政府治理能力的先行区、服务国家"一带一路"建设和推动市场"走出去"的"桥头堡"。

一、上海自贸试验区建设进展情况

四年来，在党中央、国务院的关怀和中央相关部委的支持下，上海自贸试验区建设取得了令人瞩目的成绩，主要体现在以下方面：

一是建立了以负面清单管理为核心的投资管理制度，包括首创发布了首份外商直接投资负面清单、实施备案制为主的境外投资管理模式、建立企业准入"单一窗口"制度、启动商事登记制度改革等。自上海自贸试验区挂牌至 2017 年 2 月，试验区累计新设企业 4.4 万户，其中内资企业 3.6 万户，占比为 81.8%；外资企业 8057 户，占比为 18.2%，社会投资活力大幅提升。

二是建立了国际高标准的贸易监管制度，包括实施了"一线放开、二线安全高效管住"的贸易监管制度，实施信息化和智能化为核心的贸易便利化改革，建成上海国际贸易"单一窗口"。

三是建立了透明高效的事中、事后监管制度，包括公共信用信息平台、企业年度报告和经营异常名录制度，形成信息互联共享的协同监管机制，形成社会力量参与的综合监督机制。

四是建立了安全审查和反垄断审查制度，形成了以投资主管部门和市场监管部门为主，行业主管部门、地方投资服务机构参加的自贸试验区外商投资安全审查工作组，通过了安全审查因素排查、商事登记信息过滤、许可管理把关和属地服务发现的"四环协同"机制。

五是政府职能转变取得新突破，包括分类综合执法体制、实施"证照分离"改革试点等。

六是形成了自贸试验区金融改革围绕实体经济发展并与上海国际金融中心建设、科创中心建设以及"一带一路"建设等国家战略的联动发展。

二、上海自贸试验区金融改革的进展

根据国务院先后发布的关于上海自贸试验区建设的三个方案①，上海自贸试验区金融改革的主要任务和措施包括：一是深化金融领域的开放创新，包括增强金融服务功能和加快金融制度创新两个方面，具体落实到"一行三会"发布的举措，共有 51 条（人民银行 30 条、银监会 8 条、证监会 5 条、保监会 8 条）。二是深入推进金融制度创新，加大金融创新开放力度，加强与上海国际金融中心建设的联动。"一行三会一局"、商务部和上海市人民政府联合报国务院批准后发布《进一步推进中国（上海）自由贸易试验区金融开放创新试点 加快上海国际金融中心建设方案》，明确了上海自贸试验区与上海国际金融中心联动建设的 40 项措施（以下简称"金融改革 40 条"）。"金融改革 40 条"包括率先实现人民币资本账户可兑换、进一步扩大人民币跨境使用、不断扩大金融服务业对内和对外开放、加快建设面向国际的金融市场以及不断加强金融监管、切实防范风险

---

① 针对上海自贸试验区建设，国务院先后发布过三个方案，分别是《中国（上海）自由贸易试验区总体方案》（国发〔2013〕38 号）、《进一步深化中国（上海）自由贸易试验区改革开放方案》（国发〔2015〕21 号）以及《全面深化中国（上海）自由贸易试验区改革开放方案》（国发〔2017〕23 号）。

第八章 人民币国际化与上海自贸试验区金融改革开放

等方面。三是进一步深化金融开放创新，积极有序实施"金融改革40条"。加快构建面向国际的金融市场体系，建设人民币全球服务体系，有序推进资本账户可兑换试点。加快建立金融监管协调机制，提升金融监管能力，防范金融风险。增强"一带一路"金融服务功能。推动上海国际金融中心与"一带一路"沿线国家和地区金融市场的深度合作、互联互通。加强与境外人民币离岸市场战略合作，稳妥推进境外机构和企业发行人民币债券和资产证券化产品，支持优质境外企业利用上海资本市场发展壮大，吸引沿线国家央行、主权财富基金和投资者投资境内人民币资产，为"一带一路"重大项目提供融资服务。大力发展海外投资保险、出口信用保险、货物运输保险、工程建设保险等业务，为企业海外投资、产品技术输出、承接"一带一路"重大工程提供综合保险服务等。

在上海自贸试验区金融改革推进中，较引人关注的是自由贸易账户体系建设及相关的体制机制性改革举措。

（一）以创新有利于风险管理的账户体系为切入点建立自由贸易账户体系

在仔细梳理现有单币种的账户管理制度后，根据《中国人民银行关于金融支持中国（上海）自由贸易试验区建设的意见》，我们在上海自贸试验区金融改革中首创引入了自由贸易账户体系，解决了实体经济需要开立多个专用账户办理跨境金融服务的问题，如图8-1所示。

自由贸易账户是一个以人民币为本位币、本外币合一且规则统一的可兑换账户。在这个账户体系下，各类主体不再按国际收支分类开立账户，而是以一个统一的账户办理所有的跨境收支及相应的汇兑，从而在便利实体经济的同时为本外币可兑换后的一体化管理以及主体管理创造了技术条件。

之所以说自由贸易账户是"可兑换的高速公路"，一方面是因为自由贸易账户现阶段采用了跨境一线宏观审慎管理规则、境内二线有限渗透管理规则，并在金融机构层面搭建了以分账核算管理为特色的跨境"防火

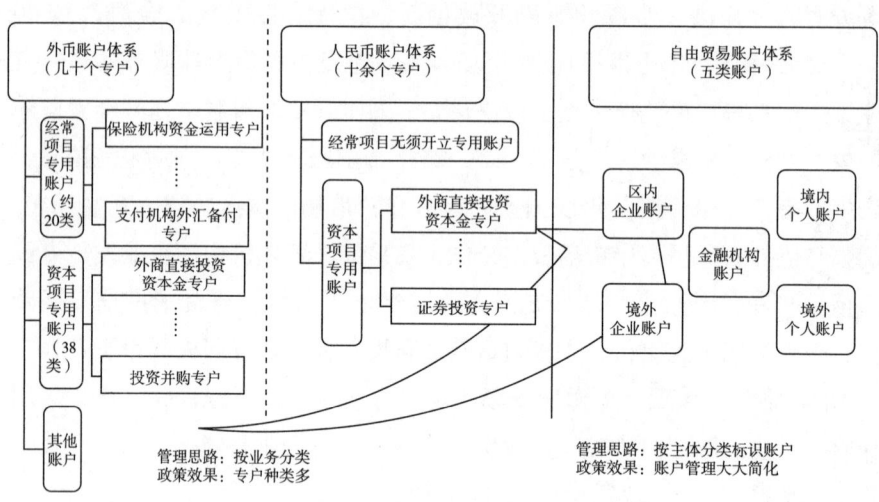

图 8-1 从专户管理到本外币合一的自由贸易账户

墙"机制,从而形成了基于账户的"电子围网"。就如同高速公路的隔离护栏,可以允许车辆在没有红绿灯的环境下快速行驶,而不似普通公路因为岔口多,需要设置红绿灯来控制车辆速度。当然,车辆驶入高速公路需要经过特设的匝道并遵守单向行驶的规则,而不是随意转弯(切入)。境内二线有限渗透就是驶入可兑换高速公路的"匝道",而跨境一线宏观审慎管理规则就是可兑换高速公路上的行驶规则。

(二)以境外融资为传导、以嵌入式参数为工具构建外债及跨境资金流动管理新政策框架

按照上海自贸试验区对标国际高阶贸易投资规则建设的要求,自贸试验区金融改革从"惠实体"、"促改革"和"防风险"出发启动了外债及跨境资金流动宏观审慎管理机制建设。以"可借外债=资本×杠杆率×宏观审慎调节参数"设置各类企业和金融机构举借外债的能力管理规则,并嵌入了可以调总量的政策工具,即杠杆率和宏观审慎调节参数。以外债= $\sum_{n=1}^{n}$(每笔外债余额×期限因子×币种因子×类别因子)为规则对每笔已

第八章　人民币国际化与上海自贸试验区金融改革开放

提款未偿还的外债进行风险计量管理，并同时内嵌有利于宏观预警指标触发时可直达微观主体运行的结构性调节工具（期限风险转换因子、币种风险转换因子以及类别风险转换因子），以便在自贸试验区整体对外负债水平或跨境资金流动出现总量或结构性风险时，及时采用相应的政策工具（公式中的杠杆率、宏观审慎调节参数、期限风险转换因子、币种风险转换因子和类别风险转换因子）。只要企业或金融机构时点上实际借用的"外债"（按公式计算后的结果）不超过"可借外债"，企业或金融机构就可以自行决定借用外债的时间、市场、方式、规模、期限、币种等，而不再需要逐笔事前审批。

（三）搭建跨境风险宏观审慎管理政策框架，建设人民币国际化、可兑换及金融开放运行环境下的风险防控新机制

依托自由贸易账户体系，自贸试验区金融改革建立了四重涉外金融风险"防火墙"机制，并在一定程度上阻断了金融机构与其客户跨境套汇差的共谋利益链。这四重"防火墙"分别设立在实体经济层面、金融机构层面、人民银行层面和宏观审慎政策工具层面。

实体经济层面，明确自由贸易账户在境内使用时只走人民币，外币双向不渗透；同名划转遵守有限渗透的规定。其作用是防止实体经济假借自由贸易账户，实现非法转移资金。

金融机构层面，内嵌了跨境资金自平衡机制，自由兑换不影响国家外汇储备。遵循"展业三原则"，开展"三反"审核。其作用是防止金融机构和企业共谋跨境套汇差。

人民银行层面，所有业务和资金流动均在入账后的第一时间通过网络逐笔发送到人民银行上海总部，开展实时逐笔非现场监测。其作用是发现趋势性风险苗头，及时纠偏纠错。

宏观审慎政策工具层面，发现跨境收支总量出现异常时，人民银行可以动用相应的政策工具，如杠杆率、风险转换因子参数、宏观审慎调节参数等实施调控。其作用是逆周期调控跨境流动性。

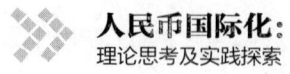

三、上海自贸试验区金融改革取得的成果

四年来,上海自贸试验区金融改革取得了以下方面的成果:一是建立了服务实体经济跨境金融服务需求且有利于风险管理的新型账户体系——自由贸易账户体系,并有序推进了人民币资本账户可兑换和人民币国际化。二是率先建立了跨境资金流动的宏观审慎管理制度,摸索出了适应资本账户可兑换的跨境风险管理操作模式。三是率先建立了利率市场自律组织,为全国利率市场化改革提供了操作模式。四是建立了面向国际的金融资产交易平台,摸索出了黄金国际板依托自由贸易账户"以点对面式"和沪港通"点对点轨道式"这两种金融市场对外开放的新模式。五是推动了债券等人民币资产向境外投资者全面直接的开放,建立了人民币国际化的持续推进模式。六是深化了金融领域简政放权,促进了投资贸易便利化,摸索出了金融服务实体经济的有效模式。七是研究发布了金融服务业负面清单,摸索出了金融服务业对内、对外开放的模式。八是探索实施了金融综合监管,摸索出了实现金融风险监测全覆盖的有效模式。

第五节 上海自贸试验区金融改革路径的辨析

上海自贸试验区金融改革在设计方案之初就推进路径方面开展了详细、充分的论证。尽管上海自贸试验区金融改革已经推进了近四年,但相关的讨论依然存在。在此,作为亲历者,笔者就以下议题进行阐述:

一、为什么要通过账户体系改革来开展自贸试验区金融改革中的风险管理模式创新

账户是所有资金借以流转和停留的必经之地,且在国家信用货币取代贵金属后,央行法币的发行也是借助层层的账户架构体系来实现的。在人民币已经启动国际化的今天,依托境内账户体系实现全球资金流转的构想

第八章 人民币国际化与上海自贸试验区金融改革开放

已经成为现实。金融的开放实质上是货币及信用相关产品流动的开放。因此，依托账户体系来设置金融开放后的风险管理框架具有现实可操作性，也是当下除了针对机构的微观审慎管理外更优的一个选择。账户可以支持以下功能：在具体实施的风险防控中使相关工具起到"宏观预警指标触发直达微观运作层面"这样的传导效用；源自微观经济层面的跨境收支及业务相关信息可以较好地采集并被汇总到监管部门；措施实施效果也能同时被监测到、解读到。

因此，基于"金融审慎例外"规则，自贸试验区金融改革方案选择了创立自由贸易账户体系来实施金融开放风险管理模式的创新；当然，也通过账户的整合实现了对实体经济跨境金融服务的高效化，避免实体经济部门管理不同专户、资金分散、效率低下的问题。

二、自由贸易账户是否属于离岸账户

自由贸易账户体系是金融机构在自贸试验区框架下凭以开展金融服务的国际贸易的载体，既可以为境内主体提供涉外金融服务，又可以为境外主体提供跨境金融服务。自贸试验区金融改革需要对标（是对标而非照搬照抄）国际规则的指向，自贸试验区金融开放创新又需要与上海国际金融中心建设联动，导致在自由贸易账户建设过程中，确实有观点认为自由贸易账户体系建立后形成的二线（区内与境内区外之间）管理规则使得自由贸易账户具有"离岸"性质。

梳理众多关于离岸金融的研究资料，不难发现，离岸账户或离岸账户支持的离岸金融的特点可以概括为"自由化＋零税率＋非居民"。以此观察自由贸易账户，可以发现，从形式来看，自由贸易账户确实具有不少离岸账户的特征，如服务对象中有非居民，境内设置了二线且资金遵循"区内＋境外"一体化管理（有那么点自由化的感觉）等。除去没有税收方面的零税率安排外，怎么看怎么有离岸的感觉。但从实质来看，自由贸易账户与离岸账户是不能画等号的。这一点可以从自由贸易账户的服务规

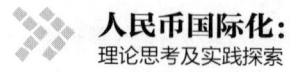

则、监管边界、设置目的以及实际操作等角度来进行分析。

一是服务规则方面，自由贸易账户的服务对象有居民和非居民。自由贸易账户与现有的非居民境内银行账户（NRA）和离岸账户（OSA）不一样之处，在于其在服务的提供上要求对非居民执行准入前国民待遇①的规则，也就是非居民开立自由贸易账户与居民开立自由贸易账户享受的是无差异的金融服务（包括相关的存款准备金以及税收安排都是一样的）。因此，自由贸易账户虽然服务非居民，但需要按全面国民待遇规则来提供服务，仅从这一点来看，自由贸易账户就没有离岸属性。相反地，自由贸易账户对非居民提供金融服务的实践提示我们可以梳理一下非居民境内银行账户服务中国民待遇原则的问题。从国家对上海自贸试验区建设的要求来看，自由贸易账户提供的服务起码做到了这一点。

二是监管边界方面，自由贸易账户存在二线是引发"离岸"观点的关键，但这只是区域金融改革所需的风险管理安排，目的是兼顾全国尚未实现资本账户可兑换的现状，不能出现"一地金融开放＝全国金融放开"的现象。与此同时，"离岸账户视同境外账户"却不适用自由贸易账户，因为在监管边界上，自由贸易账户有明确的按一线跨境设置监管的要求，也就是自由贸易账户与境外账户间的收支是作为跨境收支来处理的。自由贸易账户体系虽然要求金融机构层面通过分账核算的方式来设置，但自由贸易账户自始至终纳入了我国现有的金融监管框架。除了在汇兑和资金来源与运用层面做了必要的隔离安排外，自由贸易账户没有设置特别的金融监管安排。自由贸易账户与普通账户一样按在岸账户处理，需要缴纳存款准备金，没有像离岸账户那样获得"免缴或少缴"安排，也没有类似于亚洲货币单位（ACU）的特殊监管安排（流动性比率、备付率安排等）。自由贸易账户在境内二线结算上虽然比照跨境业务办理，但境内只准走人民币，不支持外币计价结算与流通，这与国际上绝大多数离岸账户（如

---

① 见《中国人民银行关于金融支持中国（上海）自由贸易试验区建设的意见》（银发〔2013〕11号）第（四）条。

第八章 人民币国际化与上海自贸试验区金融改革开放

ACU）做外币业务是不同的，也与我国现有的离岸银行业务管理中离岸账户只能做外汇业务的规定是不同的。从跨境流动性管理角度来看，所有自由贸易账户（包括非居民主体开立的自由贸易账户）与境外账户间的资金结算往来均纳入跨境流动管理范畴。金融机构分账核算单元在做跨境流动反向比例对冲操作时针对的目标就是自由贸易账户与境外账户之间的跨境净收款部分，而不是二线上的收支。之所以把监管边界设置在一线跨境而非二线境内，就是希望将来一旦全国实现金融全面开放，撤掉二线就可以了，但一线跨境宏观审慎管理实践依然可以为全国层面金融开放后的涉外金融风险管理提供经验，自由贸易账户则可以过渡融合进全国账户体系中，成为"全功能型账户"，做实目前"跨境自由选择结算币种，境内只准人民币结算"这一既可用于跨境结算又可用于境内结算的功能。

三是设置目的方面，设置本外币合一的自由贸易账户而不是用普通单币种账户来推动自贸试验区金融改革，是为了支持自贸试验区资本账户可兑换后跨境风险管理模式的创新。普通单币种账户通过"专户专管专款专用"的风险管理模式确实可以不断推动可兑换朝前走，但在很大程度上忽略了实体经济的用户感受，且将大量的监管精力投入到实体经济部门单笔单账户交易的监管上，风险的识别、认定以及处置也停留在单个主体的单一违规行为上，跟不上投资开放及资本账户可兑换后跨境宏观风险管理的需要。为此，人民银行要求上海自贸试验区金融改革从"创新有利于风险管理的账户体系"着手，其实质就是要通过本外币一体化的账户体系建设的方式，来推动人民币资本账户可兑换后跨境宏观风险管理模式的创新。所以，不可能把自由贸易账户做成离岸账户，因为"离岸＝不管"是不能满足我国实现金融开放后的跨境风险宏观审慎管理需要的，但"普通单币种账户＝专户专管＋分币种管"也同样不能支持我国实现资本账户可兑换后跨境宏观风险审慎管理的需要。

自由贸易账户跨境一线执行宏观审慎管理政策，意味着跨境收付不是不管，而是尝试以一种全新的管理模式来替代原先的跨境收付管理，也就

237

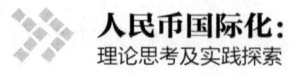

是自由贸易账户作为在岸账户，在与境外之间的跨境收支管理上执行跨境宏观审慎管理规则。金融机构只需认真按了解客户、了解业务以及展业尽调原则做好国际通行的反洗钱、反恐怖融资和反逃税审查，即可为实体经济办理跨境收付。监管部门不再针对某个账户或某笔交易进行审核，而是从资金的跨境流动对国家金融宏观运行、对金融部门稳健审慎的整体影响角度来实施调控。由于上海自贸试验区金融改革承载的任务，需要"创新有利于风险管理的账户体系"来支持自贸试验区金融改革"探索投融资汇兑便利"方面的试验和实践，打开跨境金融服务实体经济的门，以"全口径的信息采集支持、及时的事中与事后监测和全新的跨境宏观审慎管理"为特点的涉外金融风险防控新模式来替代区外现有的以"事前逐笔审批、备案"为特点的涉外金融风险管理模式。通过自由贸易账户给上海自贸试验区金融改革营造一个先行先试的"电子围网"空间，也给建立跨境一线资金流动宏观审慎管理政策框架一个实践的空间，毕竟有边界才能形成压力，才能开展压力测试。若放在普通账户中，在"全国一盘棋"的框架下，金融领域任何先行先试的改革红利与风险都只能溢出，无法形成边界，也就无法开展压力测试。

四是实际操作方面，从自由贸易账户的实际操作来看，尽管貌似离岸账户，但实难将其归入离岸账户范畴。其一是除了要求外币资金隔离在一线跨境上外，自由贸易账户在监管上不是"不管"，只是改变了监管模式，即虽然放开了对实体经济跨境金融服务提供的限制并实现了可兑换，但新增了金融层面跨境资金流动上的宏观审慎管理安排。与此同时，还在实体经济跨境投融资层面引入了以资本为约束的杠杆率管理理念（如境外融资资本杠杆率×宏观审慎调节参数的管理模式）等来约束微观层面容易引起大规模跨境资本流动的新的管理模式。这样的管理可以更好地适应自贸试验区金融开放后的风险管控要求，也符合整体的宏观审慎政策框架理念。其二是自由贸易账户吸纳的存款（包括非居民主体的存款）需要跟普通账户一样缴纳存款准备金，自由贸易账户的利率跟普通账户执行一样的政策,也没有获得特别的税收优惠安排,存款利息的税收、印花税、增值税等安排均与普通账户一样。其三是自由贸易账户的服务对象既有非居民也有居民,且居民是主要服务对象,尤其是为了支持上海科创中心建设,自由贸易账户的服务对象已经由自贸试验区内主体扩大到全上海市科技创新领域的各类居民企业主体。自由贸易账户支持居民与非居民间的交易结算,也支持居民与居民间的交易结算、非居民与非居民间的交易结算。自由贸易账户与普通单币种账户的差异在于账户内本外币资金遵循可兑换原则,可自由选择跨境结算的币种,但境内结算必须以人民币进行。其四是自由贸易账户明确以人民币为本位币,是本外币合一的账户,是一类与普通单币种账户监管不同的新型多币种账户,其目的是以可兑换为推手,推动本外币合一监管的改革。如基于自由贸易账户的全功能型跨境资金池就解决了目前跨境资金池分币种管理的问题,既满足了实体经济的需求,又实现了本外币融合管理。其五是保留了对金融服务实体经济层面符合国际银行业展业规则的相关监管要求,即金融机构基于自由贸易账户向居民和非居民主体提供各项跨境金融服务,仍然执行基于了解客户、了解业务以及展业尽调原则上的反洗钱、反恐怖融资和反逃税审查,且执行比普通单币种账户更为强化的"三反"审查,享有"客户不配合,可拒绝服务"的权利。

所以,如果说自由贸易账户实现了可兑换规则下的跨境资金自由流动,那也只是对实体经济层面依法合规跨境资金流动的放开,而在宏观层面上则设置了更为合理、更切合人民币国际化和金融开放运行环境的跨境流动风险管理新规则。

三、自由贸易账户对推进人民币资本账户可兑换的作用是什么?当前的单币种普通账户是否也能实现

根据人民银行发布的支持上海自贸试验区建设的30条意见,自由贸易账户建设的初衷,是创新有利于风险管理的账户体系来推进投融资汇兑

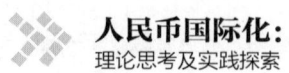

便利。自由贸易账户对推进人民币资本账户可兑换的作用就是在提高服务效率的同时提高了监管效率，避免了单币种普通账户在人民币资本账户可兑换中顾此失彼不协调、监管真空和风险互溢的问题。具体分析如下：

自由贸易账户在原先分币种管理的普通账户基础上实现了整合，建立了规则统一的、以人民币为本位币的多币种可兑换账户。这里的"规则统一"是指金融机构在为此类账户提供跨境金融服务时需要按了解业务、了解客户和展业尽调履行反洗钱、反恐怖融资和反逃税审查。需要说明的是，自由贸易账户的"可兑换"跨境金融服务需要遵循更为强化的"三反"审查，并且客户不配合反审金融机构就有权拒绝服务，与普通单币种账户只强调交易单证的真实性审核是有差异的，且这种差异还兼顾了本外币风险的不同，赋予银行在提供风险更高的跨境金融服务过程中更多的业务审核权力。

把本外币放在一个账户中实现可兑换，比起单币种账户实现可兑换，在风险管理上更有效，具体表现在：一是一个账户可以把本外币资金可兑换中的来源和去向全貌化展示，避免了单币种账户可兑换后资金流向或来源分布在不同账户而出现延伸监管困难的问题。二是本外币合在一个账户后，有利于本外币监管的协调统一，不再是按币种分别管而留下监管真空。三是信息采集和监管干预更直接，避免了本币归本币、外币归外币，分别采集信息、分别发力监管的问题，毕竟人民币资本账户可兑换本身就涉及两种货币，放在一个账户比分开两个账户的管理更有效。其实，这类本外币合一的账户已在个人银行业务中存在，只是在对公业务上受本外币的分别管理而没有实现。

因此，当前的单币种普通账户也能实现人民币资本账户可兑换，但比起本外币合一的账户，在风险监管上较麻烦（如现在外汇局推的外币资本金意愿结汇后待支付账户）、效率较低，给实体经济带来的成本较高。

四、自由贸易账户有无国际类比现象

自由贸易账户没有直接可比的国际现象，但美国银行的国际银行业务

第八章　人民币国际化与上海自贸试验区金融改革开放

便利（International Banking Facility，IBF）可作为参考。

IBF 的概念是 1978 年 7 月由纽约清算所向美联储提出的，1981 年 6 月 18 日美联储同意设立 IBF 并于同年 12 月 3 日启动。截至 2007 年 4 月，全美共有 232 个 IBF，其中 137 个在纽约。232 个中的 169 个设立在商业银行的分支机构层面，57 个由银行总行和储贷协会设立，6 个由艾治法公司（Edge Act corporations）设立。

根据 FED POINTS 的描述，IBF 允许美国本土的存款类机构在不设立物理网点但需分账核算[①]的前提下向非居民提供服务，接受美联储的部分监管，并部分免除州税和地税（不免联邦税）。美联储明确声称，设立 IBF 的目的就是要使美国本土的机构更有效地从境外的欧洲货币市场上吸引境外的存款和贷款业务。

在具体监管上，美联储明确 IBF 吸收的境外资金免缴存款准备金；IBF 可以办理境外市场上普遍存在的短期存款服务；向境外非银行类主体提供 2 天通知的大额定期存款服务；在书面承诺资金只用于支持 IBF 的非美国业务前提下，可以和境外银行类机构和官方机构开展隔夜同业拆借业务；IBF 吸收的非银行机构存款不得低于 10 万美元，最小提款不得低于 10 万美元。IBF 可向非居民、其他 IBF 或 IBF 所属机构的美国营业网点提供贷款（后者需要缴纳欧洲货币存款准备金）；IBF 也可以开展外币业务。IBF 的业务受美联储和其他联邦及州监管机构的监管。

从以上介绍可以看出，自由贸易账户的分账核算管理模式（FTU）与 IBF 有较多相似之处，如服务非居民，可以通过内部分账核算方式建立在既有的上海市分行内部，无须另设物理网点；可以经营本币和外币业务；可以和境外机构、其他 FTU、其所属母行发生资金往来，接受本地央行和监管部门监管等。但也有不同之处，如除非居民外，还可以服务居民（区内及上海市企业）；没有存款准备金和税收豁免；不设吸存底限金额；有

---

① Activities of IBFs can be conducted by institutions from existing quarters. However, IBFs' transactions must be maintained on separate books or ledgers of the institution.

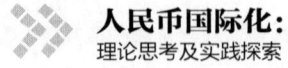

From RMB to CNY: Some Theoretical Thinking & Practical Exploration on Currency Internationalization

跨境一线人民币资金流动的宏观审慎管理（要求金融机构 FTU 对其服务的实体经济部门形成的跨境流动净收款部分开展一定比例的反向对冲操作）等。

关于 IBF 是否属于"离岸"的问题，学术界也是见仁见智的。从实际操作和严格定义上来看，本币在本土不能定义为离岸，因为根本没离开其发行国，即便服务对象是境外，也只是金融服务的跨境提供，如何称为离岸？本币在境外才是"离岸业务"的起源，也就是拿别人的货币来做本土的金融业务，才是该货币离开了本土后被称为"离岸业务"的本意。如新加坡的 ACU 就是典型的离岸（新加坡元不在其中），伦敦和法兰克福等地的欧洲美元、欧洲日元也是离岸。在货币国际化过程中，这既是一种自然现象，也是一些国家在岸金融管制过严导致金融抑制而使得一些国际货币被发行国以外的国家拉走形成本币在境外的离岸发展这一国际货币的独有现象，更是一些经济体为了自身经济发展而刻意吸纳拉拢的结果。

为了争取本币国际化后的金融发展机遇，给本土金融机构一个国际化发展空间，也为了把握货币定价的主导权，美国设置了 IBF，以优惠的税收和类境外的管理环境吸引境外本币业务回归本土，但这些业务属于本币的国际业务（金融服务的跨境提供），是本土金融机构立足本币同步服务境内外主体的概念，给予税收优惠或宽松监管只是希望本币国际化后的金融服务及交易能够回归本国，而不是被别国拿走，而最后导致"本国对本币金融服务的需求还需要寻求境外市场供给"的悖论。但是，将已经是"离岸"的本币金融活动拉回本土属于竞争性安排，因此是需要给予一定优惠的（最常见的就是税收优惠安排）。随着"金融服务跨境提供"等概念的出现，本土本币"离岸"已不再适用，且当前国际金融监管领域都主张加强对离岸业务的限制，就是针对这些离岸业务都拿别国的货币（国际化货币）来做且都以宽松监管和税收优惠来做，构成了不当竞争中对违法犯罪的纵容。

因此，许多学者没有考察和思考这些业务的性质就盲目给自由贸易账户打上"离岸业务"的印记，是不合适的。如果一定要给自由贸易账户套上"离岸"的标识，那也只是自由贸易账户中的外币业务部分，因为自由贸易账户是一套以人民币为本位币、本外币兼容的可兑换账户。人民币部分则属于金融服务的出口，是在岸金融机构以本币向国际主体提供了金融服务。如果我们一定要把境内的外币业务定义为"离岸"的话，那么"上海自贸试验区＋外币＋二线严格隔离"确实从某种意义上具有一定的"离岸"属性，但自由贸易账户还真称不上"离岸"。

五、自由贸易账户如何实现自贸试验区金融改革中的风险防控

自由贸易账户的跨境金融服务建立在金融机构层面的分账核算机制上，要求实现"标识分设、分账核算、单独出表、专项报告、自求平衡"。因此，金融机构在向区内主体和境外主体提供基于自由贸易账户的各项金融服务时，所有业务和资金都与其非自由贸易账户业务分开，不得掺和，只在其境内法人（总行或主报告行）层面实现并表[①]。

自由贸易账户之所以能够在本外币合一的基础上实现跨境宏观审慎管理，其作用机理和逻辑是客观严谨的：人民币国际化启动前，我国的跨境收支均以外币进行，因此跨境资金流动都是外汇。在跨境环节的外汇流出入意味着境内兑换，境内兑换的结果是人民银行吞吐人民币。也就是说，外汇流入，人民银行吐出人民币；外汇流出，人民银行收回人民币。人民币国际化启动后，人民币可以直接用于跨境收支，此时在跨境环节就会出现外汇和人民币并行流动的格局。扩大范围来看，外汇流入效用视同人民

---

① 虽然"分账核算"似乎是个新概念，但国内许多金融机构近年来引入的事业部制已经有了按业务条线单独核算的雏形，这次分账的难度在于资金上的分开。因此，许多金融机构都是由总行来协调建立自由贸易分账核算制度的。虽然发生一定的成本（因行而异，有些多有些少），但比起在自贸试验区单独设立一个物理性质的分支机构，成本还是相对较低的，且在内部系统上设立分账核算单元（FTU）比国家不断新增自贸试验区后金融机构遍地开花式地在各个自贸试验区都设物理机构更划算。

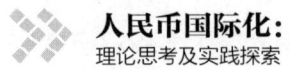

币流出,外汇流出效用视同人民币流入。因此,自由贸易账户在风险管理上采取了外币在区内和境外,人民币则可以境内、区内和境外都可以的管理框架,跨境流动管理环节只要放在人民币上就可以实现跨境宏观审慎管理目标。因为自由贸易账户外币业务均已划在境外(顶多再有个区内——自由贸易账户体系内的概念),与我国外汇储备无关,自由兑换的外汇都源自境外,归于境外。自由兑换的人民币纳入跨境流动性管理,并在金融机构层面设置与实体经济层面跨境收支结果的反向比例对冲(其效用与外汇流入时央行独自承担人民币投放的对冲一个道理,自由贸易账户体系管理下只是分摊到了商业金融机构头上来做且在跨境环节就反向对冲一部分罢了),此时的监管逻辑是管好了人民币也就管好了外汇,因为外汇流动的结果已经纳入了人民币管理。因此,原本复杂的微观汇兑管理也可以在本外币合一的账户体系支持下,通过对人民币跨境流动的管理升级为宏观管理了。说到底,人民币汇率还是跟人民币的供求有关,管好人民币跨境供应量(跨境流动性),再辅以价格(利率及人民币资产收益率),是可以作用于汇率的。这就是立足本币的金融开放的关键所在。

目前,我国在自由贸易账户的管理上共设置了四道风险防控措施。

一是实体经济服务层面,在逐项梳理我国既有的、对金融机构向实体经济提供跨境金融服务的限制基础上,找出这些限制背后的风险控制逻辑,再论证按照对标国际高阶投资规则的要求,放开这些限制后的跨境风险控制措施(按一线宏观审慎管理为主,从金融审慎例外角度来进行新的风控方案设计,不再针对单个主体、单个账户的逐笔业务;满足实体经济企业通过一个账户管理跨境结算的币种选择需求、跨境投融资以及风险管理等需求),并兼顾全国尚未放开的特点,设置了"二线有限渗透"的规则,以防范自由贸易账户的开放成为实体经济层面跨境非法转移资金的渠道。"二线有限渗透"包括两层含义:一是仅限人民币,不得走外汇,以遵循"境内禁止一切外币计价结算流通"的规则;二是渗透范围主要限定在企业的日常生产经营活动所需、开展实业投资所需、偿还银行贷款所需

第八章 人民币国际化与上海自贸试验区金融改革开放

以及人民银行上海总部规定的其他跨境所需（最后一项为自贸试验区国际金融资产交易平台等的金融服务而设）。简而言之，就是真实、合法、合理。

之所以境内二线要做有限渗透安排而非绝对隔离，是因为：一方面，自贸试验区是境内，不是离岸"飞地"。自贸试验区企业需要立足本土庞大的市场开拓国际市场，用好境内外两个市场、两种资源，来开展内外贸一体化经营和境内外投融资统一管理等；另一方面，自由贸易账户的开放型金融服务需要兼顾全国尚未开放的特点，避免监管套利下的"借道"式业务而产生溢出，干扰到全国。这也是自由贸易账户金融改革开放模式与普通账户金融改革开放模式①的区别所在，即风险管理模式是创新的，依托账户的跨境金融服务也是创新的。

二是金融机构管理层面，除了引入更为严格的反洗钱、反恐怖融资和反逃税审查机制外，还通过设置"内嵌式防火墙"机制来开展金融开放后"金融审慎例外"规则建设的试点实践。"金融防火墙"设置除了依然遵循二线只走人民币不走外汇的规则外，主要是针对金融机构分账核算后的跨境流动性管理。具体而言，外币资金管理方面，各类自由贸易（FT）账户的开户主体可以在"账户内本外币资金可兑换"的原则下自主选择跨境收付的币种，金融机构的分账核算单元（FTU）为各FT账户客户提供可兑换跨境收付服务后形成的自身本外币头寸敞口管理，需要在区内（FTU间）或境外进行，不得纳入其境内法人机构的结售汇综合头寸管理，也不得进入境内银行间外汇市场管理。人民币资金管理方面，除了总行负责最终流动性以及为次日清算留下不超过10%的备付金外，FTU内各类FT账户日跨境收支的轧差净收额需要按比例返回境外市场，并按月实现净流出（保持境外人民币市场的流动性以支持人民币国际化发展）。

---

① 普通账户金融改革开放模式是现有"专户专款专用专管"模式下的改革开放。基于历史的沿循，采用的是逐条逐项核准式的改革开放推进模式，因为没有"电子围网"形成的统一风险管控空间，普通账户虽然沿循"专户专款专用专管"模式，但其溢出效应是较难控制的，因此也较难承接全方面的改革开放。

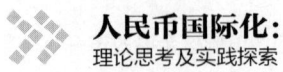

这一内嵌金融机构 FTU 自身财务流动性管理的"防火墙"起到的作用有：其一是防止金融机构在财务软约束下打利率战，盲目拉抬人民币利率以吸引存款。其二是防止 FT 自由兑换功能诱发跨境套汇差行为，使 FT 账户回归服务实体经济真实、合法需求的目的，但不阻止人民币跨境套利差，因为自贸试验区建设要求为实体经济打开利用境内外两个市场、两种资源的空间，并且实体经济基于同一货币的跨境套利差行为有利于拉平同一货币两边的利率差，实现货币政策的跨境传导。其三是阻断了金融机构与实体经济的共谋利益链。由于金融层面的"防火墙"设置与其服务实体经济（FT 客户）的最终结果在跨境收支领域需要反向对冲（实体经济 FT 账户的净流入需要 FTU 一定比例的净流出来对冲），金融机构若与实体经济合谋开展跨境套利，极有可能使自己成为被套的一方，因此共谋的利益链不存在，由此也减轻了监管部门的压力。

三是人民银行监管层面，针对自由贸易账户跨境金融服务对标国际高阶投资规则的开放，人民银行监管层面进行了相应的风险管理模式调整，以事中、事后的及时监测预警来替代原先金融开放中的逐单逐笔审批、核准或备案。具体来讲，就是在业务发生后入账的第一时间采集相关信息，并通过数据处理形成对相关敞口、大额高频等的监测预警信息，及时发现可能形成趋势的风险，并立即发起监测查疑。确认不是风险的，则收集用于完善后续的监测预警机制；确认为疑似风险的，则进一步开展风险排查，直至风险排除或确认后采取适当干预措施。

自由贸易账户体系建设的初衷是探索投融资汇兑便利，也就是人民币资本账户可兑换。虽然我国经历了长期的外汇管理改革，资本账户七大类 40 子项中的绝大多数已经实现了基本可兑换，仅有少数项尚未实现可兑换。似乎资本账户可兑换已经到了"最后一公里"，似乎自贸试验区金融改革只需完成这"最后一公里"即可实现全面可兑换了。但有一点不容忽视，那就是前面的"99 公里"都是在"双 Q"制和/或"专户专款专用专管"的模式下开展的，是在监管部门的审批、核准或路条式备案等多重手

第八章 人民币国际化与上海自贸试验区金融改革开放

段下开展的,与实体经济的真实需求是有差距的,与广义投资开放后的风险管理需求是有差距的。自贸试验区要做到贸易投资便利化,要做到对标国际高阶投资规则式的开放,需要有新的风险管理思路和模式。自由贸易账户是实现了本外币合一的可兑换账户,取消了前置审批、核准或路条式备案,实现了"与投资相关的资金自由无延误地进出"并"以可自由使用货币进出"的目标,就面临着资本账户可兑换100公里全走完后的叠加式金融开放风险,但这也给实施跨境金融领域的宏观审慎管理提供了良好契机。因此,上海自贸试验区金融改革应该并且也可以做成一项体制机制性改革,而不是以"金融改革"名义向中央要一项一项的零星优惠政策措施。在人民银行总行的支持下,依托分账核算,上海总部建立了基于自由贸易账户体系的跨境资金流动宏观审慎管理政策框架,并开展了有价值的实践尝试(详见下文),也依据"金融审慎例外"规则开展了"沙盒监管"的有益尝试。

四是宏观审慎政策传导层面,根据G30专家小组的推荐,宏观审慎政策框架应包括四个方面:其一是明确作用范围,是对整个金融体系进行政策反应,而非孤立地针对单个机构或特定经济措施。其二是理顺作用机理,是增强抗风险能力和限制系统性风险,减缓风险通过机构间的关联、共同的风险敞口、放大金融周期波动性的机构顺周期行为倾向等因素向整个金融体系的蔓延。其三是构建宏观审慎政策工具,包括可变工具和固定工具[1],以减少系统性风险,同时增强金融体系的抗风险能力以防范风险。其四是对执行机构获取信息的安排,建设相应的管理信息系统。

国际金融危机爆发后,国际金融监管领域提出了宏观审慎政策框架的概念并在G20框架下进行了部署,但跨境资金流动领域的宏观审慎政策如何传导还是一个新的国际性命题。对国际货币发行国(发达国家)而言,

---

[1] 可变工具是指可以通过灵活的参数自动调整或响应商业周期发展进行变化的工具,如逆周期资本缓冲;固定工具是指不在经济周期中进行调整以增强金融体系在周期内各个时点抵御风险能力的工具,如资本乘数概念中的总资本杠杆率和核心融资比率等。

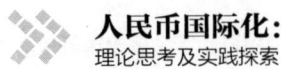 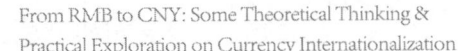

它们是资本输出方,不希望其他国家对资金跨境流动设置障碍,如《2012年美国双边投资协定范本》所提的"资金自由转移"概念。广大的发展中及欠发达国家不是国际资本的主导者,在跨境资金流动领域没有话语权,是国际规则的被动接受者。

在资本及金融账户开放要求较高的高阶贸易投资协定谈判及规则建设中,历次金融危机的教训得到了重视,广大发展中国家的呼声得到了一定的响应,我们看到这些协定框架中均出现了"金融审慎例外"安排的规则。根据"金融审慎例外"规则,这些协定签订后,签约方可以援引"金融审慎例外"实施涉外金融安全防护。"金融审慎例外"规则明确:一是协定"不得阻止东道国出于审慎考虑①而采取或维持有关金融服务的措施,包括保护投资者、储户、保险单持有人或者以金融服务提供者为受托人的信托委托人利益的措施,或者是确保金融体系完整和稳定的措施"。二是协定"不适用于央行或货币当局为追求货币政策及相关信贷政策、汇率政策目标而普遍运用的非歧视性的措施"。从上述规则可以看出,实现高规则的金融开放后,我们仍然可以基于保护金融消费者权益或投资人权益需要、金融稳定需要以及金融服务可持续需要等,以"金融审慎例外"的名义采取针对单个机构等的措施。同样地,也可以从货币政策、信贷政策、汇率政策等角度出发援引"金融审慎例外"措施。只是后一类情况下,措施必须是普遍适用所有机构的措施,而不是"摘樱桃"式的选择性针对单个机构执行。当然,以"金融审慎例外"名义采取的措施可以由签约一方单独采用,但需经签约双方更高层级的机构共同认定,不是单方面说是就是的概念。

我国是一个发展中大国,走过了从"国际资本接收方"向"国际资本输出方"的全过程,且正处于国际债务人和国际债权人的双重角色并存时期。因此,引用好"金融审慎例外"规则,建立切合我国实情的跨境资

---

① 这里的"审慎考虑"包括对个别金融机构安全、健康、完整以及金融职责的维持,对支付清算系统安全以及财务、营运完整性的维持。

第八章 人民币国际化与上海自贸试验区金融改革开放

金（本）流动宏观审慎管理政策框架具有现实意义，这也是中央寄希望于上海自贸试验区金融改革的重要部分。

此外，上海自贸试验区依托自由贸易账户体系在央行、监管部门与商业金融机构之间尝试建立了跨境流动性管理宏观审慎政策传导机制和自贸试验区金融创新"沙盒监管"机制。

跨境流动性管理宏观审慎政策传导机制的作用机理如下：一是通过自由贸易账户系统，按收付实现制和权责发生制收集所有实体经济通过FT账户办理的跨境收付以及资本类交易信息、金融机构FTU自身办理的全科目跨境金融类交易信息，确保采集内容全覆盖、信息颗粒足以复原每一笔跨境交易全貌。二是设置一系列以跨境流动性为核心管理要点的宏观预警指标，包括实体经济部门和金融服务部门的、已经发生的和基于未来现金流的、数量的、价格的、期限/货币/交易对手方敞口等方面，并内置在系统中，对采集加工的反映跨境资金流动和交易情况的数据进行频扫对照，一旦触碰即发出预警信号，提示监测人员启动监测查疑和风险排查。三是金融机构FTU必须建立正响应机制。一方面是对于央行监测人员的监测查疑和风险排查作出快速响应，反馈核实情况；另一方面是立即配合跨境流动性管理要求，启动工具的传导。四是运用宏观指标触发直达微观运作的工具逆向预发调节跨境资金流动趋势，避免苗头性问题演变成趋势性问题。主要是基于先导性指标或动态性指标的早期干预，以配合国家层面上对整体跨境流动性管理的需求，如基于分账核算境外融资传导的跨境资金流动宏观审慎管理实践。

自贸试验区金融创新"沙盒监管"机制的工作流程如下：金融机构FTU根据客户需要启动金融服务创新和金融产品创新，尚无明文规定的，FTU将提请金融监管部门审议，金融监管部门从金融消费者保护、投资者保护以及机构审慎监管角度审议评估这些基于自由贸易账户的金融创新，并提出相应的风险防控建议，金融机构FTU即可在完善风控措施后提供这些创新服务，人民银行通过事中、事后监测来开展风险管理，可针对苗

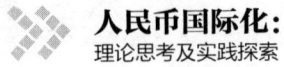

头性风险发起监测查疑并及时喊停高风险业务,通报金融监管部门。

六、依托自由贸易账户的自贸试验区金融改革可否整体性推进

自由贸易账户体系构建的是基于资金流转必须经过的"账户",且基于金融机构内部分账核算的"电子围网",可以起到"一地金融开放≠全国金融放开"的效果。因此,自由贸易账户搭建了一个有利于从宏观上防控金融开放风险的"试验田"小环境,可以在此"试验田"中开展金融整体开放运行下的体制机制性改革。

在此基础上,自贸试验区金融改革涉及的内容应该也可以是全面的、完整的,而不是以往那样零星的、碎片的。上海自贸试验区金融改革有条件、可以且需要高层的全面支持,给予全套式配给的改革开放,而不是"给这项,不给那项""兼顾各地、削长补短、毛毛雨式"的改革。比如,资本账户开放与资本账户可兑换改革就可以按广义投资范畴来做整体推进,因为自由贸易账户体系搭建的宏观审慎管理政策框架可以支持替换原先基于专户管理的条状、点状式微观改革的涉外金融风险管理。

与此同时,借助自由贸易账户体系形成的"电子围网",探索这些国际高阶贸易投资规则在中国的实践运用情况,结合我国自身改革开放的经验,支持我国实体经济"走出去"过程中跨境金融服务的跟进,一方面打开我国金融业服务境外商务投资活动的市场,做实上海国际金融中心中的"国际"部分,增强我国金融机构的国际竞争力;另一方面探索积累金融开放中的风险防控新路径和新经验,既为我国自身下一步实现金融的全面开放服务,也为提高我国在国际金融(投资)规则领域的话语权提供实践基础和经验,毕竟基于不开放或有限开放的金融实践要想在更成熟发达的金融实践主导的国际货币金融领域中提出被普遍认可的主张是比较困难的。

第八章　人民币国际化与上海自贸试验区金融改革开放

七、上海自贸试验区建设中的金融部分是要改革还是要优惠（政策）

在上海自贸试验区建设方案提出之初，中央领导与上海市领导的一席关于改革开放还是优惠（政策）的对话非常热门。这一席对话的背后其实是对试验模式的选择。

关于是要改革还是要优惠（政策），其实可以从区域金融改革中是通过推进既有不适合发展方向的整个管理体制机制的变动，还是通过在既有政策框架下以"逐条逐项式"的特殊安排的举措来进行判断。就金融而言，以往有很多的区域性金融改革都是从冀望改革出发，但到最后都变成了向中央要一些优惠（政策）的做法，如前期部分地区以区域金融改革或服务区域实体经济发展为名从中央要到的额度切块式境外借款或外债政策、上海浦东新区的跨国公司资金集中管理政策等。其特点就是：在"全国一盘棋"的情况下，给了地方性金融改革一些既有框架下"小步先行"式的优惠措施，形成的是政策堆积出来的"优惠"洼地，一时间各地趋之若鹜，互相攀比谁拿到的条文措施最多。这些"小步先行"式的措施确有必要，能够满足部分地区、部分企业的实际需求，但都达不到20世纪80年代初期中央设立四大经济特区那样的整体改革效果。

在中央和上海市"要改革不要优惠（政策）"的决断下，上海自贸试验区建设更多地是整体性改革的诉求，是冀望于通过体制机制性改革来释放红利，因为经过多年"小步先行"式的改革开放，既有开放风险管理模式和体制下好改的都已差不多改了，剩下的都是改革的"硬骨头"，是最难啃的部分，有些可以通过沿着现有路径推进，但更多地是进入改革深水区后，需要去探索新路径、积累新经验了。这也是金融领域承载的使命，因此上海自贸试验区金融改革需要做的是金融领域体制机制性的改革开放创新实践，是释放改革红利而非单纯地要求优惠（政策）。释放的改革红利可能比单纯的优惠（政策）带来的效应更大，但其设计和推进的难度也

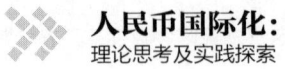

更大,因为通常这类改革触及的都是既有体制机制的问题,不见得能够达成推动改革的充分共识。如自由贸易账户跨境金融服务上的政策无偏中体现的准入前国民待遇,到目前为止也并未获得全面的共识。在全国层面上的普通账户的跨境金融服务上,即便是准入后的国民待遇,也未完全落实。转变现有对外开放风险管理模式,放弃行政审批式的前置管理更是出现了多次冲击未果的局面,最后总是因为这样那样的问题又退回到行政审批为主的风险管理模式。因此,自贸试验区金融改革的成果要简单地谈可复制、可推广还是有难度的。

八、上海自贸试验区框架下的国际金融资产交易平台是否是另起炉灶、另搭台的离岸金融市场

上海自贸试验区金融改革中提及面向国际的金融市场建设,具体提到了"国际金融资产交易平台"这个概念。应该说国际金融资产交易平台是全国性金融市场的有机组成,是上海国际金融中心建设中体现国际水准的应有内容,是为对标高阶投资规则在我国的适用开展应用实践的"试验田"。

国务院已经明确了上海自贸试验区在金融领域的建设任务,即建立自贸试验区金融改革开放与上海国际金融中心建设的联动机制。这就意味着自贸试验区金融改革进入一个全新的阶段,需要服务和推动上海国际金融中心建设。那么,为什么要将这二者联动推进呢?上海国际金融中心建设的提出已有很长时间,2009年人民币启动国际化后获得了新的发展机遇,但给我们的印象是人民币国际化的启动似乎更快地促成了境外人民币离岸中心的发展。从清算量来看,境外离岸人民币的清算量已呈几何倍数级追赶在岸人民币清算量,且大多数清算量为银行间金融交易驱使。从价格形成来看,境外离岸人民币市场的价格俨然有主导人民币国际化后市场通用指标的趋势。对于一个国际化货币来说,这虽然是再正常不过的事实,但也不得不为本土市场失去的机会扼腕叹息。

第八章　人民币国际化与上海自贸试验区金融改革开放

上海自贸试验区被定位为"我国开放度最高的区域",建设的整体要求是成为"具有国际水准的投资贸易便利、货币兑换自由、监管高效便捷、法制环境规范的自由贸易试验区"。因此,上海自贸试验区建设可以为上海国际金融中心建设提供适宜的制度环境,为做实上海国际金融中心建设中的"国际"成分营造条件。经国务院批准多部委和上海市政府联合发布的"金融改革40条"第五部分明确"加快建设面向国际的金融市场",内容指向共七类市场。其中提及"国际金融资产交易平台"的有中国外汇交易中心和上海证券交易所。因此并非"另起炉灶另搭台"概念,而是既有的全国性市场组织"依托自贸试验区金融制度创新和对外开放优势,拓宽境外投资者参与境内金融市场的渠道,提升金融市场配置境内外资源的功能"的一个实践形式。这里突出的重点是"依托自贸试验区金融制度创新和对外开放优势"。

九、上海自贸试验区金融改革成果以及自由贸易账户能否实现可复制、可推广

自贸试验区建设主要是在涉外经济领域方面的规则建设,自贸试验区金融改革也主要在跨境金融服务领域,分为两个层面:其一是服务实体经济层面的金融改革措施,其二是金融服务部门自身的金融改革措施。根据人民银行总行的要求,上海自贸试验区金融改革中只要是服务实体经济层面的措施,必须做到可复制、可推广,且应该可以复制、推广到全国各地;上海自贸试验区金融改革中涉及服务大型企业集团或集团总部经济层面的措施,也要做到可复制、可推广,且主要应复制、推广到总部经济相对集中的中心城市;上海自贸试验区金融改革中涉及上海国际金融中心建设的措施,则无须复制、推广,只留在上海即可。据此,上海自贸试验区金融改革中首批推出的基于普通人民币和外汇账户的跨境金融服务便利化措施已经由总行复制、推广到全国其他自贸试验区,部分复制、推广到全国。基于自由贸易账户分账核算的全口径跨境融资措施也已分层次推广到

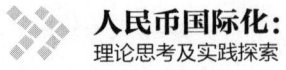

其他自贸试验区和全国,只是在推广到全国的过程中,因没有自由贸易账户的同步推广支持,与跨境融资相关的汇兑安排需遵守全国统一的既有管理政策。

自由贸易账户体系从技术层面来说也可以复制、推广到其他自贸试验区,因为各金融机构分账核算制度均由其总行主导建立,在其总行层面向各地开放即可。从政策层面来说,中央要求各地自贸试验区有各自特色,而不是千篇一律,因此赋予各自贸试验区建设的任务和政策也有一定的差异。从自由贸易账户的服务功能和实体经济部门对跨境金融服务的需求来看,自由贸易账户服务实体经济的各项功能可以复制、推广到其他自贸试验区,这些服务主要集中在经常项下和跨境实业投资以及跨境融资的汇兑便利上,优势不是特别明显。自由贸易账户对接服务科技创新、总部经济和"一带一路"建设的相关功能相较普通账户具有明显的优势,复制、推广到其他自贸试验区的需求较高。自由贸易账户对接上海国际金融中心建设的相关功能,则应保留在上海。另外,从风险控制层面来说,自由贸易账户体系实现的是金融机构分账核算下的风险集中管理,因此金融机构FTU的相关跨境金融交易需要集中进行,从风险管理经验、意识、理念和文化来看,建议保留在上海。

金融作为一个服务行业,其服务功能具有典型的辐射性。因此,自由贸易账户体系可作为一项基础设施,目前服务已经辐射到境外,也可以辐射到其他自贸试验区,与上海的各类全国性金融市场辐射服务全国需求是一个道理。根据我国银行账户可以异地开立的规则,自由贸易账户也可以依托金融机构内部风控流程的设计安排,在做好客户管理的基础上为异地自贸试验区主体提供服务,以此实现各自贸试验区实体经济领域主体跨境金融服务方面的均等化。

此外,自贸试验区金融改革是在对标国际高阶贸易投资规则并结合我国自身发展格局的基础上进行的实践。我国作为一个发展中大国,改革开放的经验叠加最新的自贸试验区金融改革实践,对许多发展中国家在开放中防控金融风险是有借鉴意义的。因此,将来也可以通过自贸试验区金融改革打开的服务国际市场的空间,尤其是"一带一路"市场的空间,向外输出这些由发达国家提出、结合我国实践调整后的投资规则,从而以辐射服务的方式主导区域市场的发展。

人民币国际化：
理论思考及实践探索

From RMB to CNY: Some Theoretical
Thinking & Practical Exploration on
Currency Internationalization

第九章

人民币国际化与"一带一路"建设

2013年9月7日，国家主席习近平在哈萨克斯坦纳扎尔巴耶夫大学发表题为《弘扬人民友谊 共创美好未来》的演讲时首次提出"丝绸之路经济带"概念，并表示为了使欧亚各国经济联系更加紧密、相互合作更加深入、发展空间更加广阔，我们可以用创新的合作模式，共同建设"丝绸之路经济带"，以点带面，从线到片，逐步形成区域大合作，加强政策沟通、道路联通、贸易畅通、货币流通和民心相通（"五通"）。2013年10月3日，习近平主席在印度尼西亚国会发表的题为《携手建设中国—东盟

第九章 人民币国际化与"一带一路"建设

命运共同体》的重要演讲中首次提出"海上丝绸之路"概念,并强调东南亚地区自古以来就是"海上丝绸之路"的重要枢纽,中国愿同东盟国家加强海上合作,使用好中国政府设立的中国—东盟海上合作基金,发展好海洋合作伙伴关系,共同建设21世纪"海上丝绸之路";中国愿通过扩大同东盟国家各领域务实合作,互通有无、优势互补,同东盟国家共享机遇、共迎挑战,实现共同发展、共同繁荣。在随后的出访或高层外交活动中,习近平主席多次阐述"一带一路"建设的相关理念。由中国提出的"一带一路"倡议正式形成并逐渐成为当前经济全球化的主旋律。本章从上述"五通"中的货币融通角度来讨论人民币国际化和"一带一路"建设中的区域货币金融合作问题。

第一节 亚洲区域货币金融合作框架

一、亚洲货币金融合作的发展历史

亚洲货币金融合作应该算是起步较晚,进展较慢。1956年建立了东新澳央行组织(SEANAZ),1966年建立了东南亚央行组织(SEACEN),1991年建立了东亚及太平洋中央银行行长会议组织(EMEAP),1994年建立了亚太经合组织(APEC)。从这些组织的功能以及目标来看,合作只是形式上的,只限于信息交流和人员培训,影响有限。

1997年亚洲金融危机爆发后,亚洲各国意识到区域合作的重要性,开始加强合作。合作的主要目的在于防范金融危机、保证金融安全与金融稳定。1997年成立了东盟中央银行论坛、东盟财长机制以及亚欧会议财长机制。1999年又建立了"东盟10+3"财长机制。在这些框架下,一系列金融合作安排陆续开展,如东盟监督机制、亚欧信托基金、"10+2"早期预警系统、清迈倡议以及亚洲债券市场倡议等。2006年以后,区域合作逐渐深化,其中亚洲开发银行提出了亚洲货币单位(ACU),填补了亚

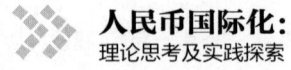

洲汇率合作空白。2009年，规模高达1200亿美元的亚洲储备库已达成一致并着手实施，标志着区域内的多边化组织已经形成并开始发挥作用。

二、区域经济及货币金融合作的几个重要框架

（一）"10+3"及"10+1"会议

"10+3"和"10+1"是指东盟十国和中、日、韩三国以及东盟十国分别与中、日、韩三国中的一国（3个"10+1"）合作机制的简称。20世纪90年代后期，在经济全球化浪潮的冲击下，东盟国家逐步认识到启动新的合作层次、构筑全方位合作关系的重要性，并决定开展外向型经济合作，"10+3"和"10+1"合作机制应运而生。近年来，"10+3""10+1"合作机制以经济合作为重点，逐渐向政治、安全、文化等领域拓展，已经形成了多层次、宽领域、全方位的良好局面。"10+3"在18个领域建立了约50个不同层次的对话机制，在"10+3""10+1"合作机制下，每年均召开首脑会议、部长会议、高官会议和工作层会议。这个"10+3"及"10+1"合作机制目前的主要领域还是经济和贸易往来，货币金融合作这块儿并不是很深入。

（二）亚太经合组织

亚太经合组织于1989年11月成立，至今已有20多年。亚太经合组织的组织机构包括领导人非正式会议、部长级会议、高官会、委员会和专题工作组等，主要讨论与全球及区域经济有关的议题，如促进全球多边贸易体制、实施亚太地区贸易投资自由化和便利化、推动金融稳定和改革、开展经济技术合作和能力建设等。20多年来，亚太经合组织已经逐步发展成为亚太地区机制最成熟、级别最高的经济合作论坛。目前，亚太经合组织共有21个成员，除了传统的东亚区内成员，还包括美国、俄罗斯、加拿大、澳大利亚、新西兰、智利、墨西哥、巴布亚新几内亚和秘鲁等国。从议题及会议内容来看，货币金融合作尚不是主要方面。

（三）东亚及太平洋中央银行行长会议

东亚及太平洋中央银行行长会议（Executives' Meeting of East Asia and

Pacific Central Banks，EMEAP）成立于1991年2月，是东亚地区的中央银行合作组织。其宗旨是通过合作与交流，推动本地区金融体系建设及加深各中央银行和货币当局间的关系。目前，EMEAP有11个成员，分别是中国人民银行、澳大利亚储备银行、香港金融管理局、印度尼西亚银行、日本银行、韩国银行、马来西亚国民银行、新西兰储备银行、菲律宾中央银行、新加坡金融管理局、泰国银行。

三、区域货币金融合作的主要成果

亚洲现有的货币金融合作主要包括清迈倡议和外汇储备库、亚洲债券基金以及区域金融合作的政策对话与监督机制。

（一）清迈倡议下的货币互换以及多边化成果

2000年5月，东盟十国与中、日、韩三国（以下简称"10＋3"）提出了建立双边货币互换协议网络的清迈倡议，以在一国发生外汇流动性短缺或出现国际收支问题时其他成员提供应急外汇资金，稳定地区金融市场。危机发生前，"10＋3"各方已签署16份双边货币互换协议，总金额840亿美元。另外，危机发生之后，我国又先后与韩国、中国香港、马来西亚以及印度尼西亚签署了总规模高达5600亿元的货币互换协议。

2003年底，温家宝总理在"10＋3"领导人会议上提出了清迈倡议多边化的倡议，得到"10＋3"各方的支持。2007年5月，在东京"10＋3"财长会上，各方一致同意建立"自我管理的外汇储备库安排"（以下简称储备库）作为清迈倡议多边化的具体形式，即各成员国中央银行分别划出一定数量的外汇储备，建立区域储备基金。2008年5月3日，中、日、韩三国财长在印度尼西亚巴厘岛举行的亚洲开发银行第42届年会上就三方出资份额达成共识，储备库总规模1200亿美元，其中中国出资384亿美元，日本出资384亿美元，韩国出资192亿美元，分别占储备库总额的32%、32%和16%。各国还提议建立独立的区域监控实体，并将共同储备基金的使用与IMF条件性贷款的挂钩比例从目前的80%进一步降低。外

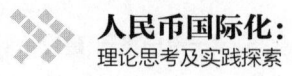

汇储备库的建立是清迈倡议多边化走出的重要一步，也是亚洲区域内货币合作的重要里程碑。

（二）区域债券市场的合作

1997年亚洲金融危机之后，韩国首先于2002年11月在东京召开的"10+3"会议中提出了亚洲债券市场发展倡议（ABMI），计划由东亚各国政府和私人企业参与发行"亚洲一揽子货币"债券，但是之后只有亚洲债券基金（ABF）进入了实施阶段。2003年6月，EMEAP各成员国决定成立ABF，首期基金（ABF1）由11家中央银行出资10亿美元建立，用于投资EMEAP各成员国发行的一篮子主权和准主权美元债券。2005年1月1日ABF启动了第二期基金（ABF2），以各国本币募集20亿美元，主要投资于EMEAP各成员方（日本、澳大利亚和新西兰三国除外）的本币债券市场。

（三）区域金融合作的政策对话与监督机制

目前区域内已有的政策对话与监督机制主要包括东盟各国签订的《理解条约》、"10+3"监督进程以及"马尼拉条约"。

亚洲金融危机之后，为便利成员国相互交换经济发展和经济政策的信息，并对区域内出现的可能产生不利影响的因素提出快速的对策，东盟各国财长于1998年10月签订了《理解条约》，建立了东盟监督机制（ASP），旨在防范金融风险。

1999年随着"10+3"的成立，"10+3"监督进程也定期召开会议。监督进程通过建立经济评论和政策对话（ERPD），协调区域内的宏观经济风险管理、监督区域内资本流动、提高区域支持机制以及改革国际金融框架。

1997年11月，在马尼拉召开的亚太财政部长和中央银行行长会议上，与会的14国与地区达成协议，建立了马尼拉框架，呼吁建立一个区域监督机制，以便强化各国金融体系和在金融监管领域推进经济和技术合作、寻求提高应对金融危机能力的办法。马尼拉框架实际上是寻求建立一个地区性货币基金组织（类似于 AMF）的框架，但是由于美国的消极应对，之后的会议频率越来越低，影响力也在逐渐消失。

综上所述，目前的亚洲货币金融合作主要存在以下缺陷：一是组织结构混乱和决策机制不合理。亚洲货币金融合作机制多头并立，过于分散，缺乏统一的管理和决策机构。二是东亚金融合作过于偏重金融危机的预防，在促进区域经济发展方面缺少必要的作为，相关倡议侧重于救助性资金合作而非汇率合作，使得合作的深度不够贴近实际，也不符合实现区域经济利益最大化的需要。

从实体经济的需求来看，区域货币金融合作不仅需要解决国家宏观层面的诉求，也应当解决实体经济层面的诉求，能够帮助区域内实体经济更好地开展贸易投资，解决贸易投资中遇到的跨境金融服务问题。因此，务实性的货币金融合作应当更接地气，更多地服务实体经济，促进区域经济金融的融合。"一带一路"倡议中，我国领导人提出的"五通"应该是下一步区域货币金融合作的方向。

第二节 "一带一路"为区域货币金融合作带来新机遇

"一带一路"分别指的是丝绸之路经济带和 21 世纪海上丝绸之路。根据初步估算，"一带一路"沿线总人口约 44 亿人，经济总量约 21 万亿美元，分别约占全球的 63% 和 29%。"一带一路"作为中国首倡、高层推动的倡议，对我国现代化建设和推动经济全球化具有深远的战略意义。"一带一路"倡议的提出，契合沿线国家的共同需求，为沿线国家优势互补、开放发展开启了新的机遇之窗，是国际合作的新平台。

根据国家发展改革委、外交部、商务部联合发布《推动共建丝绸之路经济带和 21 世纪海上丝绸之路的愿景与行动》，"一带一路"建设中我国与沿线国家和地区将会有深度融合发展的新机遇。

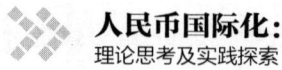
From RMB to CNY: Some Theoretical Thinking & Practical Exploration on Currency Internationalization

一、"一带一路"沿线经济金融发展不均衡态势为区域货币金融合作打开空间

从"一带一路"的地域布局来看货币金融合作框架，可以发现"一带一路"整体的金融服务发展格局类似于哑铃现状，两端（欧洲和东亚）的金融服务业相对较为发达或规模总量较大，而中间地带则相对薄弱。这为我们开展"一带一路"沿线国家和地区货币金融合作提供了巨大的空间。

一是"一带一路"中间区域的金融供给能力尚待发掘，我国的经验和实践可以借鉴。中国特色的改革开放发展经验虽然不一定全部适用"一带一路"沿线国家和地区，但其借鉴参考作用还是有的，尤其是在金融改革开放过程中走过的路、形成的经验可以成为区域货币金融合作的价值催化因素。也正因为如此，国际货币基金组织在2017年的"一带一路"高峰论坛上提出与中国人民银行一起在中国建立"一带一路"能力建设中心。"一带一路"起端于我国。根据国务院2017年3月发布的《全面深化中国（上海）自由贸易试验区改革开放方案》，上海自贸试验区要建成"服务国家'一带一路'建设、推动市场走出去的桥头堡"；在国务院批准的其他自贸试验区（如福建自贸试验区等）建设中也部分提及了服务"一带一路"建设的目标和任务。因此，我国金融服务业从封闭落后到改革开放的路径以及积累的经验和发展到现在的供给能力，可以通过上海自贸试验区的优势辐射服务到"一带一路"沿线国家和地区，带动整体金融服务的能力建设。

二是区域多双边金融合作新载体能够发挥更好的作用。中国作为"一带一路"倡议国，不仅发起设立了亚洲基础设施投资银行和丝路基金，更发布了《推动共建丝绸之路经济带和21世纪海上丝绸之路的愿景与行动》。国内多个省（自治区、直辖市）也相继发布了参与"一带一路"建设的行动方案。从整体来看，"一带一路"建设需要货币金融合作才能实现深度融合，才能实现资金融通的目标。因此，学术界和实务界对"一带一路"跨境金融服务的跟进以及货币金融合作的开展是有共识的。

"一带一路"建设中的区域货币金融合作要本着"照顾各方国情特色、共同推进、惠及实体、共同获益"的原则来推进，还需要更加关注金融风险对经济的伤害，建立共同应对外部冲击的风险干预机制。

二、"一带一路"建设中实体经济的需求有助于区域货币金融合作走向务实

区域货币金融合作的基础源自实体经济的跨境经营需求。因此，可以沿循以下路径推进区域货币金融合作：一是促进区域内本币的跨境流动，以进一步加强"一带一路"沿线贸易和投资活动。二是本币在贸易结算中使用的增加，必然会涉及本币回流以及本币投资于各国境内金融市场的问题，从而带动沿线国家和地区放松对本国债券市场的管制，以及促进整个亚洲债券市场的发展。三是当债券市场规模不断扩大时，流动性的增强将有效调节沿线资金的流动，并带动沿线产业分工格局的变化与产业升级，改善沿线国家和地区的经济结构。四是当沿线经济一体化发展到一定程度时，沿线国家和地区金融市场的资产价格波动将会趋同，从而为建立人民币与沿线国家和地区货币的汇率规则奠定基础，形成稳定的汇率板块，更好地服务沿线国家和地区的贸易投资往来。

第三节 构建"一带一路"的人民币跨境金融服务链

尽管人民币已经加入 SDR，但提高"一带一路"沿线国家和地区对人民币的接受度，还需要从人民币跨境金融服务产业链做起。

一、人民币跨境金融服务产业链建设跟不上实际需求

在"一带一路"倡议下，中国与沿线国家和地区的贸易投资往来日趋

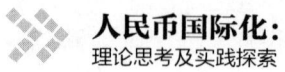

活跃，大宗收购也不断开展。这些收购或投资的双方大多愿意用人民币作为合同货币和结算货币，如我国三家金融设施机构联合收购沿线一国家的证券交易所的案例，收购方希望用人民币结算此笔收购，并获得了政府监管部门的大力支持。三家联合收购股份折价金额约5亿元人民币等值的当地货币。经过初步协商，对方收款行表示愿意接收人民币后兑换成当地货币，支付给当地被收购的证券交易所的股份出让方，但困扰收款方银行的是收到的人民币后续怎么使用以及人民币兑换当地货币的汇率。还有一个案例是一家民营企业投资非洲，生产瓷面砖和地砖，当地销路非常好，解决了当地2000多人的就业，但要扩大再生产却遇到了融资难、融资贵的问题。想向境内银行申请融资，但境内银行对其境外资产的估值有困难而无法提供融资；当地银行给了授信额度，但却因融资成本太高而不敢要。再有就是该国虽然没有外汇管制，但却没有外汇可以兑换，导致企业利润无法汇回，并且还要承受当地货币汇率不断贬值带来的损失。

类似案例不少，反映出了一个非常需要重视的问题，就是"一带一路"沿线国家和地区的货币大多不是国际货币，只是一定程度上接受了《国际货币基金组织协定》第八条款，实现了经常账户可兑换，但仍然有相当严格的外汇管制或外汇短缺。与此同时，人民币虽然已经加入了SDR，人民银行也承诺会根据对方国家需求按国际货币基金组织的有关规则兑换对方持有的人民币，但由于我国的金融机构在这些国家的物理网点有限，而这些国家的金融机构也大多未在我国设立物理网点，给实体经济开展贸易投资带来诸多不便，双方要结算贸易投资形成的债权债务，必须要借助第三方货币，其间带来的成本不说，内含的风险也比较大。

二、企业对"一带一路"金融服务的需求

根据对参与"一带一路"建设的部分企业的调研摸底，可以发现企业对金融服务的需求主要有以下方面。

企业根据参与的模式和程度的不同，对服务的需求也是不同的，大致

可以分为贸易往来和投资经营两大类。

(一) 贸易往来企业

对于从事跨境货物和服务贸易的企业可以分为短期和长期。短期贸易参与企业所面临的货币敞口时间较短，对跨境金融服务的需求也比较简单，主要是银行贸易融资的跟进、风险保障以及收付款流程的简便快速。对于长期贸易参与企业，它们通常是大型成套设备和工程建设的参与者，有些还可能存在比较复杂的分包、转包现象，需求比较复杂多样。主要包括：(1) 对方央行对人民币和其他外币一样的接受而非歧视性接受（可以帮助我国企业降低汇率风险和兑换成本）；(2) 对方国家接受《国际货币基金组织协定》第八条款实现经常账户可兑换，允许当地企业兑换人民币（可以便利收款）；(3) 两种货币的直兑安排（可以帮助对方企业提高对人民币的接受程度并支持双方企业在商务合同中加入汇率波动保障条款）；(4) 对方国家银行或我国银行长期人民币融资的跟进（可以帮助企业规避汇率和利率风险）；(5) 便捷快速的收付款服务安排及信用保险的跟进；(6) 长期跨币种应收账款相关的贸易融资安排（可以帮助企业快速回款，降低或分散收款风险）。

(二) 投资经营企业

这些企业以直接投资的方式参与当地企业的实际经营，向当地居民提供服务并获取收益。如电力企业参与当地电力设施的投资和后续经营（BOT 或参股收购大多属于这一模式），发电后卖给当地政府和居民，获取当地货币收益。其需求更为复杂，对当地的金融政策环境要求更高、更广泛，也更需要我国通过高层渠道来推进对方国家的可兑换安排。主要需求有以下几方面：

第一，希望当地银行能够向外商投资企业（我国在当地投资经营的企业）提供人民币账户服务，并允许将当地货币的收入即时转换成人民币存入账户，或者允许外商投资企业开立离岸账户（如上海自贸试验区的 FT 账户）来解决当地货币与人民币的兑换问题。

第二，希望当地银行能够接受人民币直接投资和中方股东贷款，允许企业保留人民币资本金及股东贷款用于后期从我国进口的支付，避免强制结汇成当地货币并在后期再用当地货币购买人民币造成的汇兑成本和汇率风险，尤为重要的是可能需要等待汇兑审批是否成功的风险。

第三，希望当地银行提供人民币与当地货币的直兑安排，避免交叉套算汇率带来的双重兑换损失。由于人民币属于国际货币体系中的新晋货币，许多国家的当地货币交易市场没有人民币与当地货币的交易，也缺乏做市商，或干脆没有得到当地央行的认可，人民币与当地货币的兑换均需要通过美元来进行交叉套算。企业希望我国与这些国家的央行能够在双边本币互换框架下推动人民币进入当地的汇兑市场，以实现直兑安排。

第四，鉴于当地大多没有人民币与当地货币的交易市场，企业希望在"一带一路"货币金融合作的框架协议下做一些人民币融资和结算的特别安排，使人民币有更为优先的安排，毕竟"一带一路"建设中我国银行和企业通常是最大的出资方和债权方，人民币结算可以为债权增加一层保护。同时，特别希望我国能够推动对方国家落实对投资以人民币回收以及融资还本付息的保护。

第五，希望我国银行能与当地银行合作，为企业在当地及境内或国际市场获得融资提供支持。由于我国"走出去"企业习惯于接受我国金融机构的服务，所以更希望我国的银行能采用内外联动的方式为企业提供持续性服务，希望能够采用境外资产抵押的方式获得境内银行的后续融资支持。

三、"一带一路"跨境金融服务的实际供给情况

一是"一带一路"的贸易投资目前大多以美元结算。以巴基斯坦为例，海关数据显示，2016 年中国与巴基斯坦的进出口贸易折合人民币为 1262 亿元，其中我国出口 1136 亿元，进口 126 亿元。2016 年，我国与巴

基斯坦的货物贸易人民币结算收入只有30亿元，支出3亿元，占比均不到当年进出口的3%。从部分商业银行了解到的对巴结算情况也是如此。到2017年1月底，我国商业银行与巴基斯坦商业银行信用证项下已交单未收款和已通知未交单的信用证等所有结算均使用美元，几乎没有用人民币计价结算的。

二是我国对中亚、西亚及非洲、中东、中东欧一带的人民币跨境代理结算网络虽然已经建立，但账户使用度很低，有些账户根本未使用过。有些国家则还没有建立人民币跨境代理结算网络，处于根本没有汇路可通的状态，要推进双边本币结算非常困难，所以只能借助第三方货币完成。

三是我国金融机构境外机构网点稀少，大多设在发达国家，"一带一路"沿线许多国家和地区都没有中资金融机构。即便有，其资本金和业务范围也非常有限，导致许多当地金融服务需求无法由当地的中资银行满足。另外，由于境外机构网点少，又没有建立相应的代理结算关系或业务合作关系，我国企业在当地投资形成的资产估值无法开展，金融机构因贷后管理以及债权执行难而无法提供融资服务。

四是"一带一路"建设目前大多为美元融资、美元结算项目。这就意味着从项目的融资开始，因为采用了美元融资，所以后续结算上就存着币种路径依赖，如果再采用人民币结算后期的原料采购（即便是对我国的原料采购）、工程款等，会给对方造成货币错配，包括后期这些项目形成的出口能力也不会用人民币结算，因为其出口所得如果是人民币的话就会给其偿还前期美元融资款带来货币错配。因此，项目起始融资货币对后期结算货币具有决定性作用。企业反映，并非不想用人民币，而是货币错配风险阻止了其用人民币结算的意愿。

我们曾经就一些收购项目的人民币资金循环使用与银行进行过讨论，希望能够找到相应的对境内付款的业务来实现贸易渠道的回流。银行反映的问题是，需要时间来消化才能做成这样的循环使用。因此，人民币在外停留一段时间是客观必然的。另外，境外银行要满足当地监管部门的相关外汇风险头寸管理要求,人民币作为当地的外币,境外银行做相应的风险对冲管理也是客观需要。

四、对"一带一路"货币金融合作及跨境金融服务的考虑

实体经济参与"一带一路"建设需要金融服务的有效跟进,因此给我们推动"一带一路"沿线国家和地区的货币金融合作打开了广阔的空间,可以从以下方面采取措施。

1. 推动当地央行允许商业银行提供人民币账户服务。当地商业银行为企业开立人民币账户,并由商业银行提供人民币与当地货币的兑换服务,可以解决企业长期投资经营中面临的汇率风险问题。

2. 支持当地央行收兑人民币。我国已和许多国家签订了双边本币互换协议,应当支持"一带一路"沿线国家央行收兑当地市场上的人民币,并向商业银行提供人民币兑换服务。

3. 当地来我国境内市场筹集人民币。鼓励"一带一路"沿线国家和地区银行等机构在上海自贸试验区框架下发行人民币国际债券,筹集人民币后用于"一带一路"上的长期项目建设;同时,在上海自贸试验区开辟"一带一路"沿线国家和地区信用风险的 CDS 市场,以市场化方式实现风险对冲和分散,形成国家或主体信用违约的市场约束机制。

4. 支持"一带一路"沿线国家银行来上海自贸试验区设营业性机构,与我国金融机构一起共同为参与"一带一路"的企业提供跨境金融服务。

5. 实质性启动央行间本币互换资金,来支持当地对我国的人民币支付。

6. 构建便利使用人民币的基础设施。推动商业银行间加快人民币代理结算协议的签订和人民币同业往来账户的开立,推动 CIPS 服务向"一带一路"沿线延伸;支持中国银联和支付宝等机构快速进入沿线国家和地区。

7. 建立人民币跨境使用的央行间定期协商机制。在双边和多边经济

合作协议中为人民币使用建立框架安排，由两边央行定期协商企业跨境金融服务中存在的问题，帮助企业解决实质性困难。

第四节　用好上海自贸试验区金融改革开放"试验田"

根据国家对上海自贸试验区建设的定位，上海自贸试验区要建设成为服务"一带一路"建设和支持市场主体"走出去"的"桥头堡"。上海作为境内的"一带一路"非起点城市和非途经城市，要起到"桥头堡"作用，在金融领域的最好做法就是发挥金融的辐射服务功能。因此，可以从以下方面着手。

一是积极服务于双边及多边金融高层合作。目前我国与"一带一路"沿线经济体的双边及多边高层合作进展良好，经济金融合作也有相应框架，但实体经济企业的用户体验不太好，切身感受也不佳。如调研中许多企业反映对这些国家的出口收款存在困难（主要是由于对方没有美元）；金融机构发放的境外工程项目类融资主要依赖境内企业的抵押，当地形成的资产不被采信，境外工程项目的当地收益无法顺利兑换成美元汇回还款。如果用人民币提供融资，则这些融资资金可以转化为向我国企业进口设备和劳务的支付，币种的匹配减少了当地汇兑管制的阻碍，企业收款和还款的成功率会提高。因此，上海自贸试验区与上海国际金融中心建设联动并享有开放度最高自贸试验区政策，应积极服务好双边及多边货币金融合作框架，支持金融机构跨境商业金融服务的跟进，听取企业的诉求，解决人民币投融资和人民币结算中的实际问题；为双边和多边金融事务定期会商机制提供参考方案和建议，推动对方国家落实投资及收益汇兑保护，放宽对人民币的汇兑管制，以帮助企业解决实际问题。

二是推动商业跨境金融服务实实在在地跟进"一带一路"建设需求。目前，人民币跨境金融服务没有体现对我国企业境外投资后续服务的跟进

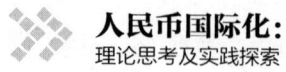

和支持，只是在对外投资本金和融资汇出上有一定的管理安排。企业反映出去后的需求大多得不到金融机构的满足，如融资需求（一般无法获得当地融资，或当地融资价格奇高）、汇兑需求（在当地汇兑管制下资金跨境使用无保障，比较好的情况是需要排队等候）、公平待遇需求（一些国家存在一定程度的汇兑歧视，存在某种情况的选择性支持）、风险管理需求（企业到当地投资经营后，通常会将投资资金兑换成当地货币使用，当地货币的汇率波动幅度大，使得项目即便有经营收益也难以保障最后的投资收益，还有主权风险）。

因此，企业希望我国能够跟进提供金融服务。上海自贸试验区可以扮演好人民币全球服务中心这一角色。一是支持金融机构到当地设立机构网点或跨境提供金融服务，利用人民币在岸市场的主场优势打通跨境循环使用渠道；二是利用上海境内外银行及各类金融机构集聚的优势，从金融同业层面推动人民币跨境同业往来账户活跃使用，境内金融机构应针对开立同业往来账户的境外金融机构开展业务推动，主动宣讲人民币跨境使用的相关政策，借人民币加入 SDR 的红利，推动境外国家的银行和央行接受并使用人民币，并传导到企业层面。三是在自贸试验区与上海国际金融中心建设联动框架下，建设同步面向国际和国内的金融市场，提供"一带一路"沿线国家和地区货币及国家信用风险对冲服务，帮助企业降低投资回收的风险成本。

上海自贸试验区承载国家"试验田"的战略定位和功能，有义务、有责任也有条件做好"一带一路"金融服务的跟进。同时，利用前期已经形成的开放环境，做好跨境投资的规则探索和建设，利用自贸试验区实践推动"一带一路"沿线国家和地区金融服务的合作与发展，形成有利于"一带一路"建设的金融服务环境、规则和区域金融合作运行联动板块。可以考虑从以下方面着手：一是构建人民币跨境资产池，支持"一带一路"资产入池，盘活长期资产并提供"外来外投""外来内投""内来外投"等多种形式的开放交易环境及规则支持；二是构建国际金融资产交易平台，以对标国际的规则建设为切入点，为资产池内资产提供交易服务，同时引入"一带一路"沿线国家和地区的主权及主体信用风险对冲交易产品、汇率风险对冲交易产品等，以市场化方式构建违约风险的约束机制。

人民币国际化：
理论思考及实践探索

From RMB to CNY: Some Theoretical
Thinking & Practical Exploration on
Currency Internationalization

附录[①]

析人民币跨境问题上的五大认识误区

自 2009 年 7 月跨境贸易人民币结算试点启动以来，在人民币跨境问题上的各种观点屡见报端。笔者以为，当前关于人民币跨境方面存在着五大认识误区。

误区一：境外人民币存放境外

自 2004 年香港地区银行开办个人人民币存兑汇业务或更早些时候允许个人携带人民币出境开始，人们就开始朴素地认为这些境外人民币都存放在了境外。产生这一认识误区的原因在于人们对于货币的流动以及结算

---

① 附录为作者曾经发表的部分文章。

过程缺乏全面的认识和理解。根据货币及其清算原理，所有货币的清算遵循以下三个规律：一是所有货币的结算都在其发行国完成最终清算，且以中央银行的清算为终极清算；二是所有货币都存放在银行体系内，除了民间收藏的现钞；三是所有结算和清算都是通过银行账户间的借贷记动作完成的，也即银行间跨境代理结（清）算。根据上述三个规律可以容易地得出"所有货币都存放在其发行国银行体系内"的结论。

事实也确实如此，反映在现实中就是所有美元都存放在美国的银行体系，所有欧元都存放在欧元区银行体系内……人民币也遵循相同规律。先来看中国人民银行为香港银行开办个人人民币存、兑、汇三项业务时所做的清算渠道安排：选择中银香港作为香港地区人民币清算行，中银香港在人民银行深圳市中支开立人民币清算账户并加入人民币大额支付系统；香港地区的其他银行需要在中银香港开立人民币账户后，才能为个人开办人民币存、兑、汇业务，即面向公众提供人民币金融服务。由此可见，香港地区的人民币最终通过中银香港存放于境内中国人民银行。再来看个人携带出境的人民币现钞。开放"自由行"并提高人民币携带出境限额后，大量人民币现钞借助自然人流动①的方式被携带出入境。就人民币现钞出境而言，这部分人民币被用于境外消费了，即购买了当地的货物或服务。当地商户对收到的人民币现钞一般有以下处理方式：一是窖藏起来，这取决于商户的意愿和能力。一般情况下，人们不倾向于窖藏很多的外币现金（人民币在当地属于外币），因为这样做需要承担很高的保管成本、机会成本和风险。二是向银行交存。这意味着商户将收到的人民币交给银行并打入存款账户中（如果当地银行提供人民币账户服务，则可作为人民币存款；如果当地没有人民币账户服务，则需要兑换成当地货币存款）。银行收到商户交存的人民币现钞后，也同样面临现钞保管的成本和风险问题，因此银行也需要解付到能够接收人民币现钞并将其转化为存款的机构（事

---

① 根据世界贸易组织对服务贸易提供方式的定义，服务贸易可以由四种方式提供：（1）跨境提供；（2）商业存在；（3）境外消费；（4）自然人流动。

人民币国际化：
理论思考及实践探索

From RMB to CNY: Some Theoretical Thinking &
Practical Exploration on Currency Internationalization

实上，能够在当地提供人民币现钞收兑服务的机构，必然以建立了人民币现钞的解付渠道为开办业务的前提）。根据法理，唯有货币的发行国是不能拒绝其货币回存的。因此，所有流出境外的人民币现钞除了银行留下少量的备用金外，都将被解付回存我国境内银行，因为只有这样才满足效益最大化的经济学原理。根据同样原理，2009年7月启动的跨境贸易人民币结算也在跨境银行代理结算和清算模式下进行，境外银行以直接在中国境内银行开立人民币同业往来账户为在当地受理跨境人民币结算业务的前提条件。由此可见，境外人民币并非存放境外的人民币，而是境外持有的、存放在境内银行体系中的人民币。认识到这一点非常重要，因为这是本币结算与外币结算截然不同的地方。采用外币结算时，外币资金的所有权随结算方向发生了实实在在的转移的同时，因其存放地本身就在境外，所以我国支付的外币真实地汇划到了境外，离开了我国的银行体系；而采用人民币结算时，人民币资金虽然转移了所有权，但无论收付都依然留存在我国的银行体系内。

进一步地可以引申出另一个相关的认识误区——境外人民币回流问题。对于这个问题的分析需要先理解境外人民币的产生原理，并结合上述关于货币清算的规律来进行分析。境外获取人民币的渠道无外乎兑换获取、商务活动获取以及金融获取（贷款融资等）三个方面。其中，兑换获取和商务获取都存在对价买断性质，即要么拿其他货币兑换，要么提供货物或服务后由买方对价支付获取。境外人民币的最初形成就源于此。对于境外主体而言，此时的人民币，若持有则是一项货币资产，或继续用于结算则是一般等价物概念。对我国而言，若说回流，应该有两层含义：一是真实回流，二是名义回流。真实回流需要通过兑换，或向对方提供货物或服务，才能真正实现，即通过对价交换把境外持有的人民币的所有权换回来，才能实现真正的回流。名义回流则是指纯粹的资金回流，所有权未变。如向境外销售人民币债券就可以把境外持有的人民币资金拿回境内使用，但人民币的所有权仍然属于境外主体，因为向境外销售的人民币债券到期后是需要偿还的。这种回流属于金融回流，完全不同于商务渠道的回流，其背后的实质意义是人民币资产的外流以及人民币金融市场的外放。

误区二：境外人民币具有外汇性质

这是一个相当令人困惑的问题，具有很强的误导性，因为历史上我们曾经有过一段外汇人民币存在并发生作用的过程。中华人民共和国成立后，由于外部环境和内部条件方面的原因，我国长期处于外汇短缺状态。为确保国际支付，我国实行了外汇管制和外汇专营制度。其间，我国授权中国银行（当时的外汇专业银行）发行外汇兑换券，用于面向境外人士以外币兑换后在境内消费。外汇兑换券作为一种外汇人民币形态，既解决了境内禁止外币计价结算的法理问题，又满足了区别对待境外人士的消费需求的需要，其隐含的意义为用外汇兑换的人民币可以享受特殊消费待遇。改革开放为我国带来了巨大的转变，外汇兑换券早就退出了历史舞台，境外人士入境时兑换而得的人民币与境内人士持有的人民币实现了同种同质同价，即在购买货物和服务时所支付的人民币没有因为付款人（持有人）的身份而产生差异。这中间隐含的一层含义是差异已经通过银行的兑换价格来"平"掉了。因此，人民币就是人民币，不再因持有人而异化。

那么，境外人民币是否具有外汇性质呢？笔者以为，对当地来说，毫无疑问是诸多外币中的一种，但对作为人民币发行国的我国来说则不应视同外汇或具有外汇性质，因为这不符合法理和国际惯例：一是一国主权货币对其发行国而言永远都是法币，无论其持有主体是谁。试想若我国都将境外人民币作为"外汇"来处理和管理，那国际上又该如何定位这一"走出去"的人民币呢？若境内外都将境外人民币作为外汇处理，那境外人民币不就成了"无根之物"了？又有谁还会认同和接受人民币呢？二是人民币支付结算功能从境内向跨境发展是我国经济发展应有的成果，符合经济发展和货币发展的规律。改革开放以来，我国一直人为地限定人民币支付结算功能向外发展，以明令规定国际结算必须以外国货币进行的方式强制国内经济主体以外汇结算对外经济交往活动。这在外汇短缺时期尚可理解，但对于现在进出口规模已超过2万亿美元且国际贸易份额位列全球第二的我国来说是不公平的。在人民币已广为周边国家和地区接受的情况下，2009年7月启动的跨境贸易人民币结算试点可以被理解为是人民币支付结算功能顺势而为地由境内向跨境和国际发展的结果。因此，用于跨境结算的人民币不是外汇，是人民币随着我国经济的发展，其支付结算功能依据货币发展规律自然演进的结果，也不应再贴上"具有外汇性质"这样的标签，人为地矮化或限制人民币的支付结算功能。进一步地，境外通过与我国经济交往获得的人民币也不是外汇。对于我国而言，人民币就是我国发行的主权货币，不能因其用于支付时不作外汇，持有时又作外汇来区别处理。

误区三：人民币对外负债等同于外债

认识这个问题需要从多个层面来进行。

首先也是最关键的是要从"人民币对外负债究竟是谁的负债"来着手。从经济角度来看，我国是人民币的发行国，人民币对外负债当然就是我国的对外负债了。从技术层面来看，人民币对外负债的具体表现是境外持有人民币，因此，其本质是人民银行的对外负债，是人民银行众多货币发行量中为境外主体持有的那部分人民币，反映在人民银行的资产负债表中用于衡量货币供应量的 M_0、M_1、M_2 等指标中，也即在人民币"走出去"之前，上述指标均为人民银行的对内负债；人民币"走出去"之后，上述指标将表现为人民银行的对内负债和对外负债两个部分。从主体层面来看，考察人民币对外负债的表现形态时，不难发现，人民币对外负债的具体承担者有三类：一是货币发行者——人民银行；二是在货币跨境代理结（清）算规律作用下的人民币存款吸收者——境内商业银行；三是依权责发生制在对外经济活动中因采用人民币结算而产生暂收应付的各类主体。就第三类主体而言，如果对方持有的是人民币票据（证券），则境内负债主体就是票据（证券）的发行者。

其次是要从人民币对外负债与外币对外负债的性质角度来分析这个问题。从偿付角度来看，本币对外负债时，偿付采用的是我国的法币——人民币，其货币供应量由我国掌握；外币对外负债时，偿付采用的是他国的法币——外币，我国需要通过兑换获取，其货币供应量则由外国央行掌握。从承担的风险角度来看，笔者借用美联储前理事弗雷德里克·米什金在《下一轮伟大的全球化——金融体系与落后国家的发展》中的一段论述来说明本外币对外负债的风险情况："发达国家很少发生货币危机和金融危机的双重危机，因为其债务结构与新兴市场国家非常不同。发达国家的债务通常以本币计值，而且期限较长。当发达国家货币贬值的时候，贬值对企业资产负债表的影响非常有限，因为债务以本币计值。因此，贬值并不会引发金融危机。"① 由此可见，人民币为我国的法币，由人民银行发行并管理；而外币则是他国的法币，由他国央行发行并管理，所以外币流通到我国时需要纳入外汇管理，因为二者涉及的风险不同，遵循的法理不同。

综上所述，人民币对外负债不能简单地等同于外债，它确实是我国的对外负债，是人民银行货币发行量中的一部分，但与外币对外负债是有着很大区别的。通过跨境贸易人民币结算等业务的发展推动我国对外负债本币化，无论是从宏观上还是微观上对我国都有利。

误区四：人民币跨境就是资本账户可兑换

关于这个问题需要从考察资金跨境流动管制的方式来着手。国际上通常把与资金流动相关的管制（control）分为两类：一是兑换管制，二是资本管制。兑换管制（exchange control）通常是指对本外币之间兑换活动的管制，比如我们一般常说的经常账户可兑换、资本账户可兑换

---

① 弗雷德里克·米什金. 下一轮伟大的全球化——金融体系与落后国家的发展［M］. 北京：中信出版社，2007：66.

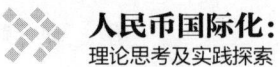

等。资本管制（capital control）则是专指对资本跨境流动的管制，主要是对归入国际收支平衡表中"资本及金融账户"栏下的各类交易的管制，因为资本及金融账户下的各类交易具有典型的孳息（利）性质。货币的可兑换性（convertibility）会影响资本的跨境流动，但资本跨境流动不一定受货币的可兑换性约束，尤其是无兑换的本币资本跨境流动。因此，实行货币兑换管制的国家一般实行严格的资本管制，但也有许多国家在无兑换管制的情况下实行着或多或少的资本管制，只不过这些管制是以别的名义如审慎监管政策（prudential policies）等实行而已，如对跨国并购活动的限制等。

人民币跨境就其功能而言，是人民币支付结算功能的延伸；就其涉及的资金流动而言，属于无兑换性质的本币跨境流动，与资本账户可兑换之间是有区别的，具体表现在：一是本币跨境导致的结果是本币对外债权债务的变化。对于我国而言，影响人民币境外债权债务变化的控制权——货币政策调控权掌握在我国，其隐含的风险远小于外币。二是资本账户可兑换控制的是资本及金融账户下交易时的兑换行为，我国对资本及金融账户交易本身实行着政府核准制管理，即属于资本及金融账户性质的交易（跨境直接投资、证券投资等）都需要获得相关部门的前置核准，如外商直接投资需要获得商务部门的前置核准，对外直接投资也一样；跨境证券投资（包括发行股票和债券等）需要获得证监会等部门的批准等。因此，人民币跨境结算涉及的不是资本账户可兑换问题，而是资本及金融账户交易的本币结算问题，正如跨境贸易人民币结算解决的是贸易便利化问题一样，资本及金融账户交易的人民币结算解决的是投资便利化问题，将有助于推动我国资本及金融市场的开放，且这种开放可以借助人民币是我国主权货币的货币政策调控而非以往的兑换管制来进行调节。

误区五：人民币跨境就是人民币国际化

这是一个学术界非常热衷讨论的话题，笔者认为通过考察货币职能的发展阶段，不难发现，当前的人民币跨境与人民币国际化还相去甚远。以下是笔者对国际货币发展的一个路径判断：跨境贸易本币结算（货币的支付结算功能从境内向境外延伸）—本币境外持有（货币的资产功能）—境外对保值增值的需求—境外持有者对本币金融市场的参与—本币金融市场的发展（货币的交易及投资功能）—本币资产境外持有（货币的储值功能）。因此，货币国际化将是一个货币职能逐步发展的过程。

如果人民币也遵循这一发展路径，那么从中可以看出，人民币目前正处于国际化的起步阶段，尚处于支付结算功能从境内向跨境发展的阶段，最后是否能够沿着路径实现国际化，要看本币金融服务和金融市场的发展情况，即是否能满足境外主体对保值增值的需求，从而发展出人民币的国际交易投资及储值功能。

一直以来，我国人民币的各项货币职能以服务境内主体为主。自2009年7月人民币用于跨境贸易结算后，人民币就面临着服务境外主体的需求，具体表现在：境外主体在与我国开展人民币结算业务时能否对冲管理其汇率风险、能否按合理的价格便捷地获得人民币以及获得的人民币是否有合理的收益等。这些都构成了对人民币金融服务出口的需求和挑战，即我国境内的金融机构（包括市场）能否向境外主体提供具有国际竞争力的人民币金融服务，从而实现人民币服务境内外经济主体的货币职能。一般而言，本币的崛起与本国金融体系的发展之间存在着正向互动的关系，但由于金融服务的提供具有跨境提供、境外消费等多样性，本国金融体系能否支撑本币崛起并在本币崛起过程中尽享收益最大化还取决于制度安排、金融市场和金融机构发展程度等一系列问题，因此人民币国际化是一个任重而道远的过程。这中间还必须防范境内金融市场和体系发展跟不上实体经济发展需要而导致需求外移、市场外移和人民币定价权外移的风险。

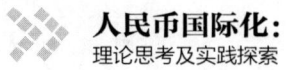

关于本币金融开放的思考

一直以来，困扰金融开放的主要问题是货币在资本及金融账户交易中的可兑换程度。在几乎所有的教科书及研究文献中，人们习惯于将货币在资本及金融账户上的可兑换设定为一国金融开放的要件。本文尝试讨论货币国际清算规则下的本币金融开放，希望为读者带来一些新的思考视角。

一、金融开放的含义及我国的现状

金融开放包含两层含义：一是金融服务行业的开放。根据世界贸易组织对服务贸易提供方式的定义，可以发现一国金融服务行业的开放主要是指金融服务的国际贸易可以通过跨境提供、境外消费、商业存在以及自然人流动来实现。据此，金融服务行业的开放主要是指一国对金融服务市场的准入开放，也就是允许境内的金融服务提供商向境外主体提供金融服务，境外的金融服务提供商向境内主体提供金融服务。二是金融交易市场开放。根据国际收支平衡表的分类，金融交易归类在资本及金融账户项下，包括直接投资、证券投资以及债务融资三类。从交易的内容来看，这是一些涉及资金使用权转移的孳息类交易。其开放的含义是指允许境内主体从外部获得资金的使用权和境内主体向境外提供资金的使用权，由此可以引申出一个金融开放的矩阵分析框架，如表1所示。

表1　　　　　　　　金融开放的矩阵分析框架

金融交易市场开放 \ 金融服务行业开放	外国机构向境内提供金融服务	本国机构向境外提供金融服务
境内主体从境外获得资金	例证：境内机构借用外债	例证：境外主体投资境内债券
境外主体从境内获得资金	例证：境内主体投资境外债券	例证：本国银行向境外提供贷款

如果引入货币因素对我国的情况进行分析，可以发现我国当前以外币主导金融开放的实际情况，如表2所示。

表 2　　我国当前以外币主导金融开放的实际情况

金融交易市场开放＼金融服务行业开放	外国机构向境内提供金融服务	本国机构向境外提供金融服务
境内主体从境外获得资金	例证：外商直接投资、境内机构借用外币外债	例证：境外主体投资境内B股市场和QFII
境外主体从境内获得资金	例证：境内主体投资境外资本市场QDII	例证：对外直接投资、本国银行向外提供外币贷款——出口买方信贷

由此可见，我国的金融开放早已启动，只不过是以外币方式来进行的开放。在开放顺序上走的是"直接投资—债务融资—证券投资"的路径，在开放管理上采取的是"交易的事前审查核准＋资金流动环节的兑换管制"的模式。应该说，作为发展中国家，在本国货币尚不能履行跨境结算职能前，我国采取上述金融开放路径是符合国情的，以兑换管制来对金融开放引起的外币资金跨境流动多加一道控制手段也是有效的。

二、跨境贸易人民币结算的启动为我国资本及金融账户以本币主导的开放创造了条件

国际收支平衡表的编制方法告诉我们，以何种货币结算跨境交易就是何种货币的资金跨境流动，且对经常账户交易进行国际结算的结果将体现在资本及金融账户上债权债务头寸的变化。以美元结算我国的进出口贸易为例，我国出口收取美元的过程就是经常账户交易结算（出口收款）转为资本及金融账户资产存量（美元存款）的过程。由于美元是美国发行的货币，因此，出口收到美元就是我国对美国资本及金融账户中资产的增加，进口支付美元就是我国对美国资本及金融账户中资产的减少。人民币是我国发行的货币，以人民币结算我国的进出口贸易的结果就是我国资本及金融账户中人民币对外负债的增加和减少过程。因此，对外进口支付表现为金融负债的增加，从境外收到人民币出口货款表现为金融负债的减少。要

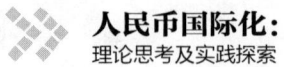

理解这一点，我们还需要了解一下货币的国际清算规则。

国际社会进入信用货币本位制以来，国家发行的信用货币充当国际交易结算媒介就成为事实。由于是国家信用货币，因此必然是从其发行国流向国际并充当国际交易结算媒介的。这个从发行国流向国际的过程依托的是其银行体系，即货币"从发行国央行—国内商业银行—境外商业银行"的过程，而这整个过程是依托层层倒开账户的模式来实现的，也就是境外商业银行在发行国商业银行开立货币国际同业往来账户、发行国商业银行在发行国央行开立货币储备账户的过程。这个过程与国内银行体系围绕央行储备账户形成的货币投放体系是一脉相承的，只不过国际元素的加入拉长了链条而已。因此，货币的国际清算规则可以总结为三条：一是所有货币都最终存放在其发行国银行体系内，除了被窖藏的现钞。一般情况下，由于窖藏现钞除了备用便利外没有收益只有成本（保管成本、防盗成本、机会成本等），因此窖藏现钞量较少，大量的货币境外持有都表现为银行存款——存放在当地银行，而当地银行又转存到该货币的发行国商业银行。二是所有货币的清算都以中央银行的清算为终极清算。这是因为商业银行之间互相发送的支付指令都要以开立在中央银行的货币储备账户上的资金的最终拨转才算完成。如果开立在央行的货币储备账户中没有足够的资金实现这最终的拨转，那么之前该商业银行发出的所有支付指令只是一纸空文，无法兑现。三是货币的国际清算是通过银行间的国际同业往来账户中的借贷记过程来实现的。尽管国与国之间存在时空差距，但由于货币都存放在其发行国银行体系内，因此国际结算和清算的完成过程就是银行间发送借贷记指令并通过借贷记国际同业往来账户来实现的。在现代电子技术的帮助下，这种借贷记过程可以瞬间完成。

根据以上三条货币国际清算规则，我们可以发现，所有美元都存放在美国，所有欧元都存放在欧洲，所有日元都存放在日本。尽管现实中我们身边的银行会向我们提供美元存款、欧元存款、日元存款或这些货币的跨境结算服务，但支撑这些银行提供这些外币存款账户和结算服务的必要条件是：这些银行必须选择在这些货币的发行国银行开立这些货币的国际同业往来账户。因此，我国银行业目前向境内主体提供的外币金融服务实际上是境外该货币发行国银行体系金融服务向我国的延伸。在这一基础上，我国的金融开放只能是外币主导的金融开放，开放的结果是我国涉外经济领域中货币错配现象的日趋严重，而以人民币开展跨境贸易结算所带来的本币金融开放则有实质性的不同。

三、本币主导金融开放的分析

当人民币作为跨境贸易结算货币实现其货币职能跨境发展的时候，依据货币国际清算三大规则，我们发现有以下几个显著不同于外币金融服务的现象：一是所有境外人民币与境内人民币一样，最终存放在我国的银行体系内——我国资本及金融账户无兑换开放的条件已自然形成。在跨境贸易人民币结算试点方案中有两种清算模式，其一是港澳人民币清算行模式。根据2004年人民银行发布的《关于为香港银行办理个人人民币业务提供清算安排的公告》，港澳人民币清算行模式的运行关键是港澳人民币清算行在人民银行开立人民币清算账户。这一安排说明港澳地区的银行向境外主体提供的人民币服务（存款、兑换、汇款及银行卡）是以在境内人民银行开立人民币清算账户为前提的。其二是人民币跨境代理清算模式。根据2009年7月初发布的《跨境贸易人民币结算试点管理办法》，境外参加行可以在境内银行开立人民币同业往来账户。因此，无论在何种模式下，境外通过贸易结算渠道获得的人民币都最终存放在我国的银行体系内（包括央行），意味着我国银行体系的人民币对外负债已随着人民币对外支付结算功能的发展而自然出现。同时，也意味着我国的存款市场已经向外打开。二是我国的银行体系成为全球人民币金融服务的承载主体——我国金融业本币主导的开放时代已经自然启动。正是在货币国际清算规则的作用下，境外银行需要在境内银行开立人民币同业往来账户才能实现以人民币为实体经济提供跨境结算的功能，因此，境外银行是我国人民币金融服

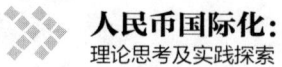

人民币国际化：
理论思考及实践探索

From RMB to CNY: Some Theoretical Thinking &
Practical Exploration on Currency Internationalization

务的跨境延伸载体。换言之，跨境贸易人民币结算意味着境内银行开始向境外提供人民币金融服务，这是我国金融服务国际贸易领域中的出口业态，与以往跨境外币结算的本质区别在于，外币结算中我国属于金融服务国际贸易的进口——以外币向我国主体提供金融服务。三是境外主体对结算货币以及资产货币的比较选择以及摆布安排将推动本币金融市场的自然开放。人民币对于我国各类经济主体而言是法定货币，根据国家法律规定，属于必须使用的范畴；但对境外主体而言，则属于外币，属于选择使用的范畴。因此，人民币作为一种国际结算货币、交易货币以及资产货币需要接受境外主体的比较选择。使用中是否便利、交易时是否便利、持有时是否有收益等都是境外主体考虑的因素。选择人民币作为与我国跨境贸易的结算货币，对我国主体而言没有了汇率风险，但对境外主体而言却有汇率风险，因此，境外主体有管理人民币汇率风险的金融服务需求，需要我国的金融机构提供相应的风险对冲管理工具以及人民币融资渠道；境外主体通过结算获得人民币后是持有还是卖掉取决于"收益能否满足大于等于其他货币资产收益"的比较。这就需要我国的金融机构开发出相应的、有竞争力的资产产品供对方选择，也取决于我国的法律是否许可境外主体将人民币存款转换为其他资产。一般来讲，只有存款而没有其他资产支持的货币是无法支撑其参与国际货币竞争的。正因为如此，我国在2010年8月向境外三类机构开放了银行间债券市场，允许其将持有的人民币存款转换成人民币债券。由此可见，境外将持有的人民币存款转换为人民币有价证券意味着我国金融资产市场的对外开放，境外与我国结算进出口贸易需要的人民币融资及风险对冲管理意味着我国金融货币市场的对外开放。这些开放是伴随着我国人民币"走出去"服务实体经济的进程而自然形成的，它不一定涉及货币的可兑换问题。当然，货币的最终可兑换有利于人民币更好地"走出去"服务实体经济，有利于降低境外对持有人民币后退出障碍的担忧，但通过扩大本币的跨境和国际使用可以推动我国金融立足本币的对外开放，且本币主导的金融开放的对外风险可控。

四、本币主导的金融开放风险可控

长期以来,受外币跨境流动风险管理思路的影响,人们对资本及金融账户的开放心存恐惧。客观上,也确实没有一个发展中国家的金融开放是成功的。许多学术专著在讨论这个问题的时候通常将这种现象与发展中国家金融体系发展滞后、金融治理结构有缺陷等联系起来。但有一个很大的事实是经常被忽视的,那就是迄今为止,还没有一个发展中国家是以或者能够以本币来主导其金融开放!在经济金融全球化的当代,整个国际货币体系由少数几个国家的信用货币主导,发展中国家几乎没有可能以自己的本国货币来实施金融开放。因此,我们看到南美国家开放后的金融危机和亚洲国家开放后的金融危机等都是由外币主导下的金融开放造成的,越开放,货币错配问题越严重。反观美国、欧元区等,其货币承担了世界资源配置载体的功能。本币主导的金融开放下,政府与企业的资产负债表中货币错配风险很小,且负债都长期化。因此,其经济运行中很少因货币错配而直接引发货币危机;反而是由于本国财政管理不当引发的金融危机导致货币危机,且通过货币危机还可以向全球货币使用者分摊这些货币发行体的经济金融风险。

我国一直是以外币来实现金融开放的。如外商来华直接投资和举借外债都以外币进行,利用外资和外债是事实上的利用外国外币资金;外国机构对我国的证券投资也是在 QFII 计划下以外币进行的。这些外币资本的跨境流动对我国而言是个外生的货币变量。其流入后需要我国人民币的同步投放来进行配合,体现为新增一笔人民币投放。

若以人民币来实现金融交易领域的对外开放,则情形大不相同。所有人民币存放在我国境内银行体系的前提下,外商直接投资、外来证券投资以及外债带动的人民币流入只是将原本存放在我国银行体系中境外持有的存款类资产转换为其他类型的资产(投资形成的股权类资产或融资形成的债权类资产),既不改变对外负债的总体规模,也没有形成新增投放,且

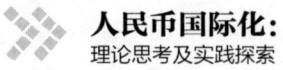

对于接受这些投资或融资的境内主体而言，不存在货币错配的问题。因此，以本币来主导本国金融开放相对于以外币来主导金融开放的主要区别在于降低了货币错配风险和开放的难度。

具体到开放管理的模式上，对本币金融开放中的直接投资、证券投资以及债务融资三个领域而言，可以分两个层级来设计新的本币金融开放管理。一是实体经济方面，金融交易的开放可以在尊重我国既有的前置核准模式基础上来开展，即实体经济部门利用人民币外资、外债或对外直接投资等可以凭商务部门的核准文件直接办理。这一管理模式可以充分体现人民币作为本币服务实体经济的便利性。二是金融部门方面，金融交易的开放需要考虑人民币金融服务的对外提供、人民币资金的跨境流向以及存量的境内外配比情况。针对人民币属于我国法定货币、存放在我国的银行体系并由人民银行代表国家发行和管理的特点，本币金融开放中人民银行的宏观审慎管理职能必须有充分的定位，货币政策的跨境传导机制应当加快建立，以实现对本币金融开放的风险管理。具体来讲，本币对外债权管理要体现在对境外获得人民币融资能力的管理上，防止境外"借多卖空"的货币投机冲击；本币对外债务管理则要体现在对境内债权的保护和国内宏观政策的取向保护上，防止境内主体过度借债而侵蚀境内债权，引发金融危机，或稀释和对冲宏观调控效果。

关于人民币外债管理的思考

人民币外债是指我国境内经济主体与境外经济主体之间以人民币签约、结算并计值度量的对外负债。简而言之，人民币外债是我国的本币外债。与此相对应，外币外债则是"境内机构对非居民承担的以外币表示的债务[①]"。人民币外债产生自跨境贸易人民币结算试点启动，因为以何种

---

① 参见《外债管理暂行办法》，2003年1月由国家发展计划委员会、财政部和国家外汇管理局发布。

货币结算跨境贸易,就是何种货币资金的跨境流动。货物贸易人民币计值结算的结果,就是涉外商务领域人民币跨境债权债务的形成、结清,以及金融领域新的人民币跨境债务债权的产生。由此,关于人民币外债管理的议题也进入官方和学术界的视野。本文拟从不同角度来探讨人民币外债管理问题。

一、本币外债与外币外债的区别

本币外债和外币外债虽同属对外负债,但对货币发行国而言,本币外债与外币外债有着本质上的区别,具体表现在以下几方面。

首先,从负债主体来看,本币对外负债的主体可以从三个层面来分析:其一,货币发行层面。货币是一国央行代表国家发行的信用欠条(IOU)。在一国货币没有走向国际之前,这些信用欠条的持有主体是境内主体;在货币走向国际之后,这些信用欠条的持有主体就扩大到境外主体。因此,发行国央行就是本币对外负债的主体。被境外主体持有的货币将体现在 M_0、M_1、M_2 以及 MZM 等货币供应量指标中。其二,金融服务层面。这是货币以现金及资产形态被境外使用、持有的一种形态。在国际货币清算规律的作用下,境外持有的货币现金或资产以发行国银行吸收的存款或受托管的资产等方式存在。例如,我国持有的美元存款最终存放在纽约的银行内,我国购买并持有的美国国债、机构债等都最终托管在纽约的资产托管机构中。因此,本币对外负债的第二个层级是商业金融层面的境外持有的本币存款,或受境外托管的本币资产。其三,实体经济层面。本国经济主体借助本币开展并结算的各类涉外经济活动过程,将形成以本币计值结算的债权债务。例如,进出口企业在以人民币结算其跨境货物贸易时发生的本币贸易信贷(体现为应收暂付或应付暂收)形式的债权或债务、经济主体以本币发行债券被境外购买持有后形成的本币对外负债等。

其次,从偿付能力来看,本币对外负债时,偿付采用的是本币;外币对外负债时,偿付采用的是外汇。因此,对于国家而言,在有货币发行权

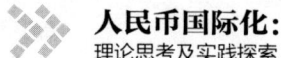

保障的基础上,对本币对外负债的管理,关键是本国货币的偿付能力。这一偿付能力的管理不只是对境外的国际偿付能力,还包括境内偿付能力。对无货币发行权做保障的外币对外负债的管理,关键是货币错配风险管理下的外币偿付能力,即国际储备能力。当然,在货币走向国际后,本币国际偿付能力的上升也能形成对外币偿付能力的替代。对于商业金融而言,依托本币开展的国际金融业务中形成的本币对外负债,在偿付能力管理上与境内本币负债是一致的,都着重在债权管理上。只要在资产负债管理中遵循审慎经营原则并做好流动性管理,就可以避免重大风险的冲击。对于实体经济而言,本币对外负债是最优选择,因为本币对外负债彻底解决了涉外经营中的货币错配风险,扩大了偿付外债的能力——境内企业筹措本币资金的能力远高于筹措外币资金。

最后,从风险角度来看,一国对外负债管理的核心是货币错配风险以及偿付能力。从金融全球化的三个渠道[1]来看,无论是直接投资、证券投资还是债务渠道,发展中国家绝大多数只能以外国货币参与金融全球化,而发达国家则主要采用本国货币参与金融全球化。统计数据显示,2009年末,美国外债中本币计值部分与外币计值部分之比约为9∶1;而2008年底,发展中国家公共及公共担保的外债中,约92%用美元等外币计值。正是这一差异导致了发展中国家和发达国家在面临金融危机时的风险状况迥异[2]。因此,以本币对外负债代替外币对外负债可以有效地解决货币错配问题。偿付能力管理很大程度上取决于货币发行国的政治、军事和经济等综合实力,在一国综合实力不足时推行货币国际化具有较大风险,这也是

---

[1] M AYHAN KOSE, ESWEAR PRASAD, SHANG-JIN WEI, KENNETH ROGOFF. Financial Globalization:A Reappraisal [J]. USA National Bureau of Economic Research NBER Working Paper 12484, Aug. 2006.

[2] 弗雷德里克·米什金在《下一轮伟大的全球化——金融体系与落后国家的发展》中指出:"经济发达国家的金融危机发生机制与新兴市场国家具有很大差异。例如,发达国家很少发生货币危机和金融危机的双重危机,因为其债务结构与新兴市场国家非常不同。发达国家的债务通常以本币计值,而且期限较长。当发达国家货币贬值的时候,贬值对企业资产负债表的影响非常有限,因为债务以本币计值。因此,贬值并不会引发金融危机。"

英镑和美元能够主导国际货币体系各百年的原因。

二、本币外债对宏观经济和货币金融的作用机理

在所有货币及货币资产都最终存放在其发行国银行（金融）体系内的国际货币清算规律作用下，对于发行国而言，境外持有的本币与境内持有的本币共同构成了一个封闭的循环，其跨境流动的作用机理如下。

（一）资金跨境流动层面

发生在商业金融或实体经济领域的本币对外负债行为形成的跨境资金流动，实质上是将原本存放在境内银行体系中的国际同业存款转换为本国经济主体存款。首先，我们来看信贷形态的人民币外债。以企业从境外银行借入人民币贷款为例，这些人民币贷款的资金本就通过直接存款或转存款的方式存放在境内银行体系中，体现为境内银行吸收的境外银行同业往来存款。当这些存款被用于向境内企业发放人民币贷款时，境内企业的提款行为可以直观地表现为境外银行的人民币同业往来存款资金减少（境外银行持有的人民币流动性下降），境内企业的人民币账户存款资金增加；还本付息时则方向相反。由于我国实行以"存贷比管理"为特征的"信用杠杆率"管理，计入存款基数的是企业存款而非银行同业往来存款，因此企业层面发生的这类借款会增加境内银行的企业存款，从而产生信贷扩张能力。当然，如果上述案例为境内外企业间的股东贷款且资金来自境外企业直接开立在境内的 NRA（境内非居民账户），则不影响银行的信贷扩张能力。其次，我们来看证券形态的人民币外债。境内主体境外发行人民币债券或者在境内发行后由境外投资者购买时，在资金跨境流动上体现为境外同业存款资金减少而境内发债主体存款资金增加（国债体现为财政资金增加，企业债体现为银行可用资金增加）；还本付息时方向相反。境外主体以人民币存款购买境内金融市场产品如债券、股票时，实质上是将存款类资产转换成证券类资产，是对境外流动性的收缩。

（二）涉外资产负债层面

本币外债的产生可以分为两种情况。

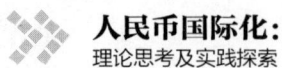

一是被动形成的本币外债，主要指经济主体在涉外经济活动中自然产生的本币对外负债。通常发生的形态为银行存款（跨境本币结算必然会产生银行的本币存款类对外负债）、企业因商务活动产生的应收暂付以及贸易融资等贸易信贷。由于是经济主体从事涉外实体经济活动自然形成的，因此，一国开放度越高、涉外经济活动越频繁，货币国际化程度越高，被动形成的本币外债就可能越多。

二是主动发生的本币外债，主要指经济主体因经济活动需要主动寻求外部资金融通而产生的本币对外负债。一般情况下，本币融资以境内银行为主导，但当存在境内外价差较大的本币市场时，可能发生境内本币融资需求从境外寻求解决的情况。这种跨境套利融资活动将最终拉平境内外两个市场的资金价格。其间所带动的资金跨境流动及形成的跨境资产负债变化，将由境内外本币利差、进出便利程度、境内宏观调控下的本币融资需求等因素决定。由此可见，本币外债中的主动发生部分成为实体经济和金融部门冲销国内货币调控并实现跨境传导的一条路径。其作用机制是：境内实行从紧的货币政策时，境内利率趋高，信贷可得程度降低，实体经济可以从境外不受调控的本币市场融得本币资金，投入生产运营，从而避开了从紧的货币政策。同时，境外本币市场因本币融资需求增加出现资金供求变化，资金价格在市场规律的作用下开始与境内趋同；反之则相反。

三、国际上对本币外债管理的通行做法

外债管理的核心是偿债能力管理。世界银行、国际货币基金组织等8个国际组织共同编写的《外债统计：编制者和使用者指南》中列示了用于评估各国外债风险的一系列监测指标，以此评估一国对外债的偿付能力。在实践中，各国也将这些指标作为本国外债风险及偿债能力管理的主要内容。解读这些指标，可以发现本外币外债管理存在着很大的不同。

（一）国家外债偿付能力管理

国家层面的外债偿付能力管理有两大类、八小项指标，分别是六项债

务稳健性指标，包括付息率（年利息支付/出口收入）、债务率1（外债余额/出口收入）、现值债务率1（外债余额现值/出口收入）、债务率2（外债余额/GDP）、现值债务率2（外债余额现值/财政收入）、偿债率（还本付息支出/出口收入），以及两项债务流动性指标（国际储备/短期债务和短期债务/全部债务）。评估一国债务稳健性的六项指标中有四项与出口挂钩，说明国际社会普遍关注一国能否通过出口获取足够的外汇来偿还外债。除少数发达国家能够用本币对外负债外，绝大多数国家从外部融入的都是外币资金（外币外债）。这也意味着对本币外债的稳健性评估主要看一国财政稳健性（债务率2和现值债务率2）。因此，对于货币发行国而言，本币外债管理应着重于本国的财政稳健性管理。

（二）公共部门外债偿付能力管理

国际社会对公共部门偿付能力的评估指标有四项，分别是公共部门偿债率（公共部门还本付息/出口收入）、公共部门债务率（公共部门债务/GDP或税收收入）、非优惠债务的平均期限以及外币债务比率（外币债务/全部债务）。这里，有两项与外币有关并突出了外币债务占比的概念。对于本币外债管理而言，重点强调的还是财务稳健性管理（与GDP或税收挂钩）。

（三）金融部门外债偿付能力管理

对金融部门偿付能力的评估指标只有三项，均与外币有关，分别是外汇敞口头寸指标（外币资产-外币负债+表外项目外币净多头，此指标通常可以通过银行监管来控制）、外币期限错配程度指标［（到期日相同的外币负债-外币资产）/外币资产］和外币总负债指标。由此可见，国际社会对一国金融部门外债偿付能力的关注侧重于外币领域，主要还是因为外币发行权不在借用外币外债的国家手中。

（四）工商部门外债偿付能力管理

工商部门通常是实体经济的代表，对其外债偿付能力的评估指标有五项，分别是杠杆率指标、利息支付/现金流指标、债务流动性指标（短期

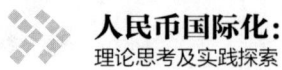

债务/全部债务,要求按全部债务和外币债务分类)、外币现金流指标(净外币现金流/全部现金流)和外币债务率指标(净外币债务/资本)。对工商部门外债偿付能力的评估指标同样表明了外债管理侧重于外币外债的风险管理。

对上述指标的解读可以发现,外债管理特别注重外币外债管理。因为外币不是本国发行的货币,需要通过对外提供货物、服务、劳务等获取,所以出口收入成为外币外债管理的一项重要监测指标。尽管国际社会也认识到,在进出口都很大的情况下,仅仅观察出口收入是不够的,还需要关注国际储备情况。但毋庸置疑的是,解决一国外币外债风险是难以依靠本币发行权的,本币外债偿付能力管理的重点在于财务稳健性和本币发行权。有鉴于此,在对本轮国际金融危机反思的过程中,G20峰会就经常账户差额占GDP的比重提出了约束性指标,并作为本币外债可持续性的监控指标。

四、关于加强人民币外债管理的政策建议

由于本外币外债在很多方面是不同的,因此以新的思路和政策框架来构建不同于外币外债的人民币外债管理模式实有必要。这既可以避免将人民币外债与外币外债混同后,造成强化人民币外债管理而削弱外币外债管理的问题,也可以突出人民币外债管理特有的内容,更多地兼顾本币跨境流动对国家宏观调控政策的影响、货币政策的跨境传导等,同时还可在本币融资领域为各类主体创造公平的环境。具体建议如下:一是构建适用于人民币外债管理的统计监测框架。我国现行的外债统计监测制度建立在外汇管理部门对外债的登记管理基础上,即寓外债登记管理于统计监测中。其隐含的逻辑是,只有获得国家外汇管理部门登记的外债才是合法的,在偿还上才能得到我国法律的保障。鉴于所有人民币资金和资产都直接或间接地存放在我国金融体系内,且人民币外债的借、用、还也不涉及外币资金的跨境流动,因此人民币外债统计监测工作可以直接通过金融体系采

集，无须通过债务人逐笔或批量外债登记的方式。二是人民币外债管理应在宏观审慎政策框架内进行。国际金融危机凸显的一个问题是，美国没有对国际化后的美元实施有效的宏观审慎管理，对于因服务国际交易需求而加大投放的美元（事实上又返回美国金融体系）没有及时吸出金融体系，反而刺激大量不良资产来饮鸩止渴地扩大消费。有鉴于此，人民币外债管理应根据被动形成还是主动发生来进行区别管理：对被动形成部分的人民币外债应加强统计监测，掌握人民币外债的结构分布情况，做好预案管理；对主动发生部分的人民币外债则应以服务境内金融宏观调控为首要原则，统筹管理境内外人民币融资。

同时，在管理上要充分发挥市场机制的作用。可考虑如下原则：一是公平原则。取消外商投资企业在外币外债管理上享有的境外融资特权，在人民币境外融资管理上实行内外资企业同等待遇。二是境内债权优先原则。明确境内企业从境外银行融入人民币应经董事会决议并经境内债权人同意，单个企业从境外融入人民币的规模与其境内融资规模应保持在一定比例内（如不超过10%）。三是风险防控原则。对境内主体的境外人民币融资实行总规模控制，总规模的设定要符合国家宏观调控目标，如境内主体境外发行人民币债券融资的规模控制等。四是支持人民币负债长期化原则。境外主体将持有的人民币存款转为人民币有价证券有利于人民币外债结构向长期化转换，因此，对于境外主体进入境内二级市场购入有价证券应持开放态度，但应通过统计监测来防范交易过度集中的风险。五是兼顾改革进程安排原则。在利率市场化改革到位之前，人民币外债借入利率应与国内信贷融资利率保持基本协调态势，如可参考 SHIBOR 定价，但不要求完全一致。

当前资本账户可兑换讨论中的三大误区

近期以来，关于资本账户可兑换的讨论甚是热烈。基本观

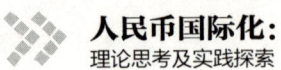

两派：一派是学术界部分知名学者为主的学院派，代表观点为当前并非我国开放资本账户可兑换的最佳时机，中国不应将就某些国内行业和国际上的诉求而贸然开放资本账户，开放资本账户可兑换对我国的总体效益不高、风险更大；另一派是部分业内研究人士为主的实务派，主张抓住当前国际金融危机造成的有利时间窗口，以服务企业"走出去"为目的，统筹协调推动实现资本账户可兑换，并构建相应的风险防范体系。以专业研究人员的角度来看，笔者认为当前关于资本账户可兑换的讨论存在一些误区，希望借此文提出一些不同的思考视野，以供商榷。

误区一：模糊资本管制与汇兑管制的概念

资本管制（capital control）是对资本跨境流动环节实施的管制，这种管制可以是对资本交易本身的管制（如对某些跨境交易实施核准制管理），也可以是对资金跨境流动的管制（如规定商业银行的跨境流动性比例管理要求）；而汇兑管制（exchange control）则是对不同货币间的兑换环节实施的管制，如对某些兑换活动实施核准制管理。一般情况下，有兑换管制的国家（主要是发展中和欠发达国家）一定有资本管制，但很多国家（主要是OECD国家）没有兑换管制也有资本管制，更有许多实现了自由汇兑的国家将资本管制纳入对金融机构的宏微观审慎管理中，通过设定不同的风险赋权和结构比例标准，来实施对跨境资本流动的管制。因为金融机构尤其是银行通常是资金跨境流动的枢纽，通过对银行表内外业务在跨境业务上的结构比例设定是可以实现对跨境资本流动规模、方向以及期限的管制的。

因此，在讨论资本账户可兑换问题时，应当对二者有清晰的定位，才不至于混淆有关讨论。实现资本账户可兑换并不等于放弃资本管制是有事实依据并具有可操作性的。

从我国的情况来看，既存在着资本管制也存在着汇兑管制。同时，由于我国超过85%的跨境资金流动以他国货币进行，我国对本外币汇兑行为的管制很大程度上起到了资本管制的作用。2009年7月启动跨境贸易人民币结算试点以来，以人民币计价结算的跨境交易稳步上升，由此出现了一个无兑换环节的人民币跨境资本流动的现象，为我们理解汇兑管制和资本管制提供了一个很好的实例，同时也为实现资本账户可兑换提供了一个备选路径，即以本币主导的无兑换环节的资本账户开放路径，并同时维持对外币资本跨境流动一定程度的可兑换管制。

误区二：不分本外币笼统讨论资本跨境流动问题

一直以来，我国的涉外经济活动都以他国货币进行结算，因此造成了大规模的外币跨境流动。这些跨境流动的外币在流入国内时需要兑换成人民币，在流出国门时又需要兑换成外币。这种频繁的兑换活动一方面加大了我国货币金融领域流动性的波动，另一方面也将我国的外汇储备与涉外经济活动直接挂钩。

从国际收支平衡表的分类和编制方法来看，外币资本跨境的初始大多作用于我国国际收支平衡表的"其他投资—资产—货币与存款"上，后续才可能转入直接投资或证券投资类资产。也就是说，因国际货币清算规律①的作用，我国初始持有的所有外币都以"货币与存款"的形式直接或间接存放在该外币的发行国银行体系中。以美元计价结算的货物贸易出口和外债借用还为例，我国出口收到的美元，如果企业选择持有，则体现为境内银行吸收的企业美元存款增加—境内银行存放境外同业美元存款增加，最终结果的宏观表现为国际收支平衡表中的"其他投资—资产—货币与存款"增加；如果企业选择卖给银行，银行选择持有或出售给市场（他行或央行买进），则体现为境内银行存放境外同业美元存款增加（银行选择持有或出售给他行），最终宏观表现为国际收支平衡表中的"其他投

---

① 国际货币清算遵循三大规律：一是所有货币都最终存放在发行国银行体系内，除了被携带出境并被窖藏的现钞；二是所有货币都通过其发行国银行体系完成最终清算，包括境外的二级清算；三是所有国际清算与国内清算一样，都通过银行账户间的借贷记动作完成。

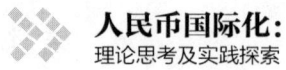

资—资产—货币与存款"增加,或者国际收支平衡表中"储备资产"增加(央行买进时)。就美元外债而言,企业借用美元外债,最初体现在国际收支平衡表中为"其他投资—负债—获得外国贷款",但企业提用该笔贷款存入境内银行备用时,即转为该境内银行吸收的美元存款,并导致其存放境外同业美元存款增加,最终在国际收支平衡表中的"其他投资—资产"方的"货币与存款"增加;企业动用该笔借款用于对外支付时,我国银行存放境外同业美元存款下降,国际收支平衡表中"其他投资—资产—货币与存款"下降;企业归还外债时,也体现为企业层面"其他投资—负债—偿还外国贷款"和境内银行吸收的美元存款下降以及存放境外同业美元存款下降,最终在国际收支平衡表中的"其他投资—资产—货币与存款"的下降。

如果上述涉外经济活动以人民币计价结算,则情形完全不同。同样在国际货币清算规律的作用下,所有人民币包括境外人民币都最终存放在我国境内银行体系中,并以我国银行账户间的借贷记动作在我国完成最终结算。因此,以人民币计价结算的所有经济活动的最终作用点在我国国际收支平衡表中的"其他投资—负债—货币与存款"上,后续可能转为直接投资或证券投资类负债。仍以上述实案为例,企业出口收人民币时,体现为境内结算银行吸收的境内企业存款增加,境内代理银行吸收的境外同业人民币存款下降,反映在国际收支平衡表中则表现为"其他投资—负债—货币与存款"下降;企业借用境外人民币贷款时,表现为企业层面"其他投资—负债—获得外国贷款"的增加,但同时对应反映到境内代理银行吸收的境外同业人民币存款下降,并最终反映到国际收支平衡表中的"其他投资—负债—货币与存款"下降;企业归还境外人民币贷款时,则体现在国际收支平衡表中上述栏目的增加。

由此可见,从国家整体层面上来认识,本币资本跨境流动属于负债变动,而外币资本跨境流动则属于资产变动。这就是本国货币国际化所带来的最大区别。因此,在讨论资本账户可兑换以及资本账户开放时,需要厘清以外币主导还是以本币主导，弄清细节对于讨论观点的形成和结果非常重要。

误区三：混用资本账户可兑换与资本账户开放

在编制国际收支平衡表①时，我国通常将居民与非居民间的交易归入三大类，即经常账户、资本账户和金融账户。经常账户中包括四小类，分别是货物贸易、服务贸易、收益及经常转移；资本账户包括两小类，分别是资本转移以及非生产、非金融资产的收买与放弃；金融账户则包括三小类，分别是直接投资、证券投资以及其他投资。人们通常所称的资本账户或资本账户实质上是指金融账户部分。如果我们观察金融全球化的路径，不难发现，金融全球化就是以金融账户中的三小类为路径来推进的。从全球资本流动方向来看，金融全球化的推进无论以何种形式的投资发生，初始资本流动均发生在从资本富余国家向资本匮乏国家的流动上。此时，对于资本富余国家（主要为发达国家）来说，它们的诉求是资本账户可兑换，因为它们会拿自己的本国货币资本来投资，可兑换意味着对其本币投资提供了结算便利和回收便利，不可兑换则风险过大，可能降低收益。而发展中及欠发达国家，则需要通过对资本可兑换的限制来保护本国经济免受外币资本大进大出带来的双重冲击（兑换对汇率的冲击以及进出对本国流动性的冲击），维持兑换管制成为必要的风险防控手段。这是发展中国家自身货币不具备国际清偿能力下的一种无奈选择，也是不合理的国际货币金融体制强加给发展中国家的外部环境使然，因此才会有"没有一个发展中国家的金融开放是成功的"这句谶语。因为，没有一个发展中国家能够以本币来实现金融开放，也就是我们通常所说的资本账户的开放。

在此基础上来理解资本账户可兑换和资本账户开放，我们还是可以发现有些许区别。笔者以为，就我国现时的情况而言，资本账户可兑换是指

---

① 此处引用《国际收支手册》（第五版）的分类。

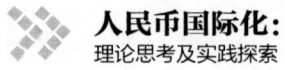

外币主导国际收支情况下的资本账户开放。当一个国家或经济体的国际收支主要以他国货币发生时,需要通过可兑换安排来实现资本账户的开放,而此时的资本账户开放度与资本账户的可兑换程度是高度挂钩的,越开放风险越大,因为外币资本的大量进出需要通过兑换来进出本国市场,除非是本国经济运行外币化。换个角度来思考这个问题,我们或许可以给本币以更大的空间,通过提升本币在国际收支币种结构中的占比来实现本币主导的资本账户的开放。此时外国资本进出我国以人民币发生,整个过程就是将持有的人民币存款转换为各种人民币计价的金融资产或者这些金融资产转换为人民币存款而已;人民币本来就是我国发行的货币,在国际货币清算规则的作用下又都存放在我国,我国金融市场的深度和广度决定了我国资本账户开放中的风险吸纳能力。从统计分类角度来看,资本账户的开放也就是我国的 M_1,M_2,…,M_n 中将有部分被境外持有而已,有资产价格风险而无币种错配风险。事实上,人民币国际化进程启动以来,在上述统计指标中就已经存在境外因素了。

此外,关于开放中的风险问题,是一个围绕资本账户可兑换讨论中触及最多的议题,恐怕也是当前决策层最费周章的问题。笔者以为,学院派观点中有一点值得考虑,就是开放的路径。开放的路径决定了风险的状况,所谓"细节决定成败"。在此,笔者提出以下观点供讨论:当前应大力推进人民币跨境使用,取消一切影响实体经济使用人民币开展跨境经济活动的显性和隐性桎梏,大幅度提升人民币在国际收支币种结构中的比例;同时,面向境外人民币开放投资境内金融市场,并以此作为资本账户开放的主要路径安排。如此,从风险程度来看,企业层面得以用本币结算其跨境经济活动,避免汇兑损益风险和资产负债存续期间的币种敞口风险。从金融角度来看,立足本币的金融市场开放以及金融机构的国际化经营,将形成我国的人民币对外负债和人民币境外债权,降低市场运行和机构经营中的币种错配风险,并同时扩大国际市场份额;且由于有货币发行权做保证,人民币对外负债的风险管理可以集中在财政稳健领域和宏观金融审慎领域，而无须通过对实体经济活动的限制来进行，真正实现货币金融服务实体经济、为实体经济提供便利的目的。从国家角度来看，外汇储备得以脱钩规模庞大的涉外实体经济活动，资产管理可以更加专业化、精细化；人民币获得了国际清偿能力，对金融全球化的参与由"他国货币主导的客场"转为"本国货币主导的主场"，宏观币种错配问题得以解决。届时，再来考虑对外币跨境流动中资本账户可兑换的全面放开，不失为稳妥之举。这是因为，客观上，随着境外持有人民币的增多，兑换活动将大量地发生在境外而非境内，如同当今的美元。

可兑换对人民币汇率形成机制的影响

人民币汇率形成机制改革以及人民币资本账户可兑换改革一直以来是我国金融改革开放的两大主要议题。自2014年以来，人民币资本账户可兑换在自贸试验区及全国多个地方均有新的尝试，中国资本账户的大门正在悄然打开中。随着人民币资本账户可兑换和我国资本及金融市场的开放，人民币汇率形成机制将出现新的变化，也为我国外汇市场的发展提供了重新定位的契机。

一、可兑换货币与货币汇率形成机制

从可兑换角度来对国家信用货币归类，国际上的货币大致可以归为四类：第一类是全球范围内可自由使用的货币，第二类是区域范围内可兑换的货币，第三类是发行国境内可兑换的货币，第四类是不可兑换的货币。就汇率形成机制而言，货币汇率的形成机制至少包含以下三个要素：汇率生成的市场、市场供求关系的决定以及央行汇率政策的定位。

再从汇率形成机制角度来观察这四类货币，可以发现：第一类即全球范围内可自由使用的货币，其汇率生成的市场通常是 7×24 小时顺时区交替接力交易的全球市场。在这个全天候的市场上，供求关系基本由国际市

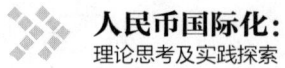

场决定。货币发行国的央行可以根据自身的汇率政策目标在本时区市场上通过吞吐本币（影响本币供应量和价格）的方式进行汇率干预，或跨时区联合他国央行通过货币掉期（海外注入流动性）的方式进行联合干预（如美国、德国、日本三国在20世纪80年代的汇率干预）。第二类即区域范围内可兑换的货币，其汇率生成的市场主要是其时区所在的区域性多国市场，如东南亚诸国货币之于东南亚金融市场。供求关系大致由本国和区域市场决定，但货币发行国为保持其货币汇率在目标范围内，会通过对本币境外可获得性的控制来管理外部对其货币的冲击能力（通常发起货币冲击的前提是要能够获得该货币的融资，然后再配以"囤多做空"的结构化市场布局），以达到汇率政策的目标，如新加坡金融管理局规定新加坡本土银行向境外提供新加坡元融资的数额不得超过500万新加坡元；香港金融管理局在货币局制度下设定港元的汇率波动范围目标，接近上下限时就出手干预等。第三类即发行国境内可兑换的货币，其汇率生成的市场在发行国境内，供求关系仅由本国涉外经济实需驱动，央行汇率政策的目标与实体经济的涉外程度密切相关，如东南亚金融危机后马来西亚明确规定，在马来西亚以外不能对林吉特进行报价，只有在马来西亚的境内持牌银行才能办理与林吉特相关的外汇业务。第四类即不可兑换货币，其货币职能范围仅限在发行国境内，跨境收支领域全部采用他国货币发生，国内主体不得持有外汇，货币的汇率水平完全由央行或国家根据政策取向制定。

我国人民币汇率形成的市场是1994年设立的有组织的境内外汇市场（中国外汇交易中心）。在外汇指定银行的结售汇管理体制下，市场供求由涉外经济活动形成的实需驱动。即便在跨境贸易人民币结算启动后，也明确规定了境外清算行或境内代理银行为境外参加银行提供的人民币购售服务必须基于三个月内对中国大陆的贸易结算。央行作为境内人民币外汇市场的参与者，通过直接参与市场交易来影响人民币汇率的水平。从这些角度来判断，人民币属于境内部分可兑换货币，其汇率为实需驱动型汇率。2013年我国货物和服务贸易量为4.6万亿美元，而银行代客结售汇总金额为 3.3 万亿美元，银行间外汇市场即期交易额为 4.1 万亿美元，就是一个很好的例证。

二、可兑换路径选择对汇率形成机制的影响

观察国际金融市场的发展和各国实现可兑换的历史，不难发现可兑换通常有两条路径：一条是准许本币在本国市场上的可兑换也即境内可兑换，另一条则是推动本币在国际市场上的可兑换也即境外可兑换。简单定义一下，境内可兑换是指在货币发行国境内实现本币与外币的可兑换，因此也可说是货币非国际化路径下的可兑换；境外可兑换是指在货币发行国境外实现本币与外币的可兑换，也就是货币国际化路径下的可兑换。大部分发展中国家受制于国际货币制度的安排和本国经济金融实力与货币的实际情况都选择（或只能选择）第一条路径，英美等发达国家则选择第二条路径。我国也一直沿着第一条路径在推进人民币的境内可兑换，但自 2009 年年中开始的人民币跨境结算开启了人民币国际化进程，因此我国的可兑换已经处在第一条路径向第二条路径的接轨中。路径不同，对人民币汇率形成机制的影响也不同。

货币非国际化的境内可兑换路径对本国货币的汇率形成有以下影响：一是影响其形成的市场基础。通过准入管理来实现对市场交易商和产品服务创新的管理可以形成对交易渠道的约束，通过规定必须进入指定市场平盘交易可以实现本币外汇交易市场约束在境内运行（禁止或限制本币国际化的有效手段）。二是影响其形成的市场供求关系。境内可兑换意味着本外币兑换活动都在境内市场上完成，国际收支的币种结构中外币将占据主要或全部份额。通过规定本外币兑换的规模、种类和方法可以实现对境内市场供求数量和产品工具的约束。三是影响境内外汇市场的运行模式。境内可兑换意味着实体经济跨境收支以外币进行，外币跨境收支后境内需要管理外币汇率风险。在实际操作上，实体经济跨境收付外汇，通过向境内商业银行办理结售汇，把跨境收支中的外币风险管理转移到商业银行，商

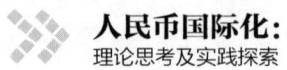

业银行作为风险中性的经营主体,背对背地把外币汇率风险平盘管理给市场就是最佳选择。由于都是境内主体在管理外币汇率风险,需求是同质的,因此境内本币外汇市场需求"一边倒"的现象成为常态,为了维持本币汇率水平的相对稳定,央行需要出面来做市场的出清者(成为最终的外汇风险管理者),由此也造成了"实体经济—商业银行—央行"的汇率风险短链管理模式,而央行最终也是通过"投放本币/管理外汇"的经典分拆方式在国际市场上管理外汇风险(外汇储备的运作管理)。四是影响央行的调控手段。本外币兑换都在境内市场完成的情况下,本币汇率的市场决定因素偏内,利率的市场决定因素则偏境外,因为央行需要对本外币兑换结果进行被动的对冲操作。

货币国际化的境外可兑换路径对本国货币汇率形成的影响也可以从以下几方面分析:一是本币的汇率形成市场中会有境内和境外市场的双重因素。货币境外可兑换意味着本币被广泛地用于国际收支,从而使本币得以流出国境走向国际,并在国际市场上与其他外币实现可兑换。这种情况下,境外市场上就会出现本币的汇率,与境内外汇市场形成的汇率互相作用后形成一个境内外市场共用的汇率。二是市场供求关系方面,本币在国际市场上的供给由货币发行国决定,而货币间的兑换在境内和国际市场上完成。汇率是两种货币的比价,所以国际市场上对本币的需求是另一个影响汇率形成基础的因素。这一来自国际市场对本币的需求在很大程度上是受本币资产综合收益率和风险偏好程度的影响而非简单地实需驱动。国际市场上外汇交易量与国际货物贸易量的背离就是一个典型的例证。三是市场交易规模方面,境外可兑换意味着本国的国际收支以本币为主,本币跨境收支后境外需要管理本币的外汇风险,这就构成了境外对本币汇率风险的长链管理,即境外实体经济—境外商业银行(背对背平盘/避险工具类,或分拆到各自货币市场管理)—其他境外金融机构(背对背平盘/避险类工具,或分拆到各自货币市场管理),如果境内市场对境外开放,则背对背平盘管理本币汇率风险的需求会引入境内市场,与境内市场管理外汇风险的需求碰头，形成有益的供给关系。如果境内市场不对外开放，则继续着境外背对背平盘/避险类工具的风险管理链，最终通过分拆到各自货币市场上完成对风险的管理。这也是境外外汇市场交易规模远超实体经济国际贸易和商务投资规模的原因。四是央行货币政策方面的影响。货币境外可兑换使发行国的国际收支以本币为主进行，境外可兑换的程度取决于国际上对本币的接受。接受程度越高，发行国国际收支的本币化程度越高，本币在跨境资本流动中的份额越高，此时境外本币外汇市场越活跃，汇率的市场决定因素偏境外，利率的市场决定因素则偏境内，央行货币政策的独立性增强。这也从另一个角度印证了知名的"三元悖论"理论，只是这里的资本自由流动是以本币进行的，而非以外币进行。

三、可兑换对人民币汇率形成机制的潜在影响

在人民币已经启动国际化进程且达到一定程度的当下来看可兑换问题，可以发现人民币境内可兑换和境外可兑换已处于接轨过程中。对于可兑换后的人民币汇率形成机制，我们可以做以下预判。

（一）境内实需驱动与境外套期保值驱动将共同构成人民币汇率的市场供求

推动人民币国际化就是要让我国的经济主体能够以本币来结算涉外商务经贸活动。随着人民币国际化程度的提高，我国国际收支币种结构中人民币的份额会不断上升，外币份额会持续下降，此时境内人民币外汇市场因我国经济主体增加人民币的跨境使用、减少外汇的跨境使用而呈现交易量逐步萎缩的格局。然而，我国主体通过运用人民币计价结算涉外商务经贸活动得以消除外币敞口和汇率风险的同时，境外主体则因使用了人民币计价结算而面临人民币敞口及汇率风险，他们需要对人民币敞口和汇率风险进行套期保值以对冲风险。因此，境外人民币外汇市场将在此类需求的驱动下日趋增长，而境外实体经济的套期保值需求将推动境外金融市场的二级套期保值需求，由此造成外汇交易量以一定的乘数形式超过实际的跨

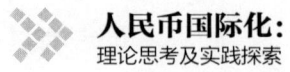

境贸易量。这一点,我们可以从全球外汇交易量远超国际贸易量上得到印证。世界贸易组织相关统计显示,2013年全球贸易量35万亿美元(包括商品和服务),而国际清算银行的抽样调查显示,2013年全球日均外汇交易量达到了13万亿美元,若按年计,年度外汇交易量是全球贸易量的90多倍。就人民币而言,目前香港等地的离岸人民币外汇交易量已远超我国以人民币结算的跨境贸易及投资量。由此可以预见,人民币可兑换后,以境内实需驱动而形成的人民币外汇市场将无法在交易量上超越以境外套期保值驱动而形成的人民币外汇市场的交易量,人民币汇率形成机制的市场供求基础将迎来巨大的变化。

(二)人民币外汇市场将由境外无形市场与境内有组织市场共同构成

这一现象可以从全球外汇交易市场 7×24 小时环地球时区存在的地理布局上得到很好的印证。国际清算银行的抽样调查数据显示,美元、日元等国际货币外汇交易量的约80%发生在货币发行国以外的国家和地区。2013年,美元外汇交易量占全球外汇交易量的87%,但美国市场的外汇交易量仅占全球外汇交易量的18.9%。日元外汇交易量占全球外汇交易量的23%,日本市场的外汇交易量仅占全球外汇交易量的5.6%。2013年我国货物和服务贸易量为4.6万亿美元,而银行代客结售汇总金额为3.3万亿美元,日均交易137亿美元。银行间外汇市场人民币外汇交易总规模为7.5万亿美元,日均交易315.4亿美元,其中即期交易额日均为171.2亿美元,仅占国际外汇市场日均即期交易量的1.5%。国际清算银行的数据显示,2013年人民币全球外汇市场交易份额仅为2.2%,境内外汇市场交易占全球份额仅为0.7%。相比我国的经济体量和贸易规模,目前的全球人民币外汇交易以及境内外汇市场的交易量还有很大的发展空间。这为我们思考可兑换以后的人民币汇率形成机制带来了很好的启迪。

(三)人民币外汇交易的全球统一市场影响汇率走势

目前人民币汇率存在多个交易市场,境外交易主要集中在与境内市场同一时区的中国香港、新加坡等地。2013年，人民币外汇市场日均交易量占比中，境内占22.7%，中国香港占33.5%，新加坡占16.2%，英国占16.5%。

在资本账户尚未开放的前提下，境外人民币市场与境内人民币市场利率和汇率形成机制存在差异，还存在境内市场与离岸市场的联动发展关系。资本账户可兑换后人民币价格将由市场交易形成，由在岸和离岸市场共同决定。由于境外无形市场全天候运行以及享有充分的自由度，其形成的汇率属于市场均衡汇率。可以预见，未来的人民币汇率水平不仅仅取决于我国的实际需求，更多地反映为境内外资金供求均衡。长期来看，对于自由浮动的汇率，政府可以通过货币政策引导，可以在特殊情况下进行非常态化干预，但无法最终决定价格水平。市场自由交易下形成的价格最接近均衡价格，相对来讲也最为稳定。

尽管人民币价格将由境内外市场共同决定，但主导权仍在交易量更大、活跃程度更好、流动性更好的市场。这一点"在时区市场"和"不在时区市场"会有很大的差异，我们也可以从美元外汇交易在亚洲时区淡静、在欧洲尤其是欧美同开的时区市场更活跃的现象中得到印证。在资本账户开放初期，由于离岸市场人民币资金池较小，只要境内市场达到一定活跃程度，人民币价格仍主要由境内市场引导。但目前离岸市场的交易规模已大幅超过在岸市场，也已形成了区别于在岸市场的基准汇率和利率，这些都会影响在岸市场在人民币交易上的定价基准。数据表明，人民币离岸价格已经开始影响境内人民币外汇价格，并且境内外两个价格的相关性正在逐步加大，这些都说明人民币外汇定价基础已在一定程度上转移到离岸市场。未来，随着资本账户可兑换的推进、欧美等离岸人民币市场的兴起，离岸市场的交易量将进一步增长，欧美交易时段离岸人民币市场的走势也会影响次日在岸市场价格，如延续现有境内人民币外汇市场的建设与发展格局，则在岸市场人民币汇率定价影响力可能会下降。图1显示央行退出干预后的境内市场中间价、市场即期价和香港市场人民币汇率即期价。

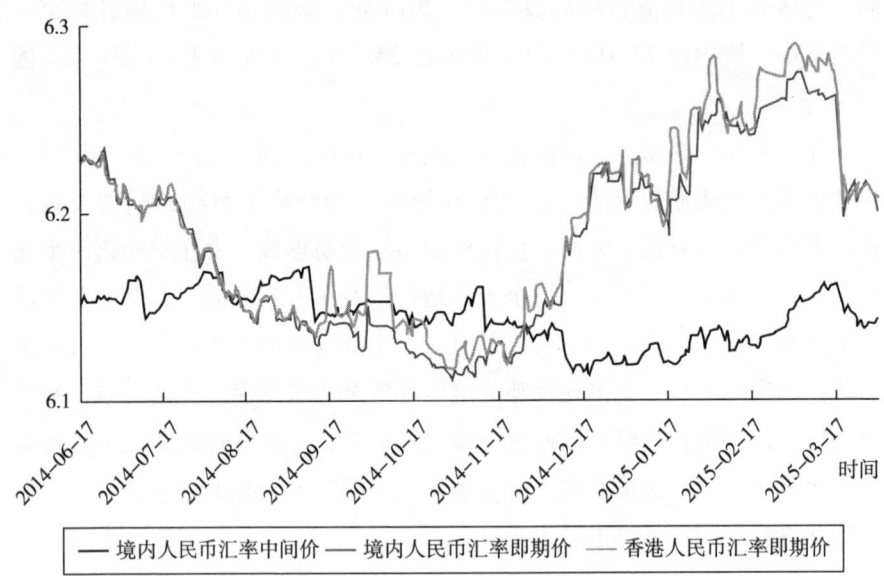

图1 央行退出干预后的境内市场中间价、市场即期价和香港市场人民币汇率即期价

四、可兑换后人民币外汇市场交易量预测及汇率走势预判

(一) 参照国际货币权重对人民币外汇市场交易量的预测

2013年外汇市场日均交易量占比中，按货币分类，美元占87.0%[①]，欧元占33.4%，日元占23.0%，英镑占11.8%，人民币占2.2%；按国别和地区分类，英国占40.9%，美国占18.9%，新加坡占5.7%，日本占5.6%，中国香港占4.1%，中国境内占0.7%。假定人民币资本账户可兑换后，人民币参照英镑在国际货币中的角色，境内外汇市场发展程度参照日本，即假定人民币全球外汇市场日均交易量可能从现在的2.2%上升至11.8%，人民币境内外汇市场日均交易量可能从现在的0.7%上升至

---

① 由于每笔外汇交易涉及两种货币，各货币日均外汇交易量占比合计为200%。

5.6%。1998年至今，全球外汇市场交易量平均增速约为30%（参照BIS统计数据计算每三年平均增速），则可以预估人民币全球外汇市场日均交易量可能上升至8200亿美元的规模，人民币境内外汇市场日均交易量可能上升至4800亿美元的规模，是现有境内人民币外汇市场日均交易的15倍。

（二）基于可兑换后资本市场开放对跨境资金流动的预测

根据一些研究机构近期的研究报告，在目前资本账户管制条件下，中国在全球资产配置中的占比仅为0.01%，中国在全球股票基准中的占比仅为2%。资本账户可兑换后，占比将提升至5%，全球资本可能会通过QFII、RQFII和沪港通等渠道流入1.5万亿美元的资产（目前约770亿美元）。如果国内基金行业也相应对外开放（基金互认），可能会有超过3万亿美元的增量资金流入。此外，我国将重新评估A股加入明晟指数体系（MSCI）的可行性。据明晟估算，全球共有1.5万亿美元的资金跟踪MSCI新兴市场指数。A股加入MSCI新兴市场指数对MSCI全球、新兴市场及亚太指数都会造成一定程度的影响，这三个指数涵盖大约3.4万亿美元资金，所有追踪上述指数的被动型基金需要根据相应的权重比例配置到A股市场，同时以MSCI指数为基准的主动型基金也会将A股纳入考虑配置的范围内。如果把A股按照5%的比例纳入指数，所造成的流动性和需求可能高达120亿美元；如果A股完全加入MSCI指数体系，可能达到2400亿美元，折合人民币逾万亿元。

（三）可兑换后人民币汇率波动趋势预判

根据以上对可兑换后跨境资金流动的预测来看，人民币实现可兑换后因大量资本及金融交易的增多，跨境资金流量会增大；又由于这些增量资金主要是进出各类金融市场进行投资，所以流动的频率会提高，这主要与金融市场的交易波动性有关。这些资金行为与原先我国涉外贸易直接投资引发的资金流动行为是不一样的。国别经验显示，资本账户可兑换后，资本和金融项下的短期跨境资金流动规模将呈显著放大趋势，随着资本账户

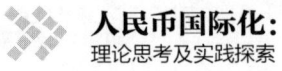 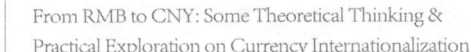

可兑换后人民币国际化进程的深入推进，我国的跨境资金流动将会不断活跃并呈现出较大的波动性。在这一过程中，包括人民币汇率在内的金融市场价格将受到影响，波动性将显著提高。

2014年3月17日起，银行间即期外汇市场人民币兑美元交易价浮动幅度由1%扩大至2%，即每日银行间即期外汇市场人民币兑美元的交易价可在中国外汇交易中心对外公布的当日人民币兑美元中间价上下2%的幅度内浮动，人民币波动区间进一步放宽。但是，从市场真实交易的结果来看，人民币的波动程度相较主要国际货币仍然偏弱。2014年3月17日至2015年3月31日，在岸人民币日内波动幅度①均值水平为0.16%，同期人民币离岸市场、欧元、日元和美元指数分别为0.23%、0.74%、0.72%和0.58%。即使和离岸人民币市场相比，在岸人民币汇率的波动幅度也有将近50%的程度差距，而且在岸与离岸市场之间存在的种种联动可能弱化了离岸人民币汇率的波动程度。

从名义有效汇率波动看，人民币与美元的相关程度一直较高，汇率波动相关系数约为79%，而日元与美元仅为0.15，英镑与美元仅为0.08。剔除美元指数的波动影响后，人民币名义有效汇率波动的平均率为0.47，欧元、英镑及日元等货币分别是人民币波动的3~5倍。人民币资本账户可兑换，伴随交易限制的减少和交易效率的提高，一个必然出现的结果是人民币汇率的波动程度将会明显加大，并逐步向成熟货币的波动水平靠拢。参照主要国际货币的波动幅度，未来资本账户可兑换后，参照现有中间价趋势，人民币汇率的波动幅度可能至少扩大至6%~10%。

至于对可兑换后的人民币汇率走势的判断，由于可兑换主要是国内资本和金融市场的对外开放，所以开放初期带来的资本流动更多地体现在向内流入方面（国际资本对本币资产的配置驱动），然后才是国内对国际投资的启动（开放初期，由于国内主体对国际市场的不熟悉以及本土市场偏

---

① 日内波动幅度=（当日最高价-当日最低价）/前一交易日收盘价。

向)。因此,人民币汇率在可兑换实现的初期将体现为升值趋势。这一点我们可以从日本签署广场协议后,日元一路走升的情形得到印证。

五、对策与建议

(一)充分认识人民币资本账户全面可兑换对汇率的影响

资本账户可兑换是很多发展中国家难以逾越的鸿沟,很多发展中国家都是在经济发展良好的阶段推进资本账户可兑换的,但大多未能逃脱"没有一个发展中国家的金融开放是成功的"这一魔咒,而风险的爆发点就是本币汇率的急剧下跌。人民币资本账户全面可兑换究竟会有多大的风险是无法预知的,但原先以"渐进、可控"模式逐项推进资本账户可兑换并已到了85%的程度,在走入通向100%全面可兑换的"最后一里路"时,可能会引爆已经被认为是基本可兑换或部分可兑换的项目的潜在风险,也可能会在完成"最后一里路"的过程中将各项目的叠加风险引爆。因此,我们需要有一个"试验田"来进行相关的压力测试。这是不可能在现有可兑换框架下来完成的,因为"逐项可兑换的加总并不是简单地等于全面可兑换"。

(二)科学厘清资本账户开放与资本账户可兑换及其风险

一国资本及金融账户的对外开放是指在岸市场的对外开放,既包括进来投资的开放(资金流入),也包括进来融资的开放(资金流出),既包括一级市场的开放,也包括二级市场的开放,但毫无疑问这些市场的开放都是本币市场的开放。外币需要兑换成本币后才能进入这些市场,如QFII政策。当境外对境内这些市场的投资退出时,也是以人民币卖出并结算,然后才是将人民币汇出境外或兑换成其需要的货币汇出境外,即所谓"与投资相关的资金自由与无延误地进出"。因此,境内各类人民币资本市场的开放属于无兑换环节的本币市场的开放,是资本及金融账户本身的开放,如RQFII,不涉及资本账户的可兑换问题,风险较小且更为可控。人民币外汇市场的开放则属于兑换环节的开放。该市场目前只对境内开放

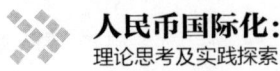

From RMB to CNY: Some Theoretical Thinking & Practical Exploration on Currency Internationalization

(只支持境内可兑换),而基本未对外开放(以支持境外可兑换)。这一市场的对外开放既意味着人民币资本账户可兑换的开放,也意味着人民币外汇市场的对外开放,境外机构将带入全球人民币外汇风险对冲管理的需求。这将是我国从未正面交锋过的人民币资本账户可兑换带来的风险。正因为如此,才需要我们在自贸试验区框架下创造条件进行必要的先行先试,避免直接开放引入的巨大风险。

(三)以上海自贸试验区为框架控制全面可兑换试点风险

在上海自贸试验区金融改革开放框架下,人民银行创造性地推出了分账核算管理的自由贸易账户。这是一套与现有人民币和外汇账户不同的账户体系,既体现了金融服务实体经济层面的全面开放,又通过建立金融层面"电子围网"式的风险隔离"防火墙"机制,为人民币资本账户可兑换的全面试点营造了环境条件。在这一框架下,资本账户开放和资本账户可兑换可以分成两步走。第一步是先试点基于本币的资本及金融市场对外开放,以支持无兑换环节下的人民币国际化加快发展,以期通过本币金融市场的开放来推动人民币的跨境使用和国际交易。境外外币资金将在通过自由贸易账户结算时被转换成人民币后参与在岸人民币市场的相关交易,自由贸易账户在金融机构层面的分账核算管理将外币拦在了区内和境外市场上,这既符合我国《外汇管理条例》中对境内禁止外币流通和计价结算的规定,又为境内在岸市场的对外开放支持人民币国际持有和使用创造了条件,更为境内市场赢得了通过开放环境下的运行来探索积累各自风险管理经验的机会和空间。第二步是试点基于人民币国际化境外可兑换环境下的境内人民币外汇市场的对外开放。这既是支持人民币走向国际的必要安排,也是我国做大在岸人民币外汇市场从而把握人民币汇率形成机制的关键。我国是人民币发行国,掌握着人民币的发行量和存款准备金、公开市场操作、再贴现、再贷款以及利率等各项调控工具,全球人民币都最终存放在我国的银行体系内,人民币金融市场主要在境内。我国所在的时区市场是人民币流动性最好的市场,因此充分把握时区市场的优势,引导人民币外汇走势是可兑换后必须要面对的挑战，通过在岸市场对外开放可以把人民币流动性输送渠道建立起来，管控好这些渠道和借助这些渠道的人民币流量及流向是可兑换后人民币汇率形成机制管理的核心任务。此外，人民币跨境支付系统建成后的延时运行还将有助于我国管理非时区市场上的人民币流动性，借此影响非时区市场人民币汇率（将对次日在岸市场汇率有传导作用）的决定。

（四）遵循市场原则，加快推进我国人民币外汇市场建设

1994年建立中国外汇交易中心以来，我国的人民币外汇市场一直在银行结售汇体系下运行。有管理的人民币汇率既体现在人民币外汇市场的准入（参与者和交易产品须获得行政机关的认可）安排上，也体现在银行结售汇管理规则上（实需驱动及汇率挂牌规定），还体现在央行对汇率的干预上。这种政策安排无疑将我国经济金融对外开放过程的市场风险管理行政化，即所有涉外开放风险都放在政府行政层面进行管理，通过行政的"双Q"制（资质和额度）来管理开放风险，而在微观层面的金融市场、金融机构和实体经济则处于把开放风险交给政府、依赖政府行政手段管理涉外风险的状态。在推进人民币资本账户全面可兑换的过程中，要先把市场准入的决定权从行政机关下放给市场组织者，由市场组织者从建设有效市场的角度来做好市场相关工作，既包括对内开放，也包括对外开放；既包括参与者开放，也包括产品创新和市场服务开放；既包括加快建立开放条件下的市场运营管理机制，也包括建立与开放运行相适应的风险管理机制，这些都可以利用试验区相对隔离的市场环境来先行先试，以为全国实现全面可兑换做好准备。

（五）为衔接人民币外汇环球7×24小时跨时区市场做准备

7×24小时环球交易市场的存在意味着人民币真正成为可自由使用货币的开始。目前人民银行已经通过海外人民币清算行的安排和相关双边本币互换协议，为这一目标的实现创造了基础，但如何利用人民币"在时区"的市场优势，做强、做深、做大在岸市场则是一篇大文章。在做大人

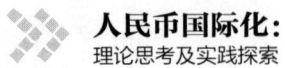
From RMB to CNY: Some Theoretical Thinking & Practical Exploration on Currency Internationalization

民币国际化（意味着境内人民币外汇兑换量的下降和风险对冲管理需求的下降）、境外人民币汇率风险管理需求上升的情况下，向境外机构开放在岸市场也是应有之举。通过做好人民币的货币主场优势（我国掌控货币供应量和各类货币调控工具以及人民币计价的金融资产市场等）吸纳境外需求，我国人民币外汇市场才能执全球市场之牛耳，才能在人民币汇率的市场形成机制中发挥主导作用。这中间央行的跨市场、跨币种调控能力建设非常关键，应该从货币政策工具和市场空间上做足文章。

构建跨境资金流动宏观审慎管理政策框架[①]

改革开放以来，我国一直在逐步逐项地推进人民币资本账户的可兑换进程。据评估，当前我国已经实现了七大类40子项资本账户交易中85%的基本可兑换。在人民银行发布的金融支持上海自贸试验区建设的30条意见中，明确提出要创新有利于风险管理的账户体系来探索投融资汇兑便利化改革。其中的境内资本市场开放、个人跨境投资、跨境融资、金融风险对冲管理等都是我国人民币资本账户可兑换改革推进中难度最高、风险较大的部分，也是可兑换改革进程中"最后一里路"的内容。从85%的基本可兑换到100%的全面可兑换，资本账户可兑换最终的实现路径设计要基于对可兑换后跨境资金流动的情况判断，要从有利于国家抵御外部冲击风险的角度着手，要从人民币走向国际的高度着眼。上海自贸试验区内的金融改革开放还要与上海国际金融中心建设互相联动，使各项改革既能释放制度红利来推动金融支持实体经济的发展，又能通过压力测试来探索建立新形势下的跨境资金流动风险防控机制。

---

① 标题有改动。

一、资本及金融开放下的跨境资金流动特点和风险

资本账户可兑换的全部实现也意味着我国资本及金融账户的开放。应运实体经济跨境贸易投资活动的需求,提高资金结算效率、加快资金结算速度是跨境金融服务的必然之举。在这样的背景下,跨境资金流动面临的新特点主要体现在:一是跨国经营企业集团内跨境资金集合管理以及跨境电子商务等新业务的开展,使得资金流动复杂性增大,流动形式趋于多样化;二是资本及金融市场活动的双向开放,使得资金跨境流动呈现大进大出、快进快出的特性;三是跨境投融资渠道的打开使得跨境"双套利"(汇差和利差)更趋活跃;四是外币进出导致的货币错配以及相应的对冲管理使得跨境资金流动与实际的跨境权责债务关系存在倍增倍减的杠杆效应。

从风险角度来看,主要是资本账户中大部分中低风险的项目已经实现基本可兑换,但开放风险的管理尚留在国家行政层面,即国家行政管理部门是通过"双Q"制[资质(qualification)和额度(quota)]来行使资本账户可兑换的风险管理,而金融层面和实体经济层面尚未建立起金融开放运行下的风险管理意识和机制,这使得国家的资本及金融开放面临巨大的困难和风险。这种"双Q"制开放模式的最大缺陷就是由国家行政部门来管理开放中的宏微观风险,而不是市场主体。一旦从85%的基本可兑换到100%的全面可兑换,原有各项目单一逐项独立开放模式中可控的风险可能演变为整体性、结构性、叠加性的风险,并通过国内外货币市场、资产市场、外汇市场等媒介实现交叉传递,继而引发开放宏观中典型的系统性风险——货币及金融危机。

二、宏观审慎政策框架与金融审慎例外安排

(一)宏观审慎政策框架

宏观审慎政策框架是从金融稳定角度提出的一个概念,主要应用在金融体系的整体稳定方面。根据G30专家小组的宏观审慎管理工作组的定

 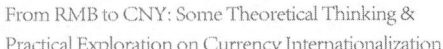

义,宏观审慎政策框架应包括四个部分:一是对整个金融体系进行政策反应,而非孤立地针对单个机构或特定经济措施;二是增强抗风险能力和限制系统性风险,减缓系统性风险通过机构间的关联、共同的风险敞口、放大金融周期波动性的金融机构顺周期行为倾向等因素向整个金融体系的蔓延;三是宏观审慎政策工具类型应当使用可变和固定工具减少系统性风险,同时增强金融体系的抗风险能力以防范风险;四是宏观审慎政策要求执行机构必须公开,并能获取货币政策、财政政策及其他政府政策信息。其中,可变工具是指可以通过灵活的参数自动调整或响应商业周期发展进行变化的工具,如逆周期资本缓冲。固定工具是指不在经济周期中进行调整以增强金融体系在周期内各个时点抵御风险能力的工具,如资本乘数概念中的总资本杠杆率(gross leverage ratios)和核心融资比率(core funding ratios)等。

(二)金融审慎例外安排

当前主流的国际多双边投资谈判协定中大多包含了投资自由化以及资金自由转移等相关高阶投资规则。在这些规则的作用下,签署国现行实施的行政性、选择性的各类管制措施将不再适用,需要寻找符合国际规则的、通行的新措施来防范风险并对国家利益进行保护。从发达国家的经验以及国际规则来看,金融审慎例外安排则是各项管制开放后仍然可以被东道国引用的主要调控手段,具体来讲包括两个方面:一是"不得阻止东道国出于审慎考虑①而采取或维持有关金融服务的措施,包括保护投资者、储户、保险单持有人或者以金融服务提供者为受托人的信托委托人利益的措施,或者是确保金融体系完整和稳定的措施"。二是"不适用于央行或货币当局为追求货币政策及相关信贷政策、汇率政策目标而普遍运用的非歧视性的措施"。其中第二条即为金融宏观审慎,但在应用中须遵循"非歧视性"原则。为了防止滥用这一金融审慎例外安排,对东道国采取的措

---

① "审慎考虑"包括对个别金融机构安全、健康、完整以及金融职责的维持,对支付清算系统安全以及财务、营运完整性的维持。

施是否属于金融审慎例外的判断需要涉事双方国家的金融主管部门来共同认定。因此，金融审慎例外规则的科学合理设计和运用是关键。

综上所述，经济金融的全球化运行在给各国带来福利的同时，其破坏力也是令人咂舌的。总结国际上历次货币及金融危机的教训，当前国际社会对于开放宏观下的金融风险已基本达成一致观点，即应对无序的跨境资本流动进行一定的约束，但具体的解决方案还主要在于应急性的资本管制。宏观审慎政策框架在跨境资金流动领域中的应用在国际上鲜有实践，一方面是因为发达国家处在跨境资金流动的主导方，不关心这一领域或不希望跨境资金流动受到限制；另一方面，发展中国家处于跨境资金流动的被动方，在强大的国际资本面前又无力或不想实施限制。但国际金融发展的历史毫无疑问地显示了跨境资金无序流动对发展中国家的侵蚀和破坏。从历次发生在发展中国家的货币金融危机来看，境外投机者冲击一国金融体系，无一例外地是在资产、货币和外汇市场上多重布局，并以最后冲垮汇率作为成果。远则有南美货币危机引发的金融危机，近则有东南亚货币危机引发的金融危机。发展中国家固有的内部经济结构问题叠加国际收支都依赖外国货币的格局，使得这些国家无法依托本国货币来实现金融开放。在外国货币主导国家的国际收支情况下，可兑换程度越高，外币跨境流动的规模越大，货币错配导致的潜在风险也越大，故而有"没有一个发展中国家的金融开放是成功的"这一谶语。

三、自贸区跨境资金流动金融宏观审慎政策框架建设实践

关于自贸区的金融改革开放创新，党中央、国务院的指示很明确：试验区要在风险可控的前提下创造条件进行先行先试。因此，风险可控是底线，不发生系统性、区域性风险是不可逾越的原则。自贸区要开展人民币资本账户可兑换以及利率市场化等一系列重大金融改革试点，如何构建面向未来的、全面可兑换环境下的跨境资金流动管理框架是我们无法避开的问题。不能因要放开对实体经济跨境金融服务的管制，而放任风险滋生或

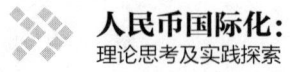

失控。因此，自贸区金融改革方案既要试验对实体经济金融服务的开放需求，又要试验开放经济运行下对跨境资金流动的宏观审慎管理，为将来全国实现可兑换后的金融审慎例外管理探索、积累经验。

针对自贸区开放和可兑换条件下跨境资金流动的特点，人民银行上海总部在创新账户体系和探索宏观审慎管理等方面进行了多维度的安排。

（一）建立分账核算管理下的自由贸易账户体系

由于资金的流动通常是无形的，与物理空间的关系不大，因此在相对封闭的区域内推动金融改革开放创新，通常因溢出效应而较难设计。考虑到资金流转和停留都离不开账户，人民银行确定了以账户为基点来建立资金和业务风险的"电子围网"方案。具体做法上，就是要求上海的金融机构按照"标识分设、分账核算、独立出表、专项报告、自求平衡"的规则建立试验区分账核算体系，为区内及境外经济主体提供自由贸易账户金融服务。这是一套以人民币为本位币、账户规则统一又兼顾本外币风险的可兑换账户，是对现有多个人民币专用账户和外币专用账户的集成，可以使经济主体只需管理一个账户就可以实现跨境和境内跨区的资金收付。规则统一体现在跨境收付可以依托账户的可兑换功能自主选择本外币、境内跨区收付一律使用人民币等相关规则上，其作用体现在以下几方面。

一是自由贸易账户体系在便利实体经济的同时为试验区金融改革开放创新的深化创造了环境条件。自由贸易账户在金融服务的设计上遵循了便利化原则，使得区内和境外主体能够在跨境贸易投资活动项下实现资金自由汇兑，能够在境内跨区商务投资活动下实现资金的有限渗透。但在金融机构层面的分账核算制度下则体现为严格的服务、业务和资金隔离，明确规定服务对象为区内和境外主体，业务边界为区内和境外，资金和头寸管理必须遵循人民银行的管理规则，从而形成一个"放开实体、管好金融"的格局，为下一步试验区全面落实"30条意见"的相关措施，通过金融改革开放的深化，更好地服务实体经济创造了较好的先行先试环境条件，也打破了金融改革开放不能在一个特定区域内先行试点的假设。

二是自由贸易账户体系为试验区金融开放创新与改革深化中可能诱发的风险设置了屏蔽机制。当前自贸区内的金融开放创新和制度改革，许多内容都是没有先例可循的，可能会因为开放带来不确定性。这也是党中央、国务院再三强调"在风险可控的前提下推进"以及做好压力测试的考虑。通过分账核算管理下的自由贸易账户体系的设置以及相关政策安排，可以较好地解决试验区金融开放创新与改革深化过程中的风险溢出控制问题。以黄金交易国际板为例，国内黄金市场的对外开放中，境外投资者通过自由贸易账户的便利化安排加入在岸黄金市场交易，一方面落实了准入前国民待遇原则，使得境外投资者可以直接参与在岸的黄金交易并在自由贸易账户下实现可兑换安排；另一方面，自由贸易账户为其提供可兑换便利安排后产生的汇兑头寸被分账核算隔离在了区内和境外市场，不会溢出并影响到境内货币和外汇市场。国内更多的金融市场也可以在自由贸易账户的支持下实现对外开放，并借自由贸易账户对跨境跨市场风险传递的隔断功能，进行市场自身开放环境下的压力测试，熟悉开放环境下的市场运行规律，积累经验并探索市场风险管理的有效方法，为从政府行政部门接过开放宏观下的微观风险管理职能做准备。

三是自由贸易账户体系为创新跨境金融服务监管体制和构建跨境资金流动领域中的金融宏观审慎政策框架搭建了试验基础。分账核算的自由贸易账户体系形成了一个资金跨境和境内跨区流动的"电子围网"式监管格局，所有进出和停留在自由贸易账户中的资金以及资金活动背后的业务信息都通过自由贸易账户监测管理信息系统采集汇总到人民银行。通过对自由贸易账户的动态监测分析，人民银行可以掌握各类主体、金融机构借助自由贸易账户开展的各类业务、价格及资金流动、流向、存量等情况，并通过与境内和国际市场情况的联动监测，建立风险预警和异常干预机制，为下一步全国加快推进人民币资本账户可兑换和全面开放环境下的金融宏观审慎管理框架建设进行有益的尝试。

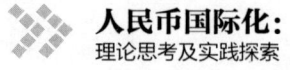

（二）创设境外融资与跨境资金流动宏观审慎管理实施框架

在人民银行总行和国家外管局的支持下，人民银行上海总部以境外融资为抓手，以分账核算的自由贸易账户为范围，创造性地建立了境外融资与跨境资金流动宏观审慎管理政策的实施框架，改变了以往"为管外债而管外债"的单一目标以及政府部门行政审批外债借用的管理模式。在这一框架下，国务院总体方案中要求的"跨境融资自由化和便利化"得到了落实，区内主体可以自主决策境外融资和境内融资的比例配置，自主决策境外融资的期限、币种以及方式。在金融审慎安排方面，一是微观上建立了与国际借贷规则一致的境外融资资本约束机制，有利于降低当前境内主体偏高的负债率，改善境内外融资环境。这项政策发布后，就有不少区内企业启动了增资扩股的方案。二是宏观上嵌入了能够实现逆周期调控跨境资金流动的宏观审慎调节参数和境外融资宏观风险的结构性调节政策工具，可以根据宏观风险的整体情况来调整自由贸易账户中人民币和外币在跨境资金流动上的结构，调整境外融资中的期限和币种结构，降低货币错配风险。同时，人民银行上海总部依托现有各项信息采集系统建立三级监测预警指标体系，逐日监测、综合分析自贸区资金流动情况，区内信贷供求，自由贸易账户的跨境收支以及境内收支的来源、去向、交易、价格，境内外利差、汇差等情况后，判断是否需要发出风险预警并采用相应的政策工具进行调整。

综上所述，为兼顾当前全国尚未全面可兑换情况下试验区框架内先行先试率先启动资本账户全面可兑换的要求，现阶段要求金融机构通过建立内部分账核算体系来管控资本及金融开放新环境下的风险，以放开向实体经济提供跨境金融服务的限制。将来全国实现全面可兑换后，金融机构层面的二线分账核算管理要求可以逐步撤销（开放在境内市场的平盘管理等），但自由贸易账户体系可作为金融开放运行下的便利化服务设施而保留，同时基于此而建立的一线跨境资金流动宏观审慎管理框架可以作为我国资本及金融账户开放运行中的永久风险防线保留。

附录

创新有利于风险管理的账户服务体系
为试验区金融改革打好基础设施

根据国务院发布的《中国（上海）自由贸易试验区总体方案》（以下简称《总体方案》），自贸试验区建设的主要任务和措施中关于深化金融领域的开放创新这项内容下，主要有两条：一条是加快金融制度创新，另一条是增强金融服务功能。中国人民银行发布的《关于金融支持中国（上海）自由贸易试验区建设的意见》第二部分明确提出了创新有利于风险管理的账户体系这一概念。本文拟从分账核算管理下的自由贸易账户体系角度，来分析试验区金融服务实体经济的若干措施以及风险管理方法。

一、分账核算管理的核心原则

28.8平方公里的中国（上海）自由贸易试验区是实体经济的试验区而非金融试验区，这是中央和上海两级政府明确的定位。试验区要实现《总体方案》的要求，建设成为"具有国际水准的投资贸易便利、货币兑换自由、监管高效便捷、法制环境规范的自由贸易试验区"，意味着自贸试验区的实体经济将在一个高度开放的环境下运行，金融服务需要通过制度创新来提升服务功能，为试验区实体经济的贸易投资提供更加便利的、接近国际水平的金融服务。因此，在全国实施尚不具备条件而资金又无法以物理形式进行围网式管理的情况下，通过建立分账核算管理制度来提供便利化的账户服务就成为一个虽非最优也是次优的选择。分账核算管理的核心原则有三个。

一是建立规则统一的本外币自由贸易账户体系。一直以来，我国在涉外账户体系上实行本外币分隔管理的模式，这既是我国长期以来实行外汇管理的结果，也是人民币被作为不具有国际清偿能力货币的结果。2009年7月启动跨境贸易人民币结算试点以来，人民币跨境结算业务获得了快速增长,在涉外经济领域中的使用范围不断扩大,人民币的国际清偿能力也得到了国际上一定的认同,但人民币涉外账户体系和外汇账户体系分设并分隔管理的格局未变。由于管理理念和思路的影响,人民币涉外账户体系和外汇账户体系中都存在各自多达几十种的专用账户,这些专用账户被管理部门用来执行纷杂繁多的管理目标,使得企业的资金被人为地分隔存放在各种政策管制要求不一的专用账户内,就好像身穿有多个口袋的衣服,每个口袋里都存放了不同数量、金额的资金,虽然同属一家企业的资金,但使用起来则需要适用不同的规则,以至于一些企业经常在吐槽,说需要配多个财务人员才能搞清楚这些属于自己的钱该怎么用,一不小心就可能触碰了雷区,被监管部门处罚。企业在参与国际商务活动时,通常需要针对多个账号签发多道支付指令才能将资金归整后对外支付。这样的账户服务体系严重影响了其资金的使用效率和支付效率。推出本外币规则合一的单一自由贸易账户体系且账户内资金可兑换,意味着企业只需管理一个多币种的账户就可以实现各类支付,可以极大地满足企业国际商务活动对资金管理和账户服务的需求。

试验区规则统一的本外币自由贸易账户体系还体现在不同服务对象接受统一账户服务的安排上。人民银行发布的30条意见中,明确境外主体开立的自由贸易账户按准入前国民待遇接受相关金融服务。因此,境外主体开立在区内金融机构的自由贸易账户将与现行境内主体的账户一样,接受规则统一的账户服务,而不再是有区别的账户服务。这意味着试验区在金融账户服务领域率先实现了全面国民待遇标准。试验区规则统一的自由贸易账户体系还表现在适用所有金融机构而非仅限于银行业金融机构。

二是分账核算管理下跨境(一线)资金流动实施宏观审慎原则,境内(二线)资金流动实施"有限渗透+严格管理"的原则。具体来讲,就是自由贸易账户与境外账户之间的资金往来将按宏观审慎原则进行管理。金融机构要按国际通行的"展业三原则"(了解业务、了解客户和展业尽调)来提供相关的结算服务,资金进出相对自由。这样的安排主要是便利区内企业立足试验区开拓国际市场，可以为这些企业的国际市场商务投资活动提供与国际上齐平的账户金融服务。对于自由贸易账户与境外间的资金往来，人民银行将根据跨境资金流动情况和国内整体货币金融运行情况对试验区资金的流动实施宏观调控，也就是不再逐笔地关注单一支付行为，转为关注账户资金流动的总体情况并建立相关的非现场监测指标预警体系，针对监测到的情况分析判断是否需要发出预警信号。一旦发出预警信号，金融机构则需要针对人民银行发出的预警信号作出相应的正响应措施，如延长账户资金存放期限、缴纳特别存款准备金和无息存款准备金等。

同一企业自由贸易账户与境内非自由贸易账户之间的资金往来则设置了有限渗透的通道。这一安排主要考虑了试验区企业立足试验区深耕境内市场的需求。在具体操作上，区内企业需要证明这些划转具有真实交易支撑，就可以办理同名账户间的资金划转：其一是经常项下各类交易的需要，其二是实业投资项下各类交易的需要，其三是偿还自身名下存续期已经超过6个月的上海市银行业金融机构的贷款且资金必须直接划入贷款银行还款，其四是人民银行上海总部规定的其他跨境交易。对于不同户名的自由贸易账户与境内非自由贸易账户之间的资金往来，需要金融机构按跨境交易来进行相应的审核后办理。在办理资金划转的过程中必须将自由贸易账户账号前的三位标识符全程跟随到收款金融机构，同时在交易附言中也要注明资金系自由贸易账户划出。

三是自贸试验区与上海国际金融中心联动原则。自贸试验区是实体经济的试验区，金融的角色定位是服务实体经济。为了给试验区安排最具竞争力的金融服务，使区内主体享受到最优金融服务，自由贸易账户服务并没有作出垄断给设立在区内的金融机构的安排，主要考虑有二：其一是自贸试验区原先是海关设立的综合保税区，区内以物流相关主体为主，区内企业大都在区外办公，散布在上海各个区域，让上海市金融机构都可以在分账核算体系下就近为区内企业提供自由贸易账户服务可以充分体现金融

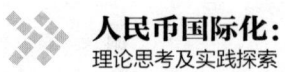

服务的便利化安排；其二是可以充分发挥上海市金融机构云集的优势，为区内企业提供竞争性金融服务，而不是仅限于在区内设立了分支机构的金融机构，这也可以避免金融机构层面的重复投资，使得金融机构可以依托现有的网点和人员资源参与试验区金融服务的提供。同时，依托上海国际金融中心的总体优势可以给试验区提供更为优化的金融服务，使上海国际金融中心在服务试验区的同时提升其开放度和创新力。

二、分账核算管理的主要内容

分账核算制度下的自由贸易账户可以提供可兑换便利。在具体安排上，一是已经实现了可兑换的经常账户项下交易和基本可兑换的直接投资，可以通过自由贸易账户实现自由兑换。二是目前尚处于部分可兑换和不可兑换的资本及金融账户交易，可以通过制定相关细则的方式借自由贸易账户提高其可兑换程度，并最终实现自由兑换。三是对于部分高风险的业务，可以通过"制定相关细则＋特设子账户"的方式来控制其可兑换程度，以控制先行先试带来的风险溢出效应。因此，自由贸易账户内的货币资金总体上遵循可兑换原则，即账户资金在对境外支付时，可以自由兑换成企业需要的支付货币；在对境内支付时，则遵循境内禁止外币计价结算原则，兑换成人民币后支付；停留在账户中时，则可以按企业自主选择所需币种保留资金。当然，考虑到自由贸易账户从本币做起的安排，自由贸易账户推出的前六个月中不提供外币账户服务，但可以通过兑换提供外币收付结算服务。

三、分账核算管理的实现方法

按照20个字的分账核算管理要求，上海市金融机构需要建立"标识分设、分账核算、独立出表、专项报告、自求平衡"的核算体系来提供自由贸易账户服务。具体而言，标识分设是指所有的自由贸易账户账号前必须加上对应的三位标识符，并且确保在办理资金的出账、清算、兑换、入账等过程中全程体现这三位标识符；分账核算是指金融机构必须在内部对自由贸易账户业务建立独立的核算科目体系，与常规的非自由贸易账户业务及资金分开核算；独立出表是指金融机构应对自由贸易账户业务编制独立的损益表、资金来源运用表以及业务状况表等报表，独立反映自由贸易账户业务的经营情况；专项报告是指金融机构对其开展自由贸易账户的业务规划、风险隐患、重大事项等专项向人民银行上海总部报告；自求平衡则是指金融机构经营自由贸易账户中的资金及头寸等方面的管理上应以自求平衡为主，但境内法人机构承担最终流动性提供责任。

考虑到自由贸易账户是适应更为开放的试验区实体经济在更高平台上参与国际竞争的需要，金融机构在提供自由贸易账户服务的过程中可能会面对更大的风险，因此在具体管理上要求金融机构必须开展风险审慎合格自评估，对其内部业务流程进行再造，将风险意识和审慎经营植入每个业务环节和业务岗位。在专业评估领域，则由人民银行内部各相关部门、金融监管部门和社会专家共同参与，起到了客观公正的效果。在系统接入验收过程中，突出强调了自由贸易账户的整个核算过程和资金流转必须在独立的核算体系中完成并确保账号前缀全程体现。

四、分账核算管理实现的风险控制

除了自由贸易账户在实体经济使用层面的各项风险控制措施外，在金融层面还做了"防火墙"式的内向渗透风险控制安排，具体表现在：人民币的内向渗透上需要满足"限上存、控波幅、净流出"的资金管理要求。由于人民币是我国发行的货币，所有的清算都是通过境内完成的，因此在具体安排上，金融机构的试验区分账核算单元需要通过内部系统往来的方式在其上级机构建立一个人民币清算账户。"限上存"是指金融机构的试验区分账核算单元每日上存在清算账户中的人民币资金不得超过当日通过该清算账户净收额的10%×宏观审慎调节参数，也就是当日收付轧差后净收额的90%需要通过试验区分账核算单元间或境外市场摆放出去。"控波

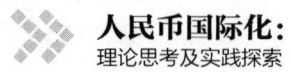

幅"是指为防止分账核算单元前述每日 10% 的上存,造成月内累计数额太大,可能导致月末一次性下划而引发流动性波动过大的局面,要求分账核算单元在月内做好相应的控制,即月内日余额累加不超过 10 亿元,以免月末集中调整造成流动性波动过大。"净流出"则要求试验区分账核算单元的清算账户上存日余额以月计算时需要满足小于等于零的条件,也就是境内法人机构向试验区分账核算单元人民币净流出,而不是试验区分账核算单元向其境内法人机构净上存。这些条件约束意味着实体经济层面上可以通过自由贸易账户实现人民币与境外间的自由流动,但金融层面上则必须实现人民币的最终净流出,以避免实体经济层面资金大量流入而造成对境外人民币存量的冲击。如果实体经济层面已经出现人民币流出,金融层面就不会出现清算账户的净收额现象,金融层面的流出也就自动下调。

外币的内向渗透上也遵循国际货币清算规律所做的安排。也就是说,既然在国际货币清算规律的作用下,所有的货币都存放在其发行国金融体系内并以在发行国的清算作为终极清算,那么对于试验区分账核算单元因提供自由贸易账户服务而形成的外币头寸要求其在境外清算也就顺理成章,因为在境内的外币清算也是依托发行国的银行体系完成的。为了防止外币领域的内向渗透造成跨境套汇差的问题,法律法规规定分账核算单元需要通过境内办理外币清算而将外币资金存放在境内的金融机构时,需要纳入该清算金融机构的外债额度管理。同样地,为了防止自由贸易账户可兑换带来的本外币头寸管理冲击境内市场,分账核算单元的本外币头寸要在区内(分账核算单元间)和境外平盘,不得纳入其境内法人机构的结售汇综合头寸管理,也不得通过其境内法人机构进入银行间市场平盘管理。

综上所述,在金融层面上通过隔离外币、限制本币内向渗透的规则安排,使得跨境套利几无空间。因此,虽然在规则上给实体经济层面为其开展内外贸一体化经营和境内外统筹经营,留下了与境外自由划转和内向渗透的渠道和空间,但这些渗透需要有真实交易为背景;在金融层面,内向渗透的严格条件约束和控制使得即便可以通过自由贸易账户流入套利"热钱",也无法通过内向渗透而实现其套利差和套汇差的目的,因为金融机构的分账核算单元业务需要在区内(分账核算单元间)和境外管理其绝大部分资金和头寸,使得境外"热钱"通过自由贸易账户跨境套利的目的难以实现。

人民币国际化：
理论思考及实践探索

From RMB to CNY: Some Theoretical
Thinking & Practical Exploration on
Currency Internationalization

参考文献

[1] E. 赫尔普曼. 经济增长的秘密 [M]. 王世华, 吴筱, 译. 北京：中国人民大学出版社, 2007.

[2] 巴曙松, 郭云钊, 等. 离岸金融市场发展研究——国际趋势与中国路径 [M]. 北京：北京大学出版社, 2008.

[3] 伯南克. 大萧条 [M]. 宋芳秀, 寇文红, 等译. 大连：东北财经大学出版社, 2007.

[4] 陈风书, 等. 欧洲金融知识：欧洲货币市场 [M]. 上海：上海社会科学院出版社, 1990.

[5] 戴维·德罗萨. 20世纪90年代金融危机真相 [M]. 朱剑锋, 谢士强, 译. 北京：中信出版社, 2008.

[6] 弗雷德里克·米什金. 下一轮伟大的全球化——金融体系与落后国家的发展 [M]. 姜世明, 译. 北京：中信出版社, 2007.

[7] 国家发展改革委外事司. 日元资本项目对外开放的历程及启示

[J]. 中国经贸导刊，2004（3）.

［8］里奥·M. 蒂尔曼. 金融进化论［M］. 刘寅龙，译. 北京：机械工业出版社，2009.

［9］连平. 离岸金融研究［M］. 北京：中国金融出版社，2002.

［10］罗伯特·蒙代尔. 蒙代尔经济学文集（1－6卷）［M］. 向松祚译，北京：中国金融出版社，2003.

［11］米尔顿·弗里德曼，安娜·J. 施瓦茨. 美国货币史（1867—1960）［M］. 巴曙松，王劲松，等译. 北京：北京大学出版社，2009.

［12］孙执中. 荣衰论——战后日本经济史（1945—2004）［M］. 北京：人民出版社，2006.

［13］王信. 西德马克可兑换和国际化进程及其启示［J］. 中国金融，2009（16）.

［14］詹姆斯 D. 汉密尔顿. 时间序列分析［M］. 刘明志，译. 北京：中国社会科学出版社，1999.

［15］张晓峒. EViews 使用指南与案例［M］. 北京：机械工业出版社，2008.

［16］张幼文，等. 新开放观［M］. 北京：人民出版社，2007.

［17］施玥娅. 货币、金融国际化与经济金融化传导关系的研究［D］. 上海：上海社会科学院，2010.

［18］ADAM SMITH. Paper Money［M］. London, Macdonald & Co. 1982.

［19］BARRY EICHENGREEN, MARC FLANDREAU. The Rise and Fall of the Dollar, or When Did the Dollar Replace Sterling as the Leading International Currency? ［J］. Cambridge, National Bureau of Economic Research NBER Working Paper 14154, Jul. 2008.

［20］BARRY EICHENGREEN. Sterling's Past, Dollar's Future：Historical Perspectives on Reserve Currency Competition［J］. Cambridge, National

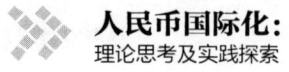

Bureau of Economic Research NBER Working Paper 11336, May 2005.

[21] CHARLES P. KINDLERBERGER. A Financial History of Western Europe [M]. George Allen & Unwin (Publishers) Ltd., 1984.

[22] CLIVE DAY. A History of Commerce, Longmans, Green, and Co., 1925.

[23] DAVID E SPIRO. The hidden hand of American hegemony: Petro-dollar recycling and international markets [M]. New York, Cornell University Press, 1999.

[24] DEUTSCHE BUNDESBANK. The Monetary Policy of the Bundesbank [R]. Frankfurt am Main, Deutsche Bundesbank, Oct. 1995.

[25] GERALD A EPSTEIN. Financialization and the World Economy [M]. Cheltenham, Edward Elgar Publishing Ltd., 2005.

[26] GERALD P DWYER J R, JAMES R LOTHIAN. International Money and Common Currencies in Historical Perspective [J]. Federal Reserve Bank of Atlanta, 2007 Working Paper, 2007: 7.

[27] HAYEK, FRIEDRICH A. The Result of Human Action not of Human Design [M]. in Friedrich A. Hayek (ed.) Studies in Philosophy, Politics, Economics, and the History of Ideas. Chicago: University of Chicago Press. 1967.

[28] H. PARKER WILLIS, GEORGE W EDWARDS. Banking and Business [M]. Harper & Brothers Publishers, 1922.

[29] LINDA GOLDBERG, CEDRIC TILLE. The International Role of the Dollar and Trade Balance Adjustment [J]. Cambridge, National Bureau of Economic Research, NBER Working Paper, No. 12495, Aug. 2006.

[30] LINDA S. GOLDBERG, CEDRIC TILLE. Vehicle Currency Use in International Trade [J]. Federal Reserve Bank of New York, Staff report, No. 2000, 2005.

[31] M AYHAN KOSE, ESWAR PRASAD, SHANG – JIN WEI, KENNETH ROGOFF. Financial Globalization: A Reappraisal [J]. Cambridge, National Bureau of Economic Research NBER Working Paper 12484, Aug. 2006.

[32] MICHAEL BALL, DAVID SUNDERLAND. An Economic History of London, 1800 – 1934 [M]. Routledge, 2001.

[33] NIKOLAUS SIEGFRIED, EMILIA SIMEONAVA, CRISTINA VESPRO. Choice of Currency in Bond Issuance and the International Role of Currencies [J]. European Central Bank, Working Paper, No. 814, Sep. 2007.

[34] PAUL KRUGMAN. Vehicle Currencies and the Structure of International Exchange [J]. Journal of Money, Credit and Banking, Vol. 12, 1980: 513 – 526.

[35] PETER L ROUSSEAU. A Common Currency: Early U. S. Monetary Policy and the Transition to the Dollar [J]. NBER Working Paper, No. 10702, Aug. 2004.

[36] PHILPPE BACCHETTA, ERIC VAN WINCOOP. A Theory of the Currency Denomination of International Trade [J]. Journal of International Economics, 2005, 67 (2): 295 – 319.

[37] SALEH M NSOULI. Petrodollar Recycling and Global Imbalances [J]. At the CESifo's International Spring Conference Berlin, March 23 – 24, 2006.

[38] SHIZUYA NISHIMURA. The decline of inland bills of exchange in the London money market, 1855 – 1913 [M]. Cambridge University Press, 1971.

[39] THE CONFERENCE BOARD. Do Exchange Rates Matter? A Global Survey of CEOs and CFOs on Exchange Rates [R]. written in cooperation with the Group of Thirty. The Conference Board Research Report R – 1349 –

04 – RR 2005.

[40] THOMAS I PALLEY. Financialization: What It Is and Why It Matters [J]. Amherst, Political Economy Research Institute, PERI Working Paper series, No. 153 Nov., 2007.

[41] WARREN D MCCLAM. US Monetary Aggregates, Income Velocity and the Euro – Dollar Market, BIS economic papers, No. 2, April 1980.

[42] WILLIAM H GREEN. Econometric Analysis, 6th ed. [M]. New Jersey Prentice Hall, 2008.

人民币国际化：
理论思考及实践探索

From RMB to CNY: Some Theoretical
Thinking & Practical Exploration on
Currency Internationalization

后　记

自 2005 年开始思考并研究人民币用于跨境贸易结算方案开始，笔者有幸一直跟随人民币国际化步伐，积极参与其中并推动了相关制度和系统建设，在实践操作、感性认识和学术理论认知上不断融合升华，可谓感触良多。

作为一名刚开始工作就沿着国际收支平衡表的"经常账户"一直到"误差与遗漏"项做全了的实践者，笔者的工作内容先后覆盖了货物贸易、服务贸易、经常转移、资本转移、外汇额度（管理）、直接投资、外债管理、金融机构外汇业务管理、外汇检查、调剂外汇、外汇移存、外币清算、储备管理以及国际收支统计申报等领域，可谓因缘际会地做遍了国际收支平衡表内各栏目的业务及监管，最后甚至做到了"误差与遗漏"项，即国际收支统计申报管理；与此同时，还获得了在美国海丰银行学习实践美元清算、结算等实务的机会。

21 世纪之初，我国加入世界贸易组织，实体经济快速融入全球化的

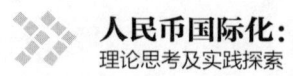

人民币国际化：
理论思考及实践探索

From RMB to CNY: Some Theoretical Thinking & Practical Exploration on Currency Internationalization

过程也见证了国际（外汇）收支规模的迅速扩张。国际收支形势分析的一项重要内容，就是试图在国际收支统计数据、结售汇统计数据、外汇账户收支统计数据等各类数据间寻找驱动"顺差—顺收""顺差—逆收""逆差—顺收"以及"逆差—逆收"等各种情形的背后因素，并试图解读出影响国际收支平衡及外汇储备增减的逻辑，提出应对和解决问题的对策。这是一个非常困难的工作，不是因为无法解释这些数据背后的因素以及驱动影响的路径，而是国际收支平衡实在无法在"就外汇收支论外汇收支"中寻找到符合逻辑的解决方略。由此，笔者试图观察国际上同等贸易规模的大国是如何实现国际收支平衡的。结论非常简单直观：用本币结算，通过本币的跨境收支来解决国际收支平衡的问题。

自 2005 年起，笔者就与连平老师调研跨境贸易人民币结算的试点方案，感谢连平老师和交通银行研究团队的努力和付出。方案出来并几经论证修改后上报，但因当时时机尚不成熟而暂时搁置。后来，美国次贷危机爆发，全球贸易开始受到影响。2008 年 9 月国务院在《关于进一步推进长江三角洲地区改革开放和经济社会发展的指导意见》中，首次明确地提出了"选择有条件的企业开展国际贸易人民币结算试点"，为我们正式启动人民币跨境结算奠定了基础。

在后来的方案设计中，我国非常重视人民币国际化的初始框架建设，突出强调了人民币不能纳入外汇管理，并确立了人民币作为我国主权货币由人民银行进行跨境流动管理的定位。从货物贸易人民币结算不纳入外汇核销管理，到人民币跨境收支不采用专户管理，再到贸易融资与贸易结算同步推进、采用人民币国际同业往来账户和跨境代理结算模式等，坚持了人民币作为我国主权货币走向国际应有的政策和法律定位，为后期人民币国际化从贸易结算向投资及金融领域的推进奠定了良好的制度基础。在这些制度基础的建设中，上至人民银行行领导，中至相关司局领导，下至笔者这样的基层实践者，都付出了辛苦的思考和劳动。上下联动的工作机制时常在激烈的辩论中开始，在达成共识的兴奋中结束。笔者因此硬是将一

后　记

张航空公司的常旅客普通卡"飞"成了一张金卡，人民币国际化事业也在其第七个年头（2016年）迎来了加入SDR货币篮子的殊荣。

作为亲历者，笔者在这个过程中也处于不断实践探索、不断开展思考并获得启迪、不断提高理论认识的过程。应该说这不仅是一项有意义的工作，也是一项有所创新和提高的工作，更是一项梦想实现过程中幸福感满格的工作。书中不少观点只是笔者的一些个人感悟和想法，并不一定准确。有些想法也纯属思想火花，还不成熟，但感恩于这个伟大的时代，感恩于所从事的工作实践，在此写出来，一方面作为前期博士毕业论文的升华，另一方面作为对过往这段具有里程碑意义的实践的一个总结，也提出了下一步可能会引发的理论思考及实践探索问题。特别是2013年末启动的上海自贸试验区建设和金融改革实践，笔者再次有幸参与其中并亲历了金融改革的核心框架设计。尽管争议仍在，但这些实践得出的经验和结论弥足珍贵，为下一步深入思考与探索实践提供了思路和方向。

实践是理论的基础，理论可以引导实践，但最终要在实践中得到检验。中国正在进行的改革开放以及人民币国际化、自贸试验区金融改革等实践不仅是对既往理论的一种检验，更有可能刷新理论研究并产生新的理论。在我的博士论文中，有一个结论困扰着我，那就是"货币国际化—金融国际化—经济金融化"似乎是一个绕不开的演绎进程，前期我国已经出现了"脱实向虚"（经济金融化）的苗头，好在我国及时发现并采取了纠偏措施。上海自贸试验区金融改革的实践也让我相信，只要应对得当，我国作为一个新兴市场经济体，在中国共产党的领导下有能力通过全面深化改革来解决"脱实向虚"的问题，牢牢扭住"金融服务实体经济"这个"牛鼻子"，并积极做好人民币国际化后的风险应对和防范工作，我国人民币国际化事业必将行稳走远。

由于本书成稿前后用了差不多10年时间，我的家人为此也付出了很多。在此，感谢在上海银监局工作的张建设先生，作为我的爱人，他始终全心全意地支持我，陪我一起完成本书。感谢我那聪明睿智的儿子张施杭胤,他作为在读博士,也积极参与讨论并提供思考角度。还要感谢我的朋友孟美侠女士,她提供了本书实证分析部分的重要帮助。

最后,还要感谢上海市的领军人才培养计划为我提供的资助,使我能够顺利开展相关工作。感谢人民银行这个温暖的大家庭,无论我在浙江省分行工作、外派到美国海丰银行学习和在新加坡从事储备投资管理,还是归国后在上海分行及上海总部工作期间,都给了我非常好的学习和工作机会,让我可以扩展视野并享受充分的自由来思考问题和创新工作。